코틀린 리액티브 프로그래밍

코틀린 리액티브 프로그래밍

RxKotlin을 사용한 리액티브 프로그래밍

리부 차크라보티 지음 조승진 옮김

집필 중에 나를 응원하고 격려해준 아내와 태어날 아이

(이 책을 쓰는 동안 나의 아내는 임신 중이었다),

부모님께 이 책을 바친다.

| 지은이 소개 |

리부 차크라보티|Rivu Chakraborty

구글 공인 안드로이드 전문가이자 인도 공학회의 선임 멤버이며 스크럼 마스터다. 5년 이상의 경력을 쌓고 현재 인두스 넷 테크놀로지스Indus Net Technologies에서 안드로이드 선임 소프트웨어 엔지니어로 일하고 있다.

스스로를 코틀린과 안드로이드 마니아이자 코틀린 전파자라 생각한다. 2015년 12월부터 코틀린을 사용했다. 코틀린 튜토리얼과 관련 지식을 가능한 한 많이 전파하기 위해 전 세계에서 가장 활동적인 코틀린 사용자 그룹인 '코틀린 콜카타KotlinKolkata'를 설립했다. 또한 GDG 콜카타의 정회원이며 관련 모임에서 강의를 진행한다.

공유를 통해 지식이 증가한다고 믿기 때문에 JavaCodeGeeks와 AndroidHive, 자신의 사이트(http://www.rivuchk.com)에 관련 튜토리얼을 많이 작성한다. 사이트를 방문하면 더 많은 정보를 얻을 수 있다.

이 책을 쓰는 동안 나와 함께 해준 아내를 비롯한 모든 가족에게 감사합니다.

아빅 데이(Avik Dey) 교수님과 난단 바네르지(Nandan Banerjee) 교수님께 감사합니다. 두 교수님은 제가 엔지니어링 과정을 시작했을 때부터 지금까지 언제나 더 나은 개발자가 될 수 있도록 가르치고 도와주셨습니다. 함께 이야기할 때면 항상 많은 격려를 받습니다.

또한 이 책은 팩트출판사의 지속적인 지도와 지원이 없었다면 세상에 나오지 못했을 것입니다. 특히 이 책의 CDE인 아크샤다(Akshada)가 건네주는 격려의 말이 큰 힘이 됐습니다.

| 기술 감수자 소개 |

알렉산더 한슈커^{Alexander Hanschke}

베를린에 위치한 기술 회사 테크데브 솔루션스 GmbH^{techdev Solutions GmbH}의 CTO이다. 2016년 코틀린으로 전환하기 전까지 금융 업계에서 8년간 근무했다. 다양한 자바 기반 프로젝트도 진행했다. 그 뒤로 알렉사 스킬스^{Alexa Skills1}, 블록체인 클라이언트 및 스프링 기반 애플리케이션뿐만 아니라 모든 프로젝트에 코틀린을 적용해 왔다. 기술 모임에서 종종 강의를 진행하고, 때로는 코틀린 프로그래밍 언어의 다양한 측면에 대한 기사를 작성한다.

라빈드라 쿠마^{Ravindra Kumar}

인도 벵갈루루 출신의 안드로이드 개발자이다. 다양한 프로그래밍언어를 다룰 수 있는 폴리글랏^{polyglot}이다. 안드로이드와 WEB 애호가이자 연사인 동시에 창업 괴짜, 오픈 소스 중독자이다.

퓨얼드^{Fueled}에서 안드로이드 개발자로 일하고 있다. 전에는 클리어트립(Cleartrip.com)의 안드로이드 선임 개발자로 근무했다. 오픈 소스 프로젝트를 좋아하며, 멋진 안드로이드 라이브러리를 특히 좋아한다. 버그를 찾아서 직접 수정하거나 피드백을 전달한다. DroidCon, TiConf, JSFOO에서 강연을 했다.

웹 엔지니어로서 많은 자바 스크립트 코드를 작성했지만 곧 자신의 진정한 열정을 찾고 티타늄^{Titanium}을 통해 모바일 앱 개발을 시작했으며 안드로이드 세상을 발견하게 됐다. 멋진 플랫폼에서 경험을 쌓은 뒤 모바일 회사에서 새로운 모험을 시작했는데, 그곳에서 인도 주요 회사들의 여러 프로젝트를 이끌었다.

---

1 아마존 AI 스피커를 위한 앱 스토어의 일종 – 옮긴이

코드의 품질과 테스트, 자동화에 큰 관심을 갖고 있다. 기술 스킬과 소프트 스킬을 결합해 멘토링을 진행하거나 원고를 쓴다. 수동으로 작업하는 것을 싫어하며 src/test/java 디렉토리에 EmptyExample 클래스만 덩그러니 있는 것을 싫어한다. 레거시 코드를 개선한다면 더 좋은 세상을 만들 수 있을 것이라 믿는다. 하지만 안타깝게도 세상은 그의 노력을 그다지 신경 쓰지 않는 것 같다.

남편이자 크리켓을 좋아하는 아이의 아버지인 평범한 사람이다. 트위터에서 @ravidsrk를 팔로우하거나 ravidsrk@gmail.com으로 이메일을 보내서 연락할 수 있다.

| 옮긴이 소개 |

조승진(cho.seungjin@gmail.com)

라인에서 근무 중인 소프트웨어 엔지니어다. 자바, 스프링, 자바스크립트, 파이썬, 객체지향 TDD, DDD에 큰 관심을 갖고 웹 서비스를 개발하고 있다. 개발자 문화를 사랑하고 세상에 영향을 줄 수 있는 무엇인가를 만들어 내기 위해 노력한다.

코틀린과 리액티브 프로그래밍. 어느 것 하나 절대 가볍지 않은 주제다. 자바가 빠른 속도로 다양한 기능을 추가하고 있지만, 여전히 변화 속도에 만족하지 못하는 많은 개발자가 코틀린으로 이동하고 있음을 느낀다. 그런 와중에 RxJava의 코틀린 포팅인 RxKotlin을 다루는 이 책의 출간은 반가운 소식이 될 것이다. 개인적으로 작년까지만 해도 리액티브 프로그래밍과 코틀린 모두 낯설었지만, 이제는 현장에서 두 가지 모두 사용하고 있다. 개인적인 경험을 바탕으로 생각했을 때 다른 독자들도 코틀린보다는 리액티브 프로그래밍에 익숙해지는 데 조금 더 시간이 걸릴 것 같다. 다행히 이 책도 코틀린의 언어적인 특징보다는 리액티브 프로그래밍에 조금 더 초점을 두고 있다.

최근에는 마이크로서비스 아키텍처로 개발하는 회사의 수가 증가한 만큼 리액티브 프로그래밍을 적용할 수 있는 기회가 늘었다고 생각한다. 리액티브 매니페스토의 응답성은 마이크로서비스 내에서 사용되는 API에 빠질 수 없는 특징이다. 스프링 부트Spring Boot나 도커 등 백엔드 개발자들의 든든한 도구로 인해 전보다 많은 업무가 그저 설정으로 처리되는 단계에 이르렀으며, 백엔드 API가 진정으로 갖춰야 하는 장점에 대해서도 신경을 쓸 만큼 충분히 여유를 가질 수 있게 되었다고 생각한다. 템플릿으로 찍어내는 것이 가능한 CRUD성 API를 양산하고 있지는 않은가? 리액티브 프로그래밍과 코틀린, 이 두 가지를 사용해서 프로덕션에 런칭해 보는 것만으로도 수준이 한층 더 높아질 수 있다고 생각한다.

이미 말한 것처럼 RxKotlin은 RxJava의 포팅이기 때문에, 이해되지 않는 내용이 있다면 가장 자신 있는 언어로 설명된 문서나 코드를 구글링해보는 것도 좋을 것이다. 이 책을 다 읽었다고 리액티브 프로그래밍과 코틀린을 완벽하게 알게 되었다고 말할 수는 없지만, 앞으로 어떤 방향으로 공부하면 좋을지 길잡이 역할을 해줄 수 있을 것이다.

조승진

| 차례 |

우리가 살고 있는 이 세계는 단지 상태states의 집합인가? 그렇지 않다. 그렇다면 왜 모든 프로그래밍 언어는 이 세상을 일련의 상태로 표현할까? 프로그래밍의 객체가 실제적인 동시에 끊임없이 움직이며 변화하는 상태를 반영할 수는 없을까? 프로그래밍을 시작한 이후 계속 답이 궁금했던 질문들이다.

안드로이드 개발을 시작했을 때 이 질문들은 나를 끊임없이 괴롭혔고 곧 다른 동료들도 똑같은 의문을 갖기 시작했다. 어째서 애플리케이션 내부에서 수많은 루프가 필요할까? 이터레이터를 대체할 수 있는 것은 없을까? 그리고 모바일 장치는 PC보다 프로세서나 램의 성능이 떨어진다. 안드로이드 애플리케이션을 개발할 때는 항상 이 점을 염두에 둬야 한다. 프로젝트 구조를 잘 잡지 않으면 메모리 부족 예외가 종종 발생한다. 프로그램 내에서 더 적은 이터레이터를 가질 수 있다면 UX는 극적으로 개선될 것이다. 하지만 과연 무엇으로, 어떻게 이터레이터를 교체할 수 있을까?

어느 화창한 날, 나는 이 모든 질문에 대한 답을 담고 있는 블로그 포스트를 읽었다. 대부분 토마스 닐드Thomas Nield가 작성했다. 포스트는 리액티브 프로그래밍과 리액티브XReactiveX 프레임워크에 관한 내용이었다. 그래서 나는 리액티브 프로그래밍을 배우기 시작했다.

리액티브 프로그래밍은 학습 곡선Learning curve이 높아서 많은 개발자가 빠져나갔다는 점을 알게 됐다. 일반적으로 리액티브 프로그래밍은 고급 주제로 분류되지만 나는 인내심을 갖고 꾸준히 공부를 했으며, 그에 대한 보상으로 오랫동안 고민했던 질문들에 대한 답을 찾을 수 있었다. RxJava나 다른 리액티브X 라이브러리는 우리가 살고 있는 세계와 같은 모델을 나타내며, 정적인 상태와는 달리 움직이는 동시에 지속적으로 변화하는 상태를 사용해서 동작을 모델링한다. 이터레이터 패턴과는 다르게 데이터/이벤트를 서브스크라이버/옵저버에게 전달하는 푸시 메커니즘을 사용하기 때문에 프로그래밍이 훨씬 쉬워지고 인간 세상과 훨씬 더 유사해진다.

2015년에는 젯브레인 블로그에서 JVM에서 동작하는 새로운 언어에 대해 읽을 기회가 있었다. 처음 드는 생각은 '어째서 새로운 언어가 필요할까?'였다(맞다, 나는 다양한 글을 읽기도 하지만 많이 쓰기도 한다). 그 뒤로 코틀린을 공부하기 시작했는데 바로 사랑에 빠지고 말았다. 코틀린의 유일한 목적은 프로그래밍을 쉽게 만드는 것이다. 사람들이 코틀린의 장점을 이야기할 때면 빠지지 않고 널 포인터 예외의 처리가 쉽다는 점이 언급되는데, 그 외에도 많은 장점이 있고 그 목록은 계속 늘어나고 있다.

코틀린과 리액티브X를 결합해 사용하는 일은 프로그래머에게 최고로 멋진 일일 것이다. 마리오 아리아스Mario Arias는 개발자 커뮤니티를 위해 2013년부터 RxKotlin을 개발하고 있다.

RxKotlin에서 딱 하나 아쉬운 점은 문서화가 부족하다는 것이다. 개인적으로 문서화의 부족이 리액티브X의 학습 곡선이 높은 주요 이유라고 생각하며, 이는 문서의 중요도에 대한 인식이 부족하기 때문이라고 생각한다. 지금까지 리액티브 프로그래밍을 들어본 적 없는 6~8년 이상 경력의 개발자들을 많이 보았는데, 이 책이 그들에게 큰 도움이 되기를 기대한다. 또한 코틀린의 사용처를 늘리고 관련 지식을 최대한 많이 전파하기 위한 나를 비롯한 코틀린 콜카타 사용자 그룹의 미션을 달성하기 위한 것이기도 하다.

내가 아는 한 이 책은 코틀린의 리액티브 프로그래밍과 Reactor-Kotlin 프레임워크, RxKotlin(정확히는 RxKotlin 2.0 버전)을 공부할 수 있는 첫 번째 책이다. 이 책은 RxKotlin과 Reactor-Kotlin, 그리고 스프링과 안드로이드의 단계별 가이드가 되어줄 것이다. 이 책으로 코틀린과 리액티브 프로그래밍의 장점을 발견하고, 코틀린 프로젝트에 성공적으로 리액티브 프로그래밍을 도입하기를 바란다.

문의 사항, 피드백을 비롯한 기타 의견은 http://www.rivuchk.com을 방문해서 글을 남기거나 rivu@rivuchk.com으로 이메일을 보내주기 바란다. 메일 제목에 'Book Query - Reactive Programming in Kotlin'을 반드시 언급해주길 바란다.

▌ 이 책에서 다루는 내용

1장, 리액티브 프로그래밍의 소개   리액티브 프로그래밍의 사고 패턴 및 원리를 이해할 수 있다.

2장, 코틀린과 RxKotlin을 사용한 함수형 프로그래밍   함수형 프로그래밍 패러다임의 핵심 개념을 알아보고 코틀린에서 사용 가능한 케이스를 살펴본다. 함수형 프로그래밍을 쉽게 이해할 수 있다.

3장, 옵저버블과 옵저버와 구독자   RxKotlin의 핵심인 옵저버블, 옵저버, 구독자의 기초에 대해 알아본다.

4장, 백프레셔와 플로어블 소개   프로듀서가 컨슈머를 앞지르는 것을 방지해주는 RxKotlin의 기술인 백프레셔를 사용할 수 있게 해주는 플로어블을 소개한다.

5장, 비동기 데이터 연산자와 변환   RxKotlin의 연산자를 소개한다.

6장, 연산자 및 오류 처리   연산자에 대한 이해를 높이고 연산자와 프로듀서를 결합, 또는 필터링하는 방법을 소개한다. 또한 RxKotlin에서 오류를 좀 더 효율적으로 처리하는 데 도움을 준다.

7장, RxKotlin의 스케줄러를 사용한 동시성과 병렬 처리   RxKotlin의 스케줄러를 사용한 동시성과 병렬 처리를 알아본다. 스케줄러의 이점을 사용해 동시성 프로그래밍을 가능하게 한다.

8장, RxKotlin 애플리케이션 테스트   애플리케이션 개발 시 가장 중요한 테스트를 다룬다. 리액티브 프로그래밍은 상태 대신 행위를 정의하기 때문에 RxKotlin에서의 테스트는 일반 테스트와 조금 다르다. 이 장에서는 테스트의 기본부터 배울 수 있다.

9장, 자원 관리와 RxKotlin 확장   코틀린에서 리소스를 관리하는 방법을 알아본다. 리소스는 데이터베이스 인스턴스, 파일, HTTP 접근 등 사용 후 종료^{close}시켜 줘야 하는 어떤 것이라도 될 수 있다. 또한 RxKotlin에서 사용자 정의 연산자를 만드는 방법을 배운다.

10장, Kotlin 개발자를 위한 스프링 웹 프로그래밍 소개   스프링과 하이버네이트를 사용하는 장점을 알아보고, 코틀린으로 API를 작성할 때 활용한다.

11장, 스프링 JPA와 하이버네이트를 사용한 REST API   리액터^{Reactor} 프레임워크인 reactor-kotlin 익스텐션을 소개한다. 코틀린에서 스프링을 사용해 리액티브 프로그래밍을 적용할 수 있다.

12장, 리액티브 코틀린과 안드로이드   안드로이드에서 코틀린으로 리액티브 프로그래밍을 시작한다.

▌ 준비 사항

이 책은 자바 8과 코틀린 1.1.50 버전이 사용되므로 오라클 JDK 1.8과 해당 코틀린 버전을 필요로 한다. 인텔리제이 IDEA를 사용하는 경우에는 다운로드를 건너뛸 수 있다.

코틀린 코드를 작성하고 컴파일할 수 있는 환경을 필요로 한다. 원하는 것을 사용해도 괜찮지만 개인적으로 인텔리제이 IDEA의 사용을 강력하게 권한다.

마찬가지로 그레이들이나 메이븐 같은 빌드 자동화 시스템을 사용하는 것이 좋다. 책의 뒷부분에서는 안드로이드 스튜디오(2.3.3 또는 3.0)를 사용한다.

이 책에서 필요로 하는 모든 준비 사항은 상용 또는 개인 라이선스를 필요로 하지 않는다. 인텔리제이 IDEA도 커뮤니티 에디션을 사용한다.

▌ 이 책의 대상 독자

이 책은 장애 내성을 갖는 동시에 확장 가능한 분산 시스템을 만드는 데 관심이 있는 개발자를 대상으로 한다. 코틀린에 대한 기본 지식이 있어야 하지만 리액티브 프로그래밍에 대한 사전 지식은 필요로 하지 않는다.

▌ 이 책의 편집 규약

이 책에서는 독자의 이해를 돕고자 다루는 정보에 따라 다음과 같이 글꼴 형태를 다르게 적용했다. 다음은 다르게 적용된 스타일의 예제와 의미 설명이다.

문장 중에 사용된 코드, 데이터베이스 테이블 이름, 사용자 입력, 트위터 아이디 등은 다음과 같이 표기한다.

"먼저 ReactiveCalculator 클래스의 init 블록을 살펴보자."

코드 블록은 다음과 같이 표기한다.

```
async(CommonPool) {
    Observable.range(1, 10)
        .subscribeOn(Schedulers.trampoline())//(1)
        .subscribe {
            runBlocking { delay(200) }
            println("Observable1 Item Received $it")
        }
```

코드 블록에서 주의를 환기하고 싶을 경우 다음과 같이 관련 줄이나 항목을 굵게 표시한다.

```
abstract class BaseActivity : AppCompatActivity() {
    final override fun onCreate(savedInstanceState: Bundle?) {
        super.onCreate(savedInstanceState)
        onCreateBaseActivity(savedInstanceState)
    }
    abstract fun onCreateBaseActivity(savedInstanceState: Bundle?)
    }
```

명령줄 입력이나 출력 결과는 다음과 같이 표기한다. 입력된 명령줄은 가독성을 높이기 위해 여러 행으로 구분해 표시했지만, 실제 프롬프트에는 하나의 연속된 행으로 입력해야 한다.

```
4$ git clone https://github.com/ReactiveX/RxKotlin.git
$ cd RxKotlin/
$ ./gradlew build
```

새로운 용어와 중요한 단어는 굵게 표기한다. 예를 들어 화면에 표시되는 단어 메뉴 또는 대화상자는 다음과 같이 표기한다.

"Android Studio ➤ Settings ➤ Plugins로 이동하라."

 주의 사항이나 중요한 내용은 이와 같이 표시한다.

 유용한 팁이나 요령은 이와 같이 표시한다.

▌ 독자 의견

독자 의견은 언제나 환영한다. 책에 대한 좋은 점 또는 고쳐야 할 점에 대한 솔직한 의견을 말해주길 바란다. 독자 의견은 우리에게 매우 중요하다. 앞으로 더 좋은 책을 발행하는 데 큰 도움이 되기 때문이다.

일반적인 의견을 보내기 위해서는 전달하고자 하는 내용에 책 제목을 이메일 제목에 적어서 feedback@packtpub.com으로 이메일을 보내면 된다.

전문 지식을 가진 주제가 있고, 책을 내거나 만드는 데 기여하고 싶다면 http://www.packtpub.com/authors에서 저자 가이드를 참조하길 바란다.

▌ 예제 코드 다운로드

한국어판의 예제 코드는 에이콘출판사의 도서정보 페이지인 http://www.acornpub.co.kr/book/reactive-kotlin에서 다운로드할 수 있다.

원서의 예제 코드를 보려면 http://www.packtpub.com/support를 방문해 이메일을 등록하면 파일을 직접 받을 수 있으며, 원서의 Errata도 확인할 수 있다. 또한 깃허브 페이지 https://github.com/PacktPublishing/Reactive-Programming-in-Kotlin에서도 다운로드할 수 있다.

다운로드가 완료되면 다음 도구의 최신 버전을 사용해 압축을 해제한다.

- 윈도우 WinRAR / 7-Zip
- 맥 Zipeg / iZip / UnRarX
- 리눅스 7-Zip / PeaZip for Linux

▌ 책의 컬러 이미지 다운로드

책에 사용된 스크린샷/다이어그램의 컬러 이미지가 있는 PDF 파일을 제공한다. 컬러 이미지를 사용하면 출력의 변경을 좀 더 깊이 이해할 수 있다. 다음 주소에서 파일을 다운로드할 수 있다. https://www.packtpub.com/sites/default/files/downloads/Reactive ProgramminginKotlin_ColorImages.pdf

오탈자

오타 없이 정확하게 만들기 위해 모든 수단을 동원해서 책을 만들지만 실수가 있을 수 있다. 문장이나 코드에서 문제를 발견하면 우리에게 알려주기 바란다. 다른 독자들의 혼란을 방지하고 차후 나올 개정판을 개선하는 데 도움이 되기 때문이다. 오류를 발견하면 http://www.packtpub.com/submit-errata에서 책 제목을 선택하고 Errata Submission Form 링크를 클릭해 자세한 내용을 입력하면 된다. 보내준 오류 내용이 확인되면 웹사이트에 그 내용이 올라가거나 해당 책의 정오표 부분에 추가될 것이다.

기존 오류 수정 내용은 https://www.packtpub.com/books/content /support 검색창에 책 제목을 입력하면 Errata 절 하단에 나타날 것이다.

한국어판은 에이콘출판사 도서정보 페이지 http://www.acornpub.co.kr/book/reactive-kotlin에서 찾아볼 수 있다.

저작권 침해

인터넷에서의 저작권 침해는 모든 매체에서 벌어지고 있는 심각한 문제다. 팩트출판사에서는 저작권과 라이선스 보호를 매우 심각하게 인식하고 있다. 어떤 형태로든 팩트출판사 서적의 불법 복제물을 인터넷에서 발견했다면 적절한 조치를 취할 수 있도록 해당 주소나 사이트명을 알려주길 바란다.

의심되는 불법 복제물 링크를 copyright@packtpub.com으로 보내주길 바란다. 저자를 보호하고 가치 있는 내용을 계속 만들 수 있도록 도와주는 독자 여러분의 마음에 깊은 감사의 뜻을 전한다.

질문

이 책과 관련해서 어떠한 종류의 질문이라도 있다면 questions@packtpub.com으로 문의하길 바란다. 최선을 다해 질문에 답할 것이다. 한국어판에 관한 질문은 에이콘출판사 편집 팀(editor@acornpub.co.kr)으로 문의해주길 바란다.

01

리액티브 프로그래밍의 소개

리액티브(반응형)라는 용어는 최근 유명해졌다. 유행이 됐을 뿐만 아니라 매일 리액티브 관련 새로운 블로그 게시물과 프레젠테이션, 그리고 새롭게 떠오르는 라이브러리와 프레임워크 등을 통해 소프트웨어 개발 영역을 지배하기 시작했다. 구글, 페이스북, 아마존, 마이크로소프트, 넷플릭스 같은 대형 IT 기업들도 리액티브 프로그래밍을 지원하거나 사용할 뿐만 아니라 리액티브를 위한 프레임워크까지 출시하기 시작했다.

프로그래머라면 리액티브 프로그래밍에 관심을 갖고 있을 것이라 생각한다. 왜 모두가 그렇게 열광하는 걸까? 정확히 리액티브 프로그래밍은 어떤 의미를 가지며 그 장점은 무엇일까? 꼭 배워야 할까? 만약 그렇다면 어떻게 시작할 수 있을까?

반면에 코틀린은 여러분이 들어 본 프로그래밍 언어 중 가장 최신의 것이다(이 책은 코틀린에 대해 어느 정도는 알고 있다고 가정하기 때문에 적어도 들어 본 적은 있을 것이다). 코틀린은 프로그래밍 언어로서 자바가 가진 많은 중요한 문제들을 해결한다. 가장 중요한 부분은 자바와 상호 운용성이다. 관련 동향을 유심히 살펴봤다면 코틀린이 단순히 강한 바람을 일으킨 게 아니라 폭풍으로 주변을 다 날려버렸다는 것을 알고 있을 것이다. 심지어 구글은 2017년의 구글 IO에서 안드로이드 애플리케이션 개발을 위한 공식 프로그래밍 언어로 코틀린을 지원하겠다고 선언했다. 구글이 자바가 아닌 다른 언어를 안드로이드를 위해 추가한 것은 안드로이드 프레임워크가 생겨난 이후 이번이 처음이다. 이후 얼마 안 가 스프링도 코틀린에 대한 지원 의사를 나타냈다.

간단히 말해서 코틀린 자체로도 충분히 강력해서 그것만으로도 훌륭한 애플리케이션을 작성할 수 있지만 리액티브 프로그래밍 스타일과 결합한다면 간단하게 더 나은 애플리케이션을 만들 수 있다.

이 책은 코틀린과 RxKotlin, 리액터를 사용하는데 스프링과 하이버네이트, 안드로이드를 결합한 리액티브 프로그래밍을 보여준다.

1장에서 다루는 내용은 다음과 같다.

- 리액티브 프로그래밍이란 무엇인가
- 함수형 리액티브 프로그래밍을 적용해야 하는 이유
- 리액티브 선언
- 옵저버(리액티브) 패턴과 유사 패턴의 비교
- RxKotlin 시작하기

▌리액티브 프로그래밍이란 무엇인가

리액티브 프로그래밍은 데이터 스트림과 변경 사항 전파를 중심으로 하는 비동기 프로그래밍 패러다임이다. 간단히 말하면 데이터와 데이터 스트림에 영향을 미치는 모든 변경 사항을 관련된 모든 당사자들, 예를 들면 최종 사용자나 컴포넌트, 하위 구성 요소, 또는 어떻게든 연결돼 있는 다른 프로그램 등에게 전파하는 프로그램을 리액티브 프로그램이라고 한다.

예를 들어 구글 시트와 같은 프로그램을 사용해 스프레드시트를 하나 연 다음 A1 셀에 숫자를 넣고 B1 셀에 =ISEVEN(A1) 함수를 입력한다. A1 셀에 입력한 수가 짝수 또는 홀수인지에 따라 B1 셀에는 TRUE 또는 FALSE가 표시된다. 이제 A1에서 숫자를 수정하면 B1 값도 자동으로 변경되는데 이와 같은 작용을 리액티브라고 한다.

매우 명확하지 않은가? 코딩 예제를 살펴보고 다시 한번 이해해보자. 다음은 숫자가 짝수인지 홀수인지를 판단하는 일반적인 코틀린 코드다.

```kotlin
fun main(args: Array<String>) {
  var number = 4
  var isEven = isEven(number)
  println("The number is " + (if (isEven) "Even" else "Odd"))
  number = 9
  println("The number is " + (if (isEven) "Even" else "Odd"))
}

fun isEven(n:Int):Boolean = ((n % 2) == 0)
```

프로그램의 출력을 확인하면 number에 새로운 값이 할당됐음에도 isEven이 여전히 참이라는 것을 알 수 있다. 그러나 isEven이 number 변수의 변경 사항을 추적하도록 설정됐다면 자동으로 false가 됐을 것이다. 바로 이것이 리액티브 프로그램의 동작이다.

함수형 리액티브 프로그래밍을 적용해야 하는 이유

함수형 리액티브 프로그래밍을 적용해야 하는 이유부터 논의해보자. 이점이 없다면 코드 작성법 전체를 바꿀 이유가 없을 것이다. 그렇지 않은가? 함수형 리액티브 프로그래밍을 사용하면 다음과 같은 이점을 얻을 수 있다.

- **콜백 지옥의 제거**

  콜백은 미리 정의된 이벤트가 발생할 때 호출되는 메서드다. 인터페이스를 콜백 메서드와 함께 전달하는 메커니즘을 콜백 메커니즘이라고 부른다. 이 메커니즘에는 인터페이스와 그 구현 등을 비롯해 많은 코드가 필요하다. 따라서 콜백 지옥이라고 불려진다.

- **오류 처리를 위한 표준 메커니즘**

  일반적으로 복잡한 작업과 HTTP를 사용해 작업하는 동안 발생하는 오류의 처리는 주요 관심사이며 특히 표준 메커니즘이 없을 경우 고통을 준다.

- **간결해진 스레드 사용**

  스레드를 코틀린에서 자바에 비해 더 쉽게 사용할 수 있지만, 여전히 복잡하다. 리액티브 프로그래밍을 통하면 한층 더 쉽게 사용할 수 있다.

- **간단한 비동기 연산**

  스레드와 비동기 작업은 서로 연관돼 있다. 스레드 사용이 쉬워질수록 비동기 연산도 쉬워진다.

- **전체를 위한 하나, 모든 작업에 대해 동일한 API**

  리액티브 프로그래밍, 특히 RxKotlin은 간단하고 직관적인 API를 제공하는데 네트워크 호출, 데이터베이스 접근, 계산 또는 UI 연산 등 어느 곳에나 어떤 것을 대상으로든 사용할 수 있다.

- **함수형 접근**

  리액티브 프로그래밍을 사용하면 함수형 접근 방법을 취해서 가독성이 좋은 선언적 코드를 작성할 수 있다.

- 유지 보수 가능하고 테스트 가능한 코드

  가장 중요한 점으로 리액티브 프로그래밍을 올바르게 수행하면 프로그램의 유지 보수와 테스트가 한층 더 쉬워진다.

▌ 리액티브 선언

리액티브 선언Reactive Manifesto은 무엇인가? 리액티브 선언(http://www.reactivemanif esto.org)은 네 가지 리액티브 원리를 정의해 놓은 문서다. 리액티브 프로그래밍의 보물 지도로 생각해도 좋고, 리액티브 프로그래밍을 종교 정도로 여기는 프로그래머라면 성경이 될 수도 있을 것이다.

리액티브 프로그래밍에 입문하는 사람이라면 이 선언문을 읽어야만 리액티브란 무엇이고, 어떤 원리가 있는지 알 수 있다. 따라서 다음에서 리액티브 선언이 정의하는 네 가지 원칙의 요지를 소개한다.

- 응답성Responsive

  시스템은 즉각 응답해야 한다. 응답성 있는 시스템은 신속하고 일관성 있는 응답 시간을 유지해 일관된 서비스 품질을 제공한다.
- 탄력성Resilient

  시스템에 장애가 발생하더라도 응답성을 유지해야 한다. 탄력성은 복제replication, 봉쇄containment, 격리isolation, 위임delegation에 의해서 이루어진다. 장애는 각 컴포넌트 내부로 억제돼 각 컴포넌트들을 서로 격리시키는데, 그래서 하나의 컴포넌트에 장애가 발생하더라도 전체 시스템에 영향을 끼치지 못하게 된다.
- 유연성Elastic

  리액티브 시스템은 작업량이 변하더라도 그 변화에 대응하고 응답성을 유지해야 한다. 리액티브 시스템은 상용 하드웨어 및 소프트웨어 플랫폼에서 효율적인 비용으로 유연성을 확보한다.

- **메시지 기반**Message driven

  탄력성의 원칙을 지키려면 리액티브 시스템은 비동기적인 메시지 전달에 의존해 컴포넌트들 간의 경계를 형성해야 한다.

위 네 가지 원칙을 모두 구현함으로써 시스템은 신뢰할 수 있고 응답성 있다고 말할 수 있는데, 이것이 바로 리액티브 시스템의 특징이다.

리액티브 스트림 표준 사양

리액티브 선언와 함께 리액티브 스트림Reactive Streams의 표준 사양도 있다. 리액티브 세계의 모든 것은 리액티브 스트림의 도움을 받아 수행된다. 2013년에는 리액티브 프로그래밍의 확산이 시작되고 관련 프레임워크가 등장하면서 넷플릭스, 피보탈, 라이트벤드Lightbend(이전에는 타입세이프Typesafe로 알려짐)가 리액티브 스트림의 표준 사양에 대한 필요성을 느꼈는데 그들의 주도로 리액티브 스트림 표준 사양이 탄생됐다. 이 사양은 이제 다양한 프레임워크와 플랫폼에서 구현된다.

리액티브 스트림 표준 사양은 다음 주소에서 살펴볼 수 있다.

  http://www.reactive-streams.org/

코틀린을 위한 리액티브 프레임워크

리액티브 프로그램을 작성하려면 라이브러리 또는 특정 프로그래밍 언어가 필요하다. 코틀린은 자바, 안드로이드와 완벽하게 상호 운용되며 멀티 플랫폼 애플리케이션을 위한 강력하고 유연한 프로그래밍 언어이기 때문에 코틀린을 리액티브 언어라고 볼 수는 없다(애초에 리액티브 언어라고 하는 프로그래밍 언어를 들어본 적이 없다).

그러나 도움이 되는 라이브러리가 있다.

다음 사용 가능한 라이브러리 목록을 살펴보자.

- RxKotlin
- Reactor−Kotlin
- Redux−Kotlin
- FunKTionale
- RxJava와 그 외의 자바 리액티브 프레임워크도 코틀린과 함께 사용할 수도 있다
  (코틀린은 자바와 100% 상호 운용 가능하기 때문이다).

 이 책에서는 RxJava와 Reactor−kotlin에 초점을 맞추고 이후에는 스프링도 사용한다.

▌ RxKotlin 시작하기

RxKotlin은 코틀린을 위한 리액티브 프로그래밍의 특정 구현으로 함수형 프로그래밍의 영향을 받았다. RxKotlin은 함수 컴포지션을 선호하며 동시에 전역 상태와 함수의 사이드 이펙트를 방지한다. 프로듀서와 컨슈머 구조의 옵저버 패턴에 의존하며 결합, 스케줄링, 스로틀링, 변형, 에러 처리와 라이프 사이클 관리 등을 가능하게 해주는 다양한 연산자가 있다.

Reactor−Kotlin은 함수 프로그래밍을 기반으로 하며 스프링 프레임워크에서 널리 지원된다.

RxKotlin 다운로드와 설정

깃허브 저장소 https://github.com/ReactiveX/RxKotlin에서 RxKotlin을 다운로드하고 빌드할 수 있다. 이 책에서는 다른 어떤 의존성도 요구하지 않을 것이다. 깃허브 저장소의 위키 페이지 문서가 잘 구성돼 있다. 프로젝트를 체크아웃하고 빌드를 실행하는 방법은 다음과 같다.

```
$ git clone https://github.com/ReactiveX/RxKotlin.git
$ cd RxKotlin/
$ ./gradlew build
```

페이지에 나온 대로 메이븐이나 그레이들을 사용할 수 있다.

그레이들을 사용하려면 다음 의존성을 컴파일 속성으로 추가한다.

```
compile 'io.reactivex.rxjava2:rxkotlin:2.x.y'
```

메이븐에서는 다음 구문을 추가한다.

```
<dependency>
  <groupId>io.reactivex.rxjava2</groupId>
  <artifactId>rxkotlin</artifactId>
  <version>2.x.y</version>
</dependency>
```

이 책은 RxKotlin2.x 버전을 대상으로 한다. 그러니 이전 버전인 RxKotlin 1.x에서 사용하는 io.reactivex.rxkotlin이 아니라 io.reactive.rxjava2를 사용해야 한다.

 이 책에서는 RxKotlin 2.1.0 버전을 사용한다.

36

이제 RxKotlin이 무엇인지 살펴보자. 잘 알려진 내용부터 시작해 점차 수준을 높여 나갈 것이다.

RxJava의 푸시 메커니즘과 풀 메니커즘 비교

RxKotlin은 전통적인 프로그램에서 사용되는 반복자^{Iterator} 패턴의 풀 메커니즘 대신 푸시 메커니즘의 데이터/이벤트 시스템으로 대표되는 옵저버블 패턴을 중심으로 작동한다. 그렇기 때문에 지연 평가가 일어나며 동기식 또는 비동기식으로 모두 이용될 수 있다.

리스트를 다루는 간단한 예제를 보면 더 쉽게 이해할 수 있을 것이다. 코드는 다음과 같다.

```kotlin
fun main(args: Array<String>) {
  var list:List<Any> = listOf("One", 2, "Three", "Four", 4.5, "Five", 6.0f) // 1
  var iterator = list.iterator() // 2
  while (iterator.hasNext()) { // 3
    println(iterator.next()) // 각 엘리먼트를 출력한다 4
  }
}
```

결과는 다음 화면과 같다.

```
"C:\Program Files\Java\jdk1.8.0_131\bin\java" ...
One
2
Three
Four
4.5
Five
6.0

Process finished with exit code 0
```

코드를 한 줄씩 살펴보면서 동작 방식을 이해해보자.

1번 주석에서는 7개 항목의 리스트를 생성한다. 리스트에는 Any 클래스를 사용하고, 다양한 유형의 데이터가 포함된다. 2번 주석에서는 리스트로부터 iterator를 생성하는데, 이를 통해 데이터를 순회할 수 있다. 3번 주석에서는 while 루프를 생성해 iterator의 도움으로 데이터를 당겨오고pull 있다. 마지막으로 4번 주석에서는 해당 값을 출력한다.

알아 둬야 할 점은 데이터가 수신돼 준비될 때까지 현재 스레드는 블로킹된 상태에서 리스트로부터 데이터를 당겨온다는 것이다. 예를 들어 단순한 리스트가 아니라 네트워크 호출이나 데이터베이스 쿼리를 사용해 데이터를 가져온다면 스레드가 얼마나 블로킹돼 있을지 생각해보자. 분명히 이런 작업을 위한 별도의 스레드를 생성하는 방법도 있지만 이는 복잡성을 증가시킨다.

단순하게 어느 접근법이 더 나은지 생각해보자. 프로그램이 데이터를 기다리게 만들어야 할까? 아니면 데이터가 사용 가능해졌을 때 프로그램으로 데이터가 푸시돼야 할까?

ReactiveX 프레임워크(RxKotlin 또는 RxJava가 해당됨)의 주요 구성 요소는 옵저버블Observables이다. observables 클래스는 정확히 iterator 패턴의 반대에 위치한다. observable 클래스에는 컨슈머가 소비할 수 있는 값을 생성하는 기본 컬렉션 또는 계산이 있다. 이터레이터와의 차이점은 컨슈머가 이터레이터 패턴과 같이 프로듀서로부터 이런 값을 당겨오지 않는다는 점이다. 대신 프로듀서는 컨슈머에게 값을 알림으로 푸시한다.

이번에는 observable로 된 동일한 예제를 살펴보자.

```
fun main(args: Array<String>) {
  var list:List<Any> = listOf("One", 2, "Three",
  "Four", 4.5, "Five", 6.0f) // 1
  var observable: Observable<Any> = list.toObservable();

  observable.subscribeBy( // 람다로 된 구독자로 이름 있는 인자를 사용한다.
    onNext = { println(it) },
    onError = { it.printStackTrace() },
```

```
      onComplete = { println("Done!") }
  )
}
```

프로그램의 결과는 이전과 동일하게 리스트의 모든 값을 출력한다. 차이점은 접근법에 있다. 실제로 어떻게 작동하는지 알아보자.

1. 리스트를 생성한다(이전과 동일).
2. 1번에서 생성한 리스트로 observable 인스턴스를 생성한다.
3. observable 인스턴스를 구독한다(람다를 위해 이름 있는 인자Named Arguments를 사용했는데 이는 뒤에서 더 자세히 알아본다).

observable을 구독했기 때문에 모든 변경 사항은 onNext로 푸시될 것이고 모든 데이터가 푸시됐을 때는 onComplete, 에러가 발생했을 때는 onError가 호출된다.

observable 인스턴스의 사용법을 배웠는데, 이미 익숙한 iterator 인스턴스의 사용법과 꽤 유사할 것이다. observable 인스턴스를 사용해 비동기 스트림을 생성하고 그것의 구독자들에게 데이터 변경을 푸시할 수 있다(여러 구독자가 존재하는 경우에도). 지금까지는 리액티브 프로그래밍 패러다임을 사용한 간단한 구현이었다. 데이터는 모든 이해 당사자, 즉 가입자에게 전파된다.

ReactiveEvenOdd 프로그램

이제 옵저버블에 조금 익숙해졌으니, 리액티브한 방법을 사용하도록 even-odd 프로그램을 수정해보자. 다음은 해당 코드다.

```
fun main(args: Array<String>) {
   var subject:Subject<Int> = PublishSubject.create()
```

```
    subject.map({ isEven(it) }).subscribe({println
     ("The number is ${(if (it) "Even" else "Odd")}" )})

    subject.onNext(4)
    subject.onNext(9)
}
```

결과는 다음과 같다.

```
"C:\Program Files\Java\jdk1.8.0_131\bin\java" ...
The number is Even
The number is Odd

Process finished with exit code 0
```

이 프로그램에서는 subject와 map을 사용하고 있는데 뒷장에서 더 자세히 다룬다. 여기서는 단지 리액티브 프로그래밍을 사용하면 얼마나 쉽게 변경 사항을 전달할 수 있는지 보여주기 위해 사용했다. 프로그램을 자세히 살펴보면 코드가 이식 가능할 뿐만 아니라 함수형으로 작성된 것을 알 수 있다. subject에 숫자를 통지하면 그것은 map 내의 메서드를 호출하고 차례대로 메서드의 반환값과 함께 subscribe 내의 함수가 호출된다. map에 사용된 메서드는 숫자가 짝수인지 검증하고 그에 따라 참, 거짓을 반환한다. subscirbe의 메서드에서는 해당 값을 입력받아 각각 even과 odd를 출력한다. subject.onNext 메서드는 새로운 값을 subject로 전달해 처리할 수 있다.

▌ ReactiveCalculator 프로젝트

사용자 입력 이벤트부터 시작하자. 먼저 다음 예제를 살펴보자.

```
fun main(args: Array<String>) {
  println("Initial Out put with a = 15, b = 10")
```

```
  var calculator:ReactiveCalculator = ReactiveCalculator(15,10)
  println("Enter a = <number> or b = <number> in separate
  lines\nexit to exit the program")
  var line:String?
  do {
    line = readLine();
    calculator.handleInput(line)
  } while (line!= null && !line.toLowerCase().contains("exit"))
}
```

코드를 실행하면 결과는 다음과 같다.

```
"C:\Program Files\Java\jdk1.8.0_131\bin\java" ...
Initial Out put with a = 15, b = 10
Add = 25
Substract = 5
Multiply = 150
Divide = 1.5
Enter a = <number> or b = <number> in separate lines
exit to exit the program
a=21
Add = 31
Substract = 11
Multiply = 210
Divide = 2.1
b=40
Add = 61
Substract = -19
Multiply = 840
Divide = 0.525
exit

Process finished with exit code 0
```

main 메서드는 사용자의 입력을 기다리고 있다가 값을 ReactiveCalculator 클래스로 넘겨주는 것 이외에 별다른 일을 하지 않는다. 다른 모든 연산은 클래스 내부에서 이루어지기 때문에 모듈화 가능한 상태다. 2장에서는 사용자 입력을 위해 분리된 옵저버블을 생성해 그곳에서 사용자 입력을 처리할 것이다. 다음 예제에서는 간결성을 위해서 사용자 입력을 풀 메커니즘으로 입력받는다. 2장에서는 이와 같은 사항을 제거하는 방법을 배운다. 다음 ReactiveCalculator 클래스를 살펴보자.

```
class ReactiveCalculator(a:Int, b:Int) {
  internal val subjectAdd: Subject<Pair<Int,Int>> =
    PublishSubject.create()
  internal val subjectSub: Subject<Pair<Int,Int>> =
    PublishSubject.create()
  internal val subjectMult: Subject<Pair<Int,Int>> =
    PublishSubject.create()
  internal val subjectDiv: Subject<Pair<Int,Int>> =
    PublishSubject.create()

  internal val subjectCalc:Subject<ReactiveCalculator> =
    PublishSubject.create()

  internal var nums:Pair<Int,Int> = Pair(0,0)

  init{
    nums = Pair(a,b)

    subjectAdd.map({ it.first+it.second }).subscribe
    ({println("Add = $it")} )
    subjectSub.map({ it.first-it.second }).subscribe
    ({println("Substract = $it")} )
    subjectMult.map({ it.first*it.second }).subscribe
    ({println("Multiply = $it")} )
    subjectDiv.map({ it.first/(it.second*1.0) }).subscribe
    ({println("Divide = $it")} )

    subjectCalc.subscribe({
      with(it) {
        calculateAddition()
        calculateSubstraction()
        calculateMultiplication()
        calculateDivision()
      }
```

```kotlin
})
    subjectCalc.onNext(this)
}

fun calculateAddition() {
  subjectAdd.onNext(nums)
}

fun calculateSubstraction() {
  subjectSub.onNext(nums)
}

fun calculateMultiplication() {
  subjectMult.onNext(nums)
}

fun calculateDivision() {
  subjectDiv.onNext(nums)
}

fun modifyNumbers (a:Int = nums.first, b: Int = nums.second) {
  nums = Pair(a,b)
  subjectCalc.onNext(this)
}

fun handleInput(inputLine:String?) {
  if(!inputLine.equals("exit")) {
    val pattern: Pattern = Pattern.compile
    ("([a|b])(?:\\s)?=(?:\\s)?(\\d*)");

    var a: Int? = null
    var b: Int? = null

    val matcher: Matcher = pattern.matcher(inputLine)

    if (matcher.matches() && matcher.group(1) != null
    && matcher.group(2) != null) {
      if(matcher.group(1).toLowerCase().equals("a")){
```

```
            a = matcher.group(2).toInt()
        } else if(matcher.group(1).toLowerCase().equals("b")){
            b = matcher.group(2).toInt()
        }
    }

    when {
        a != null && b != null -> modifyNumbers(a, b)
        a != null -> modifyNumbers(a = a)
        b != null -> modifyNumbers(b = b)
        else -> println("Invalid Input")
    }
}
}
}
```

이 프로그램에서는 이벤트(사용자 입력)가 아닌 데이터에만 푸시 메커니즘(observable 패턴)을 적용한다. 이 책의 앞부분에서는 데이터 변경을 관찰하는 방법을 다루지만 RxJava는 사용자 입력과 같은 이벤트도 관찰할 수 있게 한다. 이 책의 뒷부분에서 안드로이드의 RxJava에 대해 논의할 때 관련 내용을 다룬다. 자, 이제 위의 코드가 어떻게 작동하는지 살펴보자.

먼저 데이터와 자기 자신까지 관찰할 수 있는 ReactiveCalculator 클래스를 생성했다. 그래서 이 클래스는 속성이 변경될 때마다 calculate 메서드를 호출한다.

Pair를 사용해 두 변수를 쌍으로 만들고 Pair로부터 4개의 subject를 만들어 변경 사항을 관찰 후 처리한다. 네 가지의 별도 연산이 있으므로 네 가지 subject가 필요하다. 또한 다음 장에서 단 하나의 메서드를 사용하도록 최적화하는 방법을 배운다.

calculate 메서드는 각 subject가 Pair를 처리해서 새로운 결과를 출력한다.

두 프로그램에서 모두 사용된 map 메서드를 주의 깊게 봤다면 map 메서드가 onNext를 통해 전달한 값을 사용해 결괏값을 산출해내는 것을 알 수 있다. 어떤 유형이든 결괏값이 될수 있으며 구독자에게 전달돼 추가 처리를 진행하거나 결과를 출력한다.

▌ 요약

1장에서는 리액티브 프로그래밍이 무엇인지, 왜 그것을 배워야 하는지를 알아봤다. 또한 코딩을 시작했다. 리액티브 코딩 패턴은 낯설게 보일 수도 있지만 그렇게 어렵지는 않다. 몇 가지만 더 선언하면 사용할 수 있다.

observable과 그 사용법을 배웠다. 또한 subject와 map도 알아봤는데 자세한 내용은 이후 장에서 설명할 것이다.

2장에서는 ReactiveCalculator 예제를 계속 사용해 프로그램을 최적화하고 향상시킬 수 있는 방법을 살펴본다.

1장에서 제시한 세 가지 예제는 처음에는 약간 혼란스럽고 복잡해 보일 수 있지만 실제로는 간단하며 이 책을 계속 진행하면 익숙해질 것이다.

2장에서는 RxKotlin의 함수형 프로그래밍과 함수형 인터페이스를 좀 더 학습한다.

02

코틀린과 RxKotlin을 사용한 함수형 프로그래밍

함수형 프로그래밍 패러다임은 객체지향 프로그래밍OOP, Object-oriented programming과 약간 다르다. 함수형 프로그래밍은 좀 더 선언적이고 표현적인 프로그램이고, 문statement보다는 불변의 데이터를 사용하는 경향이 있다. 함수형 프로그래밍의 정의는 다음과 같다. "불변의 데이터를 사용한 수학적인 함수의 평가를 통해 프로그램을 구조화하는 동시에 상태변화를 방지한다". 함수형 프로그램은 작고 재사용 가능한 선언적인 함수의 사용을 권장하는 선언적인 프로그래밍 패러다임이다.

함수형 프로그래밍의 정의를 알아봤다. 그럼 이제 관련 내용을 더 자세히 알아보고 정확히 어떤 의미를 가지는지 알고 싶지 않은가? 모든 언어가 함수형 프로그래밍을 지원하는가? 그렇다면 지원 가능한 언어는 무엇이고, 코틀린도 지원 가능할까? 리액티브 프로그래밍은 함수형 프로그래밍과 정확히 어떤 관련이 있을까? 그리고 마지막으로 함수형 프로그래밍을 더 잘 알려면 어떤 내용을 배워야 하는가?

2장에서는 다루는 내용은 다음과 같다.

- 함수형 프로그래밍 시작하기
- 리액티브 프로그래밍과 함수형 프로그래밍 간의 관계
- 코틀린의 혁신적인 기능인 코루틴^{Coroutines}

▮ 함수형 프로그래밍 소개

함수형 프로그래밍은 프로그래밍 논리를 작고 재사용 가능하며 선언적인 순수한 기능의 조각으로 나눈다. 논리를 작은 코드로 분산시키면 쉽게 모듈화가 가능하고 단순해지기 때문에 다른 모듈에 영향을 끼치지 않고 특정 코드의 일부 또는 모든 부분을 리팩토링하거나 변경할 수 있다.

함수형 프로그래밍은 언어의 인터페이스와 지원을 필요로 한다. 따라서 언어에서 특정 종류의 지원을 제공하지 않는다면 그것은 함수형이라고 불릴 수 없다. 그러나 함수형 프로그래밍은 사실 새로운 것이 아니라 꽤 오래된 개념이며 여러 언어가 이를 지원한다. 이런 언어를 함수형 프로그래밍 언어라고 부르는데 다음은 가장 많이 사용되는 함수형 프로그래밍 언어의 목록이다.

- 리스프^{Lisp}
- 클로저^{Clojure}
- 울프램^{Wolfram}
- 얼랭^{Erlang}
- 오캐멀^{OCaml}
- 헤스켈^{Haskell}

- 스칼라^{Scala}
- F#

리스프와 헤스켈은 가장 오래된 언어 중 하나며, 오늘날에도 학계와 산업계에서 사용된다. 코틀린은 버전 8에서야 함수 프로그래밍을 지원했던 자바와는 대조적으로 첫 안정 버전 릴리스에서 함수형 프로그래밍에 대한 탁월한 지원을 제공한다. 코틀린은 객체지향 및 함수 프로그래밍 스타일 모두를 사용할 수 있다. 심지어 두 가지 스타일을 동시에 사용할 수 있어서 큰 도움이 된다. 코틀린은 고차^{Higher order} 함수, 함수 유형, 람다와 같은 퍼스트 클래스 지원을 통해 함수형 프로그래밍에 대해 알아보거나 구현할 경우 훌륭한 선택지가 돼 준다.

함수형 리액티브 프로그래밍^{FRP, Functional Reactive Programming}의 개념은 실제로 리액티브 프로그래밍과 함수형 프로그래밍을 혼합한 개념이다. 함수형 프로그래밍의 주요 목적은 쉽게 모듈화가 가능한 프로그램을 구현하는 것이다. 모듈화된 프로그램은 반응형 프로그래밍을 구현하거나 필요에 따라 리액티브 선언문의 네 가지 원칙을 구현하는 데 필요하다.

█ 함수형 프로그래밍의 기초

함수형 프로그래밍은 람다, 순수 함수, 고차 함수, 함수 유형, 인라인 함수 같은 몇 가지 새로운 개념으로 구성된다. 꽤나 흥미롭지 않은가?

 비록 많은 프로그래머가 순수 함수와 람다가 동일하다고 말하지만, 실제로는 그렇지 않다는 것을 유의하자. 다음 절에서 더 많은 내용을 배울 것이다.

람다 표현식

람다 또는 람다식은 일반적으로 이름이 없는 익명 함수를 의미한다. 람다식은 함수라고 말할 수 있지만 모든 함수가 람다식인 것은 아니다. 모든 프로그래밍 언어가 람다식을 지원하는 것도 아니다. 예를 들어, 자바는 8 이후부터 람다를 지원한다. 람다 표현식의 구현 방식은 언어에 따라 다르다. 코틀린은 람다 표현을 잘 지원하는데 람다를 구현하는 것은 매우 쉽고 자연스럽다. 이제 코틀린에서 람다식이 작동하는 방식을 살펴보자.

```
fun main(args: Array<String>) {
    val sum = { x: Int, y: Int -> x + y } // (1)
    println("Sum ${sum(12,14)}")// (2)
    val anonymousMult = {x: Int -> (Random().nextInt(15)+1) * x}
    // (3)
    println("random output ${anonymousMult(2)}")// (4)
}
```

예제의 주석 (1)에서는 두 개의 숫자를 더하고 결과의 합을 반환하는 람다식을 선언한다. 주석 (2)에서 그 함수를 호출하고 결과를 출력한다. 주석 (3)에서, 15까지 제한된 난수를 전달된 x와 곱한 후 결과를 반환하는 또 다른 람다를 선언한다. 주석 (4)에서는 결과를 다시 인쇄한다. 두 람다식은 실제로 함수이면서 이름은 없다. 따라서 익명 함수라고도 불린다. 자바와 비교했을 때, 자바는 익명 클래스가 있지만 람다/익명 함수는 자바 8 버전 이후에만 있다.

결과가 궁금하다면 다음 화면을 보자.

```
"C:\Program Files\Java\jdk1.8.0_131\bin\java" ...
Sum 26
random output 24

Process finished with exit code 0
```

순수 함수

함수의 반환값이 인수/매개 변수에 전적으로 의존하면 이 함수를 순수 함수라고 한다. 그래서 fun func1 (x : Int) : Int를 선언하면, 그 반환값은 인수 x에 전적으로 의존한다. 예를 들어 func1을 값 3으로 두 번 호출했을 때 반환값은 동일하다. 순수 함수는 람다 또는 명명된 함수일 수도 있다. 이전 예제에서 첫 번째 람다식은 순수 함수였지만 두 번째의 경우 반환값은 동일한 값이 전달된 경우에도 달라질 수 있다. 다음 예제 코드를 통해 좀 더 이해해보자.

```
fun square(n:Int):Int {//(1)
  return n*n
}

fun main(args: Array<String>) {
  println("named pure func square = ${square(3)}")
  val qube = {n:Int -> n*n*n}//(2)
  println("lambda pure func qube = ${qube(3)}")
}
```

두 함수 (1)과 (2) 모두 순수 함수로서 하나는 이름이 있는 함수, 나머지는 람다이다. 값 3을 어떤 함수에 n번 전달하면 매번 동일한 값이 반환된다. 즉 순수 함수에는 부작용Side Effect이 없다.

 부작용: 함수 또는 표현식은 자신의 범위 외부의 일부 상태를 수정하거나 호출 함수 또는 외부 세계에 영향을 끼치는 상호 작용이 존재하는 경우 부작용이 있다고 한다.
https://ko.wikipedia.org/wiki/부작용_(컴퓨터_과학)

앞서 말했듯이 순수한 함수는 람다식과 아무런 관련이 없다. 그 둘의 정의는 완전히 다르다.

결과는 다음과 같다.

```
named pure func square = 9
lambda pure func qube = 27
```

고차 함수

함수를 인자로 받아들이거나 반환하는 함수를 고차 함수^{high-order functions}라고 부른다. 다음
예제 코드를 통해 좀 더 이해해보자.

```
fun highOrderFunc(a:Int, validityCheckFunc:(a:Int)->Boolean) {//(1)
  if(validityCheckFunc(a)) {//(2)
    println("a $a is Valid")
} else {
    println("a $a is Invalid")
  }
}

fun main(args: Array<String>) {
  highOrderFun(12,{ a:Int -> a.isEven()})//(3)
  highOrderFunc(19,{ a:Int -> a.isEven()})
}
```

위 예제에서는 highOrderFunc 함수를 선언했는데 정수(Int)와 validityCheckFunc(Int)
함수를 인자로 받아들인다. highOrderFunc 함수 내에서 validityCheckFunc 함수를 호출
해 값이 유효한지 여부를 검증한다. 그러나 main 함수 내에서 highOrderFunc 함수를 호출
하는 시점에 런타임으로 validityCheckFunc 함수를 정의하고 있다.

 이 프로그램의 isEven 함수는 책에 포함된 project 파일 내에 정의된 확장 함수다.

52

결과는 다음과 같다.

```
a 12 is Valid
a 19 is Invalid
```

인라인 함수

함수는 이식 가능한 코드를 작성하는 좋은 방법이지만 함수의 스택 유지 관리 및 오버 헤드로 인해 프로그램 실행 시간이 늘어나고 메모리 최적화를 저하시킬 수 있다. 인라인 함수 사용은 함수형 프로그래밍에서 이런 난관을 피할 수 있는 좋은 방법이다. 예를 들어 다음 코드 스니펫을 참고하자.

```
fun doSomeStuff(a:Int = 0) = a+(a*a)

fun main(args: Array<String>) {
    for (i in 1..10) {
        println("$i Output ${doSomeStuff(i)}")
    }
}
```

인라인 함수의 정의를 떠올려 보면 다음과 같다. 인라인 함수는 프로그램의 성능 및 메모리 최적화를 향상시키는 개선된 기능이다. 함수 정의를 호출할 때마다 그것을 인라인으로 대체할 수 있도록 컴파일러가 지시할 수 있다. 따라서 함수 호출, 스택 유지 보수를 위해 많은 메모리를 필요로 하지 않으며 동시에 함수의 장점도 얻을 수 있다. 앞의 프로그램은 두 개의 숫자를 더하고 그 결과를 반환하는 함수를 선언하고 루프에서 함수를 호출한다. 이를 위해 함수를 선언하지 않고 함수가 호출되는 위치에 덧셈을 수행하는 코드를 작성할 수 있지만, 함수로 선언하면 기존 코드에 영향을 주지 않고 덧셈 로직을 수정할 수 있다. 예를 들면 덧셈이 아니라 곱셈이나 다른 연산으로 교체가 가능하다. 함수를 인라인으로 선

언하면 함수 호출이 함수 내부의 코드로 교체되는데, 함수 선언으로 얻는 자유는 지키며 동시에 성능도 향상시킬 수 있다. 예제로 다음 코드 스니펫을 참고하자.

```kotlin
inline fun doSomeStuff(a:Int = 0) = a+(a*a)

fun main(args: Array<String>) {
  for (i in 1..10) {
    println("$i Output ${doSomeStuff(i)}")
  }
}
```

프로그램의 결과는 다음과 같다.

```
"C:\Program Files\Java\jdk1.8.0_131\bin\java" ...
1 Output 2
2 Output 6
3 Output 12
4 Output 20
5 Output 30
6 Output 42
7 Output 56
8 Output 72
9 Output 90
10 Output 110

Process finished with exit code 0
```

코틀린이 인라인 함수와 관련해 제공하는 또 다른 기능이 있는데 inline 키워드로 고차 함수를 선언하면 inline 키워드는 함수 자체와 전달된 람다에 모두 영향을 미친다. 고차 함수를 사용하는 코드를 인라인으로 수정해보자.

```kotlin
inline fun highOrderFuncInline(a:Int, validityCheckFunc:(a:Int)-
>Boolean) {
  if(validityCheckFunc(a)) {
```

```
    println("a $a is Valid")
  } else {
    println("a $a is Invalid")
  }
}

fun main(args: Array<String>) {
  highOrderFuncInline(12,{ a:Int -> a.isEven()})
  highOrderFuncInline(19,{ a:Int -> a.isEven()})
}
```

컴파일러는 highOrderFuncInline 함수의 정의에 따라 validityCheckFunc의 모든 호출을 람다로 대체한다. 보다시피 코드의 수정은 별로 없으며, 성능 향상을 위해 함수 선언문 앞에 inline 키워드를 추가했다.

▌ReactiveCalculator 클래스에 함수형 프로그래밍 적용

이번에는 1장의 ReactiveCalculator 클래스를 조금 더 이해해보고 코드를 최적화한다. 먼저 ReactiveCalculator 클래스의 init 블록을 살펴보자.

```
init{
  nums = Pair(a,b)

  subjectAdd.map({ it.first+it.second }).subscribe({println
  ("Add = $it")} )//1
  subjectSub.map({ it.first-it.second }).subscribe({println
  ("Substract = $it")} )
  subjectMult.map({ it.first*it.second }).subscribe
  ({println("Multiply = $it")} )
  subjectDiv.map({ it.first/(it.second*1.0) }).subscribe
  ({println("Divide = $it")} )
```

```
  subjectCalc.subscribe({
    with(it) {
      calculateAddition()
      calculateSubstraction()
      calculateMultiplication()
      calculateDivision()
    }
  })

  subjectCalc.onNext(this)
}
```

이제 함수형 프로그래밍의 지식을 갖췄으니 map과 subscribe 메서드는 매개 변수로 함수를 취하는 고차 함수라고 쉽게 이해할 수 있을 것이다. 그러나 정말 많은 subject와 구독자가 필수라고 생각하는가? 클래스의 구독자만으로 작업을 끝내기에 충분하지 않을까? 다음과 같이 코드를 수정하고 최적화해보자.

```
class ReactiveCalculator(a:Int, b:Int) {
  val subjectCalc: io.reactivex.subjects.Subject
  <ReactiveCalculator> =
  io.reactivex.subjects.PublishSubject.create()

  var nums:Pair<Int,Int> = Pair(0,0)

  init{
    nums = Pair(a,b)

    subjectCalc.subscribe({
      with(it) {
        calculateAddition()
        calculateSubstraction()
        calculateMultiplication()
        calculateDivision()
      }
    })
```

```kotlin
    subjectCalc.onNext(this)
}

inline fun calculateAddition():Int {
  val result = nums.first + nums.second
  println("Add = $result")
  return result
}

inline fun calculateSubstraction():Int {
  val result = nums.first - nums.second
  println("Substract = $result")
  return result
}

inline fun calculateMultiplication():Int {
  val result = nums.first * nums.second
  println("Multiply = $result")
  return result
}

inline fun calculateDivision():Double {
  val result = (nums.first*1.0) / (nums.second*1.0)
  println("Multiply = $result")
  return result
}

inline fun modifyNumbers (a:Int = nums.first, b:
Int = nums.second) {
  nums = Pair(a,b)
  subjectCalc.onNext(this)
}

fun handleInput(inputLine:String?) {
  if(!inputLine.equals("exit")) {
      val pattern: java.util.regex.Pattern =
      java.util.regex.Pattern.compile
      ("([a|b])(?:\\s)?=(?:\\s)?(\\d*)");
```

```kotlin
        var a: Int? = null
        var b: Int? = null

        val matcher: java.util.regex.Matcher =
        pattern.matcher(inputLine)

        if (matcher.matches() && matcher.group(1) != null &&
        matcher.group(2) != null) {
            if(matcher.group(1).toLowerCase().equals("a")){
                a = matcher.group(2).toInt()
            } else if(matcher.group(1).toLowerCase().equals("b")){
                b = matcher.group(2).toInt()
            }
        }

        when {
            a != null && b != null -> modifyNumbers(a, b)
            a != null -> modifyNumbers(a = a)
            b != null -> modifyNumbers(b = b)
            else -> println("Invalid Input")

        }
    }
  }

}
```

하나를 제외한 모든 subscriber를 제거했다. 결과는 다음과 같다.

```
Initial Output with a = 15, b = 10
Add = 25
Substract = 5
Multiply = 150
Multiply = 1.5
Enter a = <number> or b = <number> in separate lines
exit to exit the program
```

```
a = 6
Add = 16
Substract = -4
Multiply = 60
Multiply = 0.6
b=4
Add = 10
Substract = 2
Multiply = 24
Multiply = 1.5
Exit
```

예제에서는 클래스 객체 자체를 구독하는 데 변수가 변경될 때마다 알림을 받는데, 모든 작업을 subscribe 메서드에서 수행한다. 또한 함수를 인라인으로 만들었기 때문에 성능 최적화에도 도움이 된다.

▌ 코루틴

코틀린의 가장 흥미롭고 혁신적인 기능은 코루틴^{Coroutine}이다. 스레드와 같이 비동기식, 논블로킹 코드를 작성하는 새로운 방법이지만보다 더 간단하고 효율적이며 경량의 솔루션이다. 코루틴은 코틀린 1.1에 추가됐으며 여전히 실험적인 기능이기 때문에 상용 환경에서 사용하기 전에 다시 한번 생각해보자.

이 책의 뒷부분에서는 스레드의 복잡성을 캡슐화한 RxKotlin의 스케줄러를 배운다. 스케줄러는 RxKotlin을 통해서만 사용할 수 있는 반면 코루틴은 어디에서나 사용할 수 있다. 코루틴은 대단히 혁신적인 기능이며 스레드에 대한 훌륭한 추상화를 제공하고, 컨텍스트를 변경하며 동시성을 쉽게 만들어 준다.

RxKotlin은 아직 코루틴을 사용하지 않는다는 점에 유의하자. 그 이유는 아주 간단하다. 코루틴과 RxKotlin의 스케줄러의 내부 구조가 동일하기 때문인데, 코루틴은 최근에야 도입됐지만 스케줄러는 RxJava, RxJs, RxSwift 같은 라이브러리와 오랜 기간 사용됐다.

코루틴은 RxKotlin의 스케줄러를 사용하지 않고 동시성을 구현하고 싶은 개발자에게 최고의 선택이다.

자, 그러면 이제 코루틴을 프로젝트에 추가해볼 차례다. 그레이들을 사용하고 있다면 다음 단계를 따라 하자(apply plugin 뒤에는 JVM인 경우에는 'kotlin'이 오고, 안드로이드인 경우에는 'kotlinandroid'가 온다).

```
apply plugin: 'kotlin'
kotlin {
  experimental {
    coroutines 'enable'
  }
}
```

다음 내용을 의존성으로 추가한다.

```
repositories {
  ...
  jcenter()
}
dependencies {
  ...
  compile "org.jetbrains.kotlinx:kotlinx-coroutines-core:0.16"
}
```

메이븐을 사용하고 있다면 pom.xml에 다음 코드를 추가하자.

```
<plugin>
  <groupId>org.jetbrains.kotlin</groupId>
  <artifactId>kotlin-maven-plugin</artifactId>
  ...
  <configuration>
    <args>
```

```
        <arg>-Xcoroutines=enable</arg>
    </args>
  </configuration>
</plugin>
<repositories>
  ...
  <repository>
    <id>central</id>
    <url>http://jcenter.bintray.com</url>
  </repository>
</repositories>
<dependencies>
  ...
  <dependency>
    <groupId>org.jetbrains.kotlin</groupId>
    <artifactId>kotlinx-coroutines-core</artifactId>
    <version>0.16</version>
  </dependency>
</dependencies>
```

 아파치 메이븐은 프로젝트 관리를 위한 종합 툴이다. 메이븐은 POM(Project Object Model)의 개념을 기반으로 프로젝트의 빌드, 리포트, 문서 작업을 통합 관리할 수 있게 한다. 자세한 내용은 다음 URL을 참고하자.

http://maven.apache.org

그런데 코루틴이란 정확히 무엇인가? 애플리케이션을 개발하는 동안 네트워크, 데이터베이스 호출 또는 복잡한 계산과 같이 긴 시간에 걸쳐 작업을 수행해야 하는 상황이 자주 발생한다. 이런 경우 자바의 유일한 옵션은 스레드를 사용하는 것인데, 이는 사용하기 매우 복잡하다. 이런 상황에 직면할 때마다 문제를 해결할 수 있는 간단하면서도 강력한 API가 필요하다. 닷넷 도메인의 개발자, 특히 C#을 사용하는 개발자는 async/await 연산자에 익숙한데 이것이 어떤 면에서는 코틀린 코루틴에 가장 가깝다.

코루틴 시작하기

다음 예제를 살펴보자.

```
suspend fun longRunningTsk():Long {//(1)
  val time = measureTimeMillis {//(2)
    println("Please wait")
    delay(2,TimeUnit.SECONDS)//(3)
    println("Delay Over")
  }
  return time
}

 fun main(args: Array<String>) {
  runBlocking {//(4)
    val exeTime = longRunningTsk()//(5)
    println("Execution Time is $exeTime")
  }
}
```

코드를 분석하기 앞서 다음 결과를 살펴보자.

```
Please wait
Delay Over
Execution Time is 2018
```

이제 코드를 이해해보자. 함수 선언인 주석 (1)에서 함수를 일시 중지로 표시하는 suspend 키워드를 사용했다. 즉 함수를 실행하는 동안 프로그램은 결과를 기다려야 한다. 따라서 메인 스레드를 일시 중단하는 것은 허용되지 않는다(메인 스레드와 일시 중단 함수 사이를 명확하게 분리함). 주석 (2)에서 measureTimeMillis로 블록을 시작하고 그 값을 (val) time 변수에 할당한다. measureInMillis의 연산은 매우 간단한데, 전달된 블록을 실행하고 실행 시간을 측정한 후 반환한다. 주석 (3)에서는 delay 함수를 사용해 의도적으로 프로그램 실행을 2초 지연시킨다. 주석 (4)의 main 함수에서 runBlocking 블록은 주석 (5)에서 호출된 longRunningTsk 함수가 완료될 때까지 프로그램을 대기 상태로 만든다. 그렇다. 이것은 아주 간단한 예다. 그러나 예제에서는 메인 스레드가 대기하게 된다. 가끔씩 이는 원하지 않는 현상이고, 그 대신 비동기 작업을 수행하고 싶을 수 있다. 비동기 작업을 위해서 다음과 같이 해보자.

```
fun main(args: Array<String>) {
  val time = async(CommonPool) { longRunningTsk() }//(1)
  println("Print after async ")
  runBlocking { println("printing time ${time.await()}") }//(2)
```

위 코드에서 longRunningTsk는 동일하게 유지하고 main 함수만 변경했다. 주석 (1)에서 time 변수에 async에서 수행된 longRunningTsk의 반환값을 할당했다. async 코드 블록은 꽤나 흥미로운데 전달된 코루틴 컨텍스트에서 비동기적으로 블록 내부의 코드를 실행한다.

 기본적으로 코루틴 컨텍스트에는 세 가지 유형이 있다. Unconfined는 기본 스레드에서 실행되고 CommonPool은 공통 스레드 풀에서 실행되거나 새로운 코루틴 컨텍스트를 만들 수 있음을 의미한다.

주석 (2)에서 time 변수가 사용 가능할 때까지 main 함수를 기다리도록 하는 블로킹 코드를 실행한다. await 함수의 도움을 받아 이 작업을 수행하는 데, runBlocking 코드 블록에게 async 코드 블록의 실행이 완료돼 time 변수가 사용 가능할 때까지 기다리게 한다.

시퀀스 생성하기

앞에서 언급했듯이 코틀린의 코루틴은 자바의 스레드나 C#의 async/await보다 뛰어나다. 다음 소개하는 기능은 한 번 배우고 난 다음 코드를 작성할 때 사용할 수 없다면 화가 날 정도로 편리하다. 더 좋은 소식은 해당 기능이 애플리케이션에서 바로 사용할 수 있는 단계에 있다는 것이다. kotlin-stdlib와 함께 제공되기 때문에 특별한 과정 없이 바로 사용할 수 있으며, 심지어 명시적으로 코루틴을 사용할 수도 있다.

지금 이야기하고 있는 기능을 배우기 전에, 고전적인 예제인 피보나치 수열을 코드로 작성해보자. 다음 코드를 살펴보자.

```kotlin
fun main(args: Array<String>) {
  var a = 0
  var b = 1
  print("$a, ")
  print("$b, ")

  for(i in 2..9) {
    val c = a+b
    print("$c, ")
    a=b
    b=c
  }
}
```

자, 이것은 코틀린으로 작성한 피보나치 프로그램이다. 이 코드는 인쇄할 수를 사용자 입력으로 받을 때 문제가 발생한다. 여기서 코틀린이 문제를 더 단순한 방식으로 자연스럽게 해결할 수 있는 buildSequence 함수를 갖고 있다면 어떨까? 이제 코드를 변경해보자.

```kotlin
fun main(args: Array<String>) {
  val fibonacciSeries = buildSequence {//(1)
    var a = 0
    var b = 1
```

64

```
        yield(a) //(2)
        yield(b)

        while (true) {
            val c = a+b
            yield(c)//(3)
            a=b
            b=c
        }
    }

    println(fibonacciSeries.take(10) join "," )//(4)
}
```

다음은 두 프로그램의 결과다.

```
0, 1, 1, 2, 3, 5, 8, 13, 21, 34
```

앞의 예제를 좀 더 이해해보자. 주석 (1)에서 val fibonacciSeries가 buildSequence 블록으로 채워지도록 선언한다. 시퀀스에 출력할 값을 계산할 때마다 (주석 (2)와 (3)에서) 그 값을 산출^{yield}한다. 주석 (4)에서 fibonacciSeries를 호출해 10번째 변수까지 계산하고 시퀀스의 요소를 쉼표(,)로 결합시킨다.

지금까지 코루틴을 학습했다. 이제 우리 프로그램에 코루틴을 사용해볼 차례다.

코루틴을 사용한 ReactiveCalculator 클래스

지금까지의 ReactiveCalculator 프로그램에서는 동일한 스레드에서 모든 것을 수행했다. 비동기적으로 바뀌어야 한다고 생각하지 않는가? 자, 변경해보자.

```kotlin
class ReactiveCalculator(a:Int, b:Int) {
  val subjectCalc:
  io.reactivex.subjects.Subject<ReactiveCalculator> =
  io.reactivex.subjects.PublishSubject.create()

  var nums:Pair<Int,Int> = Pair(0,0)

  init{
    nums = Pair(a,b)

    subjectCalc.subscribe({
        with(it) {
                calculateAddition()
                calculateSubstraction()
                calculateMultiplication()
                calculateDivision()
        }
    })

    subjectCalc.onNext(this)
  }

  inline fun calculateAddition():Int {
    val result = nums.first + nums.second
    println("Add = $result")
    return result
  }

  inline fun calculateSubstraction():Int {
    val result = nums.first - nums.second
    println("Substract = $result")
    return result
  }

  inline fun calculateMultiplication():Int {
    val result = nums.first * nums.second
    println("Multiply = $result")
```

```kotlin
      return result
  }

  inline fun calculateDivision():Double {
    val result = (nums.first*1.0) / (nums.second*1.0)
    println("Division = $result")
    return result
  }

  inline fun modifyNumbers (a:Int = nums.first, b:
  Int = nums.second) {
    nums = Pair(a,b)
    subjectCalc.onNext(this)

  }

suspend fun handleInput(inputLine:String?) {//(1)
  if(!inputLine.equals("exit")) {
    val pattern: java.util.regex.Pattern =
    java.util.regex.Pattern.compile
    ("([a|b])(?:\\s)?=(?:\\s)?(\\d*)");

    var a: Int? = null
    var b: Int? = null

    val matcher: java.util.regex.Matcher =
    pattern.matcher(inputLine)

    if (matcher.matches() && matcher.group(1) != null &&
    matcher.group(2) != null) {
        if(matcher.group(1).toLowerCase().equals("a")){
            a = matcher.group(2).toInt()
        } else if(matcher.group(1).toLowerCase().equals("b")){
            b = matcher.group(2).toInt()
        }
    }

    when {
```

```kotlin
                    a != null && b != null -> modifyNumbers(a, b)
                    a != null -> modifyNumbers(a = a)
                    b != null -> modifyNumbers(b = b)
                    else -> println("Invalid Input")


                }
            }
        }

}

fun main(args: Array<String>) {
println("Initial Out put with a = 15, b = 10")
var calculator: ReactiveCalculator = ReactiveCalculator(15, 10)

println("Enter a = <number> or b = <number> in separate lines\nexit
to exit the program")
var line:String?
do {
    line = readLine();
    async(CommonPool) {//(2)
        calculator.handleInput(line)
    }
  } while (line!= null && !line.toLowerCase().contains("exit"))
}
```

주석 (1)에서 handleInput 함수를 suspend로 선언한다. 이는 JVM에게 함수의 실행이 오래 걸릴 것이라고 알려주는데, 함수를 호출하는 컨텍스트가 실행되면 완료될 때까지 기다려야 한다. 앞에서 언급했듯이 함수의 일시 중단은 메인 컨텍스트에서 호출될 수 없다. 그래서 주석 (2)에서는 함수를 호출하는 async 블록을 만들었다.

▋ 함수형 프로그래밍: 모나드

모나드^{monad} 없는 함수 프로그래밍은 완전하지 않다. 함수형 프로그래밍을 사용하고 있다면 모나드에 대해 잘 알고 있겠지만 그렇지 않다면 생소한 내용일 것이다. 그래서 모나드는 무엇인가? 더 자세히 배워보자. 모나드의 개념은 아주 추상적인데, 그 정의에 따르면 모나드는 값을 캡슐화하고 추가 기능을 더해 새로운 타입을 생성하는 구조체라고 설명된다. 먼저 모나드를 사용하는 방법부터 살펴보자. 다음 예제를 살펴보자.

```
fun main(args: Array<String>) {
  val maybeValue: Maybe<Int> = Maybe.just(14)//1
  maybeValue.subscribeBy(//2
    onComplete = {println("Completed Empty")},
    onError = {println("Error $it")},
    onSuccess = { println("Completed with value $it")}
  )
  val maybeEmpty:Maybe<Int> = Maybe.empty()//3
  maybeEmpty.subscribeBy(
    onComplete = {println("Completed Empty")},
    onError = {println("Error $it")},
    onSuccess = { println("Completed with value $it")}
  )
}
```

여기서 Maybe는 모나드로서 Int 값을 캡슐화하고 추가 기능을 제공한다. 모나드인 Maybe는 값을 포함할 수도 있고 포함하지 않을 수도 있으며, 값 또는 오류 여부에 관계없이 완료된다. 그래서 오류가 발생했을 때는 onError가 호출된다. 오류가 발생하지 않고 값이 존재하면 onSuccess가 값과 함께 호출된다. 값이 없고 오류도 없는 경우 onComplete가 호출된다. 여기서 주의해야 할 것은 onError, onComplete, onSuccess 세 가지 메서드가 모두 터미널 메서드인데 세 가지 메서드 중 하나는 모나드에 의해 호출되지만, 다른 것은 호출되지 않음을 의미한다.

모나드를 더 잘 이해할 수 있는 프로그램을 살펴보자. 주석 (1)에서 Maybe 모나드를 선언하고 14를 할당한다. 주석 (2)에서 모나드를 구독한다. 주석 (3)에서 Maybe 모나드를 다시 선언하는데, 이번에는 빈 값으로 선언한다. 구독은 매개 변수로 3개의 람다를 사용한다. 모나드에 값이 포함되면 onSuccess가 호출되고, 값이 포함되지 않으면 onComplete 오류가 발생하면 onError가 호출된다. 아래 출력을 보자.

```
Completed with value 14
Completed Empty
```

출력에서 확인할 수 있듯이 mayValue에서는 onSuccess가 호출되지만 maybeEmpty에서는 onComplete가 호출된다.

단일 모나드

Maybe는 단순히 모나드의 한 유형인데 Maybe 외에도 다수 있다. 이후 장에서 가장 중요한 몇 가지 유형을 다루며, 리액티브 프로그래밍과 결합해 볼 것이다.

▌ 요약

2장에서는 함수형 프로그래밍에 대해 배웠다. 함수형 프로그래밍의 개념을 충분히 이해했다면 리액티브 프로그래밍을 위한 퍼즐은 자동으로 해결된다. 또한 함수형 리액티브 프로그래밍의 의미도 배웠다.

함수형 프로그래밍을 학습함으로써 1장에서 말한 제약 조건에 대해서도 명확한 아이디어를 얻을 수 있었다.

또한 코틀린 언어의 혁신적인 새 기능, 코루틴을 소개했다.

코루틴과 함수형 프로그래밍에 대한 몇 가지 새로운 개념을 사용해 ReactiveCalculator 클래스를 수정하고 최적화했다.

03

옵저버블과
옵저버와 구독자

옵저버블과 구독자는 리액티브 프로그래밍의 기반을 이룬다. 이것들을 리액티브 프로그래밍의 기본 구성 요소라고 말할 수 있다. 앞의 두 장에서 옵저버블과 서브젝트에 대해서 엿볼 수 있었다. observable/subject 인스턴스로 데이터를 관찰했다. 그러나 이것이 우리가 원하는 전부는 아니다. 모든 동작과 데이터 변경 사항을 옵저버블 인스턴스로 가져와 애플리케이션을 완전한 반응형으로 만들기를 원한다. 또한 2장을 읽으며 리액티브 프로그래밍의 정확한 삭동 방식이 궁금했을 것이다. 3장에서는 리액티브 프로그래밍의 핵심 요소인 Observables, Observers, subjects에 대해 알아본다.

- 다양한 데이터 소스를 옵저버블 인스턴스 변환하는 작업을 자세히 알아본다.
- Observables의 다양한 유형을 배운다.

- Observer 인스턴스 및 구독을 사용하는 방법, subjects와 다양한 구현에 대해서 알아본다.

Observable의 다양한 팩토리 메서드에 대해서도 배운다.

3장에서는 이해해야 하는 내용이 많다. Observables부터 시작해보자.

▌ 옵저버블

앞에서 논의한 대로 리액티브 프로그래밍에서 옵저버블(Observable)은 그 컨슈머(Observer)가 소비할 수 있는 값을 산출해 내는 기본 계산 작업을 갖고 있다. 여기서 가장 중요한 것은 컨슈머(Observer)가 값을 풀Pull 방식을 사용해 접근하지 않는다는 점이다. 오히려 옵저버블은 컨슈머에게 값을 푸시Push하는 역할을 한다. 따라서 옵저버블은 일련의 연산자를 거친 아이템을 최종 옵저버로 내보내는 푸시 기반의 조합 가능한 이터레이터다. 여기서 옵저버는 아이템들을 소비한다. 순차적으로 접근해 좀 더 이해해보자.

- 옵저버는 옵저버블을 구독한다.
- 옵저버블이 그 내부의 아이템들을 내보내기 시작한다.
- 옵저버는 옵저버블에서 내보내는 모든 아이템에 반응한다.

옵저버블이 onNext, onComplete, onError 같은 이벤트 메서드를 통해 작동하는 방법을 살펴보자.

옵저버블이 동작하는 방법

앞에서 설명했듯이 옵저버블은 세 가지 중요한 이벤트 메서드를 갖고 있는데 하나씩 자세히 이야기해보자.

- onNext: 옵저버블은 모든 아이템을 하나씩 이 메서드에 전달한다.
- onComplete: 모든 아이템이 onNext 메서드를 통과하면 옵저버블은 onComplete 메서드를 호출한다.
- onError: 옵저버블에서 에러가 발생하면 onError 메서드가 호출돼 정의된 대로 에러를 처리한다. onError와 onComplete는 터미널 이벤트이다. onError가 호출됐을 경우 onComplete가 호출되지 않으며, 반대의 경우도 마찬가지다.

> 여기서 주목해야 할 것은 언급하고 있는 옵저버블이 어떤 유형도 될 수 있다는 점이다. Observable <T>로 정의되며, 여기서 T는 임의의 클래스가 될 수 있다. 심지어 array/list를 옵저버블로 지정할 수 있다.

다음 이미지를 살펴보자.

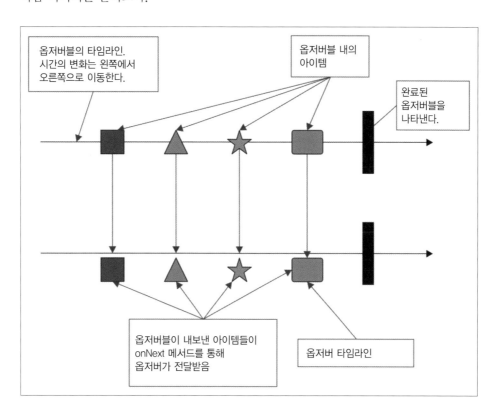

다음 예제 코드를 통해 좀 더 잘 이해해보자.

```kotlin
fun main(args: Array<String>) {

  val observer:Observer<Any> = object :Observer<Any>{//(1)
    override fun onComplete() {//(2)
      println("All Completed")
    }

    override fun onNext(item: Any) {//(3)
      println("Next $item")
    }

    override fun onError(e: Throwable) {//(4)
      println("Error Occured $e")
}

    override fun onSubscribe(d: Disposable) {//(5)
      println("Subscribed to $d")
    }
  }

  val observable: Observable<Any> = listOf
  ("One", 2, "Three", "Four", 4.5, "Five", 6.0f).toObservable() //(6)

  observable.subscribe(observer)//(7)

  val observableOnList: Observable<List<Any>> =
  Observable.just(listOf("One", 2, "Three", "Four",
  4.5, "Five", 6.0f),
    listOf("List with Single Item"),
    listOf(1,2,3,4,5,6))//(8)
  observableOnList.subscribe(observer)//(9)
}
```

위 예제의 주석 1에서는 observer 인스턴스를 Any 타입으로 지정했다.

 여기서는 Any 타입의 장점을 활용하고 있다. 코틀린에서 모든 클래스는 Any 클래스의 자식이다. 또한 코틀린의 모든 것들은 클래스와 객체인데(자바와는 다르게) 따로 원시 타입이 존재하지 않는다.

observer 인터페이스에는 4개의 메서드가 선언돼 있다. 주석 2번의 onComplete( ) 메서드는 Observable이 오류 없이 모든 아이템을 처리하면 호출된다. 주석 3에서는 onNext (item : Any) 함수를 정의했으며 이 함수는 옵저버블이 내보내는 각 아이템에 대해 호출된다. 이 메서드에서는 데이터를 콘솔에 호출한다. 주석 4에서 onError (e : Throwable) 메서드를 정의했는데, 옵저버블에 오류가 발생했을 때 호출된다. 주석 5의 onSubscribe(d: Disposable) 메서드는 옵저버가 옵저버블을 구독할 때마다 호출된다. 주석 6에서 list(val observable)을 통해 옵저버블을 생성하고 주석 7번에서 observer 가 observable을 구독한다. 주석 8에서는 옵저버블(val observableOnList)을 다시 생성하는데, 이 객체는 목록을 아이템으로 갖고 있다.

프로그램의 결과는 다음과 같다.

```
"C:\Program Files\Java\jdk1.8.0_131\bin\java" ...
Subscribed to io.reactivex.internal.operators.observable.ObservableFromIterable$FromIterableDisposable@504bae78
Next One
Next 2
Next Three
Next Four
Next 4.5
Next Five
Next 6.0
All Completed
Subscribed to io.reactivex.internal.operators.observable.ObservableFromArray$FromArrayDisposable@484b61fc
Next [One, 2, Three, Four, 4.5, Five, 6.0]
Next [List with Single Item]
Next [1, 2, 3, 4, 5, 6]
All Completed

Process finished with exit code 0
```

출력에서 볼 수 있듯이 Observable의 첫 번째 구독(주석 7)에 의해 onSubscribe 메서드가 호출되고 옵저버블은 아이템을 내보내기 시작하는데, 옵저버가 onNext 메서드를 통해 아이템을 수신해서 화면에 출력한다. 모든 아이템이 옵저버블에서 배출되면 onComplete 메서드를 호출해 모든 항목이 성공적으로 내보내졌음을 알린다. 두 번째도 동일하지만 여기서는 각 아이템이 리스트가 된다.

이제 옵저버블 기초를 배웠으니, 옵저버블을 생성하는 다양한 방법 중 하나인 팩토리 메서드를 배워보자.

Observable.create 메서드 이해

언제든지 Observable.create 메서드로 옵저버블을 직접 생성할 수 있다. 이 메서드는 관찰 대상자를 ObservableEmitter <T> 인터페이스의 인스턴스를 입력받는다. 이제 다음 예제를 살펴보자.

```kotlin
fun main(args: Array<String>) {

  val observer: Observer<String> = object : Observer<String> {
    override fun onComplete() {
      println("All Completed")
    }

    override fun onNext(item: String) {
      println("Next $item")
    }

    override fun onError(e: Throwable) {
      println("Error Occured ${e.message}")
    }

    override fun onSubscribe(d: Disposable) {
      println("New Subscription ")
    }
```

```
  }// Observer 생성

  val observable:Observable<String> = Observable.create<String> {//1
    it.onNext("Emit 1")
    it.onNext("Emit 2")
    it.onNext("Emit 3")
    it.onNext("Emit 4")
    it.onComplete()
  }

  observable.subscribe(observer)

  val observable2:Observable<String> = Observable.create<String> {//2
    it.onNext("Emit 1")
    it.onNext("Emit 2")
    it.onNext("Emit 3")
    it.onNext("Emit 4")
    it.onError(Exception("My Custom Exception"))
  }

  observable2.subscribe(observer)
}
```

먼저, 앞의 예제와 같이 Observer 인터페이스의 인스턴스를 생성했다. 이전 예제에서 개요를 살펴봤기 때문에 여기서는 옵저버를 자세히 설명하지는 않고 이 장의 뒷부분에서 좀더 자세히 살펴본다.

주석 1에서는 Observable.create 메서드로 옵저버블을 생성했다. onNext 메서드의 도움으로 4개의 문자열을 내보낸 후 다음 onComplete 메서드로 완료됐음을 알려준다.

주석 2에서는 onComplete를 호출하는 대신 사용자 정의된 Exception으로 onError를 호출하는 것을 제외하면 이전과 거의 같다.

프로그램 결과는 다음과 같다.

```
"C:\Program Files\Java\jdk1.8.0_131\bin\java" ...
New Subscription
Next Emit 1
Next Emit 2
Next Emit 3
Next Emit 4
All Completed
New Subscription
Next Emit 1
Next Emit 2
Next Emit 3
Next Emit 4
Error Occured My Custom Exception

Process finished with exit code 0
```

Observable.create 메서드는 특히 사용자가 지정한 데이터 구조를 사용하거나 내보내
는 값을 제어하려고 할 때 유용하다. 다른 스레드에서 옵저버로 값을 내보낼 수도 있다.

 Observable 계약(http://reactivex.io/documentation/contract.html)에는 Observable이
observers에게 연속적으로 (병렬이 아닌) 알림을 보내야 함이 명시돼 있다.
다른 스레드에서 이런 알림이 발행할 수 있지만 공식적으로 알림 간에는 전후 관계가 있다.

Observable.from 메서드 이해

Observable.from 메서드는 Observerable.create 메서드에 비해 상대적으로 간단하다.
from 메서드의 도움을 받아 거의 모든 코틀린 구조체로부터 Observable 인스턴스를 생
성할 수 있다.

 RxKotlin 1에서는 메서드로 Observale.from을 사용한다. 그러나 RxKotlin 2.0(RxJava 2.0
과 마찬가지로)에서 연산자 오버로드로서 fromArray, fromIterable, fromFuture 등과 같은
접미사가 추가됐다.

다음 코드를 살펴보자.

```kotlin
fun main(args: Array<String>) {

  val observer: Observer<String> = object : Observer<String> {
    override fun onComplete() {
      println("All Completed")
    }

    override fun onNext(item: String) {
      println("Next $item")
    }

    override fun onError(e: Throwable) {
      println("Error Occured ${e.message}")
    }

    override fun onSubscribe(d: Disposable) {
      println("New Subscription ")
    }
  }//Observer 생성

  val list = listOf("String 1","String 2","String 3","String 4")
  val observableFromIterable: Observable<String> =
  Observable.fromIterable(list)//1
  observableFromIterable.subscribe(observer)


  val callable = object : Callable<String> {
    override fun call(): String {
      return "From Callable"
    }
  }
  val observableFromCallable:Observable<String> =
  Observable.fromCallable(callable)//2
  observableFromCallable.subscribe(observer)
```

```kotlin
    val future:Future<String> = object :Future<String> {
        override fun get(): String = "Hello From Future"

        override fun get(timeout: Long, unit: TimeUnit?): String =
        "Hello From Future"

        override fun isDone(): Boolean = true

        override fun isCancelled(): Boolean = false

        override fun cancel(mayInterruptIfRunning: Boolean):

        Boolean = false

    }
    val observableFromFuture:Observable<String> =
    Observable.fromFuture(future)//3
    observableFromFuture.subscribe(observer)
}
```

주석 1에서 Observable.fromIterable 메서드를 사용해 Iterable 인스턴스 (예제에서는 List)로부터 옵저버블을 생성했다. 주석 2에서 Observable.fromCallable 메서드를 호출해 Callable 인스턴스에서 옵저버블을 생성했다. 주석 3에서도 Observable. fromFuture 메서드를 호출해 Future 인스턴스에서 Observable을 파생한다.

결과는 다음과 같다.

```
"C:\Program Files\Java\jdk1.8.0_131\bin\java" ...
New Subscription
Next String 1
Next String 2
Next String 3
Next String 4
All Completed
New Subscription
Next From Callable
All Completed
New Subscription
Next Hello From Future
All Completed

Process finished with exit code 0
```

toObservable의 확장 함수 이해

코틀린의 확장extension 함수 덕분에 List와 같이 어떠한 Iterable 인스턴스도 Observerbale 로 큰 어려움 없이 변경이 가능하다. 1장에서 해당 메서드를 사용해봤지만 다음 코드를 살펴보자.

```kotlin
fun main(args: Array<String>) {

  val observer: Observer<String> = object : Observer<String> {
    override fun onComplete() {
      println("All Completed")
    }

    override fun onNext(item: String) {
      println("Next $item")
    }

    override fun onError(e: Throwable) {
      println("Error Occured ${e.message}")
    }

    override fun onSubscribe(d: Disposable) {
      println("New Subscription ")
    }
  }// Observer 생성

  val list:List<String> = listOf
  ("String 1","String 2","String 3","String 4")

  val observable:Observable<String> = list.toObservable()

  observable.subscribe(observer)
}
```

결과는 다음과 같다.

```
"C:\Program Files\Java\jdk1.8.0_131\bin\java" ...
New Subscription
Next String 1
Next String 2
Next String 3
Next String 4
All Completed

Process finished with exit code 0
```

toObservable의 메서드 내부가 궁금하지 않은가? 한번 내부를 살펴보자. 이 메서드는
RxKotlin 패키지와 함께 제공되는 observable.kt 파일에서 찾을 수 있다.

```
fun <T : Any> Iterator<T>.toObservable(): Observable<T> =
toIterable().toObservable()
fun <T : Any> Iterable<T>.toObservable(): Observable<T> =
Observable.fromIterable(this)
fun <T : Any> Sequence<T>.toObservable(): Observable<T> =
asIterable().toObservable()

fun <T : Any> Iterable<Observable<out T>>.merge(): Observable<T> =
Observable.merge(this.toObservable())
fun <T : Any> Iterable<Observable<out T>>.mergeDelayError():
Observable<T> = Observable.mergeDelayError(this.toObservable())
```

결과적으로 내부에서는 Observables.from 메서드를 사용하고 있는데, 코틀린의 확장 함
수 덕분이다.

Observable.just 메서드 이해

또 다른 흥미로운 팩토리 메서드로는 Observable.just가 있다. 이 메서드는 넘겨진 인자
만을 배출하는 옵저버블을 생성한다. Iterable 인스턴스를 Observable.just에 단일 인자

로 넘기면 전체 목록을 하나의 아이템으로 배출하는데, 이는 Iterable 내부의 각각의 아이템을 Observable로 생성하는 Observable.from과는 다르다는 점에 유의하자.

Observable.just를 호출하면 다음과 같은 일이 일어난다.

- 인자와 함께 Observable.just를 호출
- Observable.just는 옵저버블을 생성
- onNext 알림을 통해 각각의 아이템을 내보냄
- 모든 인자의 제출이 완료되면 onComplete 알림을 실행

다음 예제 코드를 통해 좀 더 이해해보자.

```kotlin
fun main(args: Array<String>) {
  val observer: Observer<Any> = object : Observer<Any> {
    override fun onComplete() {
      println("All Completed")
    }

    override fun onNext(item: Any) {
      println("Next $item")
    }

    override fun onError(e: Throwable) {
      println("Error Occured ${e.message}")
    }

    override fun onSubscribe(d: Disposable) {
      println("New Subscription ")
    }
  }// Observer 생성

  Observable.just("A String").subscribe(observer)
  Observable.just(54).subscribe(observer)
  Observable.just(
    listOf(
```

```
      "String 1", "String 2", "String 3",
      "String 4"
    )
  ).subscribe(observer)
  Observable.just(
    mapOf(
      Pair("Key 1", "Value 1"), Pair
        ("Key 2", "Value 2"), Pair(
        "Key 3", "Value
        3"))).subscribe(observer)
  Observable.just(arrayListOf(1, 2, 3, 4, 5, 6)).subscribe(observer)
  Observable.just(
    "String 1", "String 2",
    "String 3"
  ).subscribe(observer)//1
}
```

다음은 결과다.

```
"C:\Program Files\Java\jdk1.8.0_131\bin\java" ...
New Subscription
Next A String
All Completed
New Subscription
Next 54
All Completed
New Subscription
Next [String 1, String 2, String 3, String 4]
All Completed
New Subscription
Next {Key 1=Value 1, Key 2=Value 2, Key 3=Value 3}
All Completed
New Subscription
Next [1, 2, 3, 4, 5, 6]
All Completed
New Subscription
Next String 1
Next String 2
Next String 3
All Completed

Process finished with exit code 0
```

결과에서 확인할 수 있듯이 리스트와 맵도 단일 아이템으로 취급된다. 하지만 문자열 세
개를 Observable.just의 인자로 넘기고 있는 주석 (1)을 확인해보자. 결과를 확인해보면
Observable.just는 각자의 인자를 별개의 아이템으로 받아들여 내보내고 있다.

▎Observable의 다른 팩토리 메서드

옵저버, 서브젝트, 구독과 구독 해지에 대해 더 자세히 알아보기에 앞서 Observable의 다른 몇 가지 팩토리 메서드를 알아보자.

먼저 다음 코드를 살펴보자. 뒤에서 한 줄씩 설명한다.

```
fun main(args: Array<String>) {
  val observer: Observer<Any> = object : Observer<Any> {
    override fun onComplete() {
      println("All Completed")
    }

    override fun onNext(item: Any) {
      println("Next $item")
    }

    override fun onError(e: Throwable) {
      println("Error Occured ${e.message}")
    }

    override fun onSubscribe(d: Disposable) {
      println("New Subscription ")
    }
  }//Create Observer

  Observable.range(1,10).subscribe(observer)//(1)
  Observable.empty<String>().subscribe(observer)//(2)

  runBlocking {
    Observable.interval(300,TimeUnit.MILLISECONDS).
    subscribe(observer)//(3)
    delay(900)
    Observable.timer(400,TimeUnit.MILLISECONDS).
    subscribe(observer)//(4)
    delay(450)
```

```
    }
}
```

주석 (1)에서 Observable.range( ) 팩토리 메서드로 옵저버블을 생성했다. 이 메서드는 옵
저버블을 생성하고 제공된 start부터 시작해 count 만큼의 정수를 내보낸다.

주석 (2)에서 Observable.empty( ) 메서드로 옵저버블을 생성했다. 이 옵저버블은
onNext( )로 항목을 내보내지 않고 즉시 onComplete( )를 발생시킨다.

주석 (3)과 주석 (4)에서는 옵저버블의 흥미로운 팩토리 메서드 두 가지를 사용했다. 주석
(3) 메서드 Observable.interval( )은 지정된 간격만큼의 숫자를 0부터 순차적으로 내보
낸다. 이 행동은 구독을 취소하거나 프로그램이 종료될 때까지 이어진다. 반면에 주석 (4)
의 메서드인 Observable.timer( )는 지정된 시간이 경과한 후에 한 번만 실행된다.

결과는 다음과 같다.

```
"C:\Program Files\Java\jdk1.8.0_131\bin\java" ...
New Subscription
Next 1
Next 2
Next 3
Next 4
Next 5
Next 6
Next 7
Next 8
Next 9
Next 10
All Completed
New Subscription
All Completed
New Subscription
Next 0
Next 1
Next 2
New Subscription
Next 3
Next 0
All Completed

Process finished with exit code 0
```

구독자: Observer 인터페이스

기본적으로 RxKotlin 1.x의 구독자(Subscriber)는 RxKotlin 2.x에서 옵저버(Observer)로 변경됐다. RxKotlin 1.x에는 Observer 인터페이스가 있다. 하지만 subscribe( ) 메서드에 전달하는 것은 Subscriber이고, 이는 Observer를 구현한다. 그러나 RxJava 2.x에서 Subscriber는 Flowables에 관해서만 존재하는데 이 내용은 4장, '백프레셔와 플로어블 소개'에서 다룬다.

이전 예제에서 볼 수 있듯이 Observer는 onNext(item : T), onError(error : Throwable), onComplete( ), onSubscribe (d : Disposable).의 네 가지 메서드를 가지는 인터페이스다. 앞에서 설명했듯이 옵저버블을 옵저버에 연결하면 이 네 가지 메서드가 호출된다. 다음은 네 가지 메서드에 대한 간단한 설명이다.

- onNext: 아이템을 하나씩 넘겨주기 위해서 옵저버블은 옵저버의 이 메서드를 호출한다.
- onComplete: 옵저버블이 onNext를 통한 아이템 전달이 종료됐음을 알리고 싶을 때 옵저버의 onComplete를 호출한다.
- onError: 옵저버블에서 에러가 발생했을 때 옵저버에 정의된 로직이 있다면 onError를 호출하고 그렇지 않다면 예외를 발생시킨다.
- onSubscriber: Observable이 새로운 Observer를 구독할 때마다 호출된다.

구독과 해지

이제 Observable(관찰돼야 하는 대상)과 Observer(관찰해야 하는 주체)가 있다. 어떻게 이 둘을 연결할 수 있을까? Observable과 Observer는 키보드 또는 마우스 같은 입력 장치와 컴퓨터를 연결할 때처럼 매개체가 필요하다(무선 입력 장치에도 블루투스 또는 와이파이 같은 여러 가지 채널이 있다).

Subscribe 연산자는 Observable을 Observer에 연결하는 매개체의 용도로 사용된다. Subscribe 연산자에 대해 1개에서 3개의 메서드(onNext, onComplete, onError)를 전달할 수도 있고 Observer 인터페이스의 인스턴스를 연산자에 전달해 연결할 수도 있다. 이제 다음 예제를 살펴보자.

```kotlin
fun main(args: Array<String>) {
  val observable:Observable<Int> = Observable.range(1,5)//1

  observable.subscribe({//2
    //onNext 메서드
    println("Next $it")
  },{
    //onError 메서드
    println("Error ${it.message}")
  },{
    //onComplete 메서드
    println("Done")
  })

  val observer: Observer<Int> = object : Observer<Int> {//3
    override fun onComplete() {
      println("All Completed")
    }

    override fun onNext(item: Int) {
      println("Next $item")
    }

    override fun onError(e: Throwable) {
      println("Error Occurred ${e.message}")
    }

    override fun onSubscribe(d: Disposable) {
      println("New Subscription ")
    }
```

```
    }

    observable.subscribe(observer)
}
```

이 예제에서는 Observable 인스턴스(주석 1)를 생성하고 두 번에 걸쳐 오버로드된 subscribe 연산자를 사용했다. 주석 2에서는 subscribe 메서드에 인수로 세 가지 메서드를 전달했다. 첫 번째 매개 변수는 onNext 메서드이고, 두 번째 매개 변수는 onError 메서드이며, 마지막 매개 변수는 onComplete이다. 주석 2에서는 Observer 인터페이스의 인스턴스를 전달했다.

쉽게 예측할 수 있지만 결과는 다음과 같다.

```
"C:\Program Files\Java\jdk1.8.0_131\bin\java" ...
Next 1
Next 2
Next 3
Next 4
Next 5
Done
New Subscription
Next 1
Next 2
Next 3
Next 4
Next 5
All Completed

Process finished with exit code 0
```

구독의 개념을 이해했고 사용할 수 있게 됐다. 일정 기간이 지나고 구독을 중지하려면 어떻게 해야 할까? 분명히 방법이 있을 것이다. 관련 내용을 알아보자.

옵저버의 onSubscribe 메서드를 기억하는가? 관련해서 아직 이야기하지 않은 매개 변수가 있다. 구독하는 동안 Observer 인스턴스 대신 메서드를 전달하면 subscribe 연산자는 Disposable의 인스턴스를 반환하는데, Observer 인스턴스를 전달했다면 onSubscribe 메서드의 매개 변수에서 Disposable의 인스턴스를 얻을 수 있다.

Disposable 인터페이스의 인스턴스를 사용해 주어진 시간에 배출을 멈출 수 있다. 다음 예제를 살펴보자.

```kotlin
fun main(args: Array<String>) {
  runBlocking {
    val observale: Observable<Long> = Observable.interval(100, TimeUnit.
MILLISECONDS)//1
    val observer: Observer<Long> = object : Observer<Long> {
      lateinit var disposable: Disposable//2

      override fun onSubscribe(d: Disposable) {
        disposable = d//3
      }

      override fun onNext(item: Long) {
        println("Received $item")
        if (item >= 10 && !disposable.isDisposed) {//4
          disposable.dispose()//5
          println("Disposed")
        }
      }

      override fun onError(e: Throwable) {
        println("Error ${e.message}")
      }

      override fun onComplete() {
```

```
        println("Complete")
      }
    }

    observale.subscribe(observer)
    delay(1500)//6
  }
}
```

바로 앞에서 소개한 `Observable.interval` 팩토리 메서드를 기억하고 있길 바란다. 이 메서드는 간격과 시간 단위, 두 개의 매개 변수를 입력받고 0부터 시작해 정수를 순차적으로 출력한다. interval로 생성한 옵저버블은 종료되지 않으며 프로그램이 실행을 멈출 때까지 중지되지 않는다. 예제의 시나리오에서는 중간에 옵저버블을 멈추고 싶기 때문에 interval을 선택했다.

따라서 주석 1에서 `Observable.interval` 팩토리 메서드로 옵저버블을 생성했는데, 이 메서드는 100밀리초 간격마다 정수를 내보낸다.

주석 2에서 `Disposable` 타입의 `lateinit var disposable`을 선언했는데 `lateinit`는 나중에 변수가 초기화됨을 의미한다. 주석 3에서 onSubscribe 메서드 내에서 수신된 매개 변수 값을 disposable 변수에 할당한다.

시퀀스가 10에 도달한 후, 즉 10이 배출된 후 실행을 중지시키려고 한다. 이를 달성하기 위해 onNext 메서드 내부에 검사 로직을 위치시켰는데 제출된 값이 10보다 크거나 같은지 확인하고, 배출이 이미 중단되거나 해지되지 않은 경우 주석 5번에서 그것을 해지한다.

결과는 다음과 같다.

```
Received 0
Received 1
Received 2
Received 3
```

```
Received 4
Received 5
Received 6
Received 7
Received 8
Received 9
Received 10
Disposed
```

출력을 보면 500밀리초를 더 기다렸음에도 disposable.dispose() 메서드가 호출된 후에
아무런 정수도 출력되지 않았음을 알 수 있다(10까지 인쇄하는 데 100×10 = 1000밀리초가 걸
리고, 1500으로 delay를 호출했으므로 10을 출력한 후 500밀리초를 기다렸다).

Disposable 인터페이스가 궁금하다면 다음 정의를 살펴보자.

```
interface Disposable {
  /**
   * 리소스를 처리한다. 연산은 멱등성을 가져야 한다.
   */
  fun dispose()
  /**
   * 리소스가 처리됐다면 참을 반환한다.
   */
  val isDisposed:Boolean
}
```

배출 중단을 전달받았는지 알리는 속성(disposed)을 갖고 있고 배출 중단을 알리는 메서드
(dispose)를 갖고 있다.

▌ 핫, 콜드 옵저버블

Observables와 Observers의 기본 개념을 지금쯤 알게 됐을 텐데, 더 흥미로운 고급 주제로 넘어가자. Observables는 그 행동에 따라 두 가지 범주로 나눌 수 있다. 제목에서 알 수 있듯이 두 가지 범주는 핫 옵저버블과 콜드 옵저버블이다. 이 두 가지 주제에 대해 더 많이 알고 싶을 것이다. 그렇지 않은가? 자세히 알아보자.

콜드 옵저버블

앞의 모든 예제를 주의 깊게 살펴보자. 모든 예제에서 동일한 옵저버블을 여러 번 구독해도 모든 구독의 새로운 배출을 얻을 수 있다. 다음 예제를 살펴보자.

```
fun main(args: Array<String>) {
  val observable: Observable<String> = listOf("String 1", "String 2", "String 3",
"String 4").toObservable()//1
  observable.subscribe({
    //2
    println("Received $it")
  }, {
    println("Error ${it.message}")
  }, {
    println("Done")
  })
  observable.subscribe({
    //3
    println("Received $it")
  }, {
    println("Error ${it.message}")
  }, {
    println("Done")
  })
}
```

다음 결과를 살펴보자.

```
"C:\Program Files\Java\jdk1.8.0_131\bin\java" ...
Received String 1
Received String 2
Received String 3
Received String 4
Done
Received String 1
Received String 2
Received String 3
Received String 4
Done

Process finished with exit code 0
```

이 프로그램은 아주 간단하다. 주석 1에서 Observable을 선언하고 주석 2번과 3번에서 두 번 구독했다. 이제 결과를 살펴보자. 두 번의 구독 호출의 경우 첫 번째 호출에서 마지막 호출까지 똑같은 결과를 얻었다.

옵저버블은 특징적인 기능을 갖고 있는데 각 구독마다 처음부터 아이템을 배출하는 것을 콜드 옵저버블이라고 한다. 좀 더 구체적으로 설명하면 콜드 옵저버블은 구독 시에 실행을 시작하고 subscribe가 호출되면 아이템을 푸시하기 시작하는데 각 구독에서 아이템의 동일한 순서를 푸시한다.

이 장까지 사용한 모든 팩토리 메서드는 콜드 옵저버블을 반환한다. 콜드 옵저버블은 데이터와 유사하다. 데이터 관련 작업을 할 때, 예를 들어 안드로이드에서 SQLite나 Room 데이터베이스로 작업하는 동안은 핫 옵저버블보다는 콜드 옵저버블에 더욱 많이 의존한다.

핫 옵저버블

콜드 옵저버블은 수동적이며 구독이 호출될 때까지 아무것도 내보내지 않는다. 핫 옵저버블은 콜드 옵저버블과 반대로, 배출을 시작하기 위해 구독할 필요가 없다. 콜드 옵저버블을 CD/DVD 레코딩으로 본다면 핫 옵저버블은 TV 채널과 비슷하다. 핫 옵저버블은 시청자가 시청하는지 여부에 관계없이 콘텐츠를 계속 브로드캐스팅(배출)한다.

핫 옵저버블은 데이터보다는 이벤트와 유사하다. 이벤트에는 데이터가 포함될 수 있지만 시간에 민감한 특징을 가지는데 최근 가입한 Observer가 이전에 내보낸 데이터를 놓칠 수 있기 때문이다. 이런 특징은 안드로이드/자바FX/스윙Swing 등에서 UI 이벤트를 다룰 때 유용하다. 또한 서버 요청을 흉내 내는 데 유용하다.

ConnectableObservable 객체의 소개

ConnectableObservable은 가장 유용한 핫 옵저버블 중 하나로, 핫 옵저버블의 좋은 예시다.

ConnectableObservable은 옵저버블, 심지어 콜드 옵저버블을 핫 옵저버블로 바꿀 수 있다. subscribe 호출로 배출을 시작하는 대신 connect 메서드를 호출한 후에 활성화된다. connect를 호출하기 전에 반드시 subscribe를 호출해야 한다. connect를 호출한 후 구독하는 모든 호출은 이전에 생성된 배출을 놓치게 된다. 다음 코드 스니펫을 살펴보자.

```kotlin
fun main(args: Array<String>) {
  val connectableObservable = listOf
  ("String 1","String 2","String 3","String 4","String5").toObservable()
  .publish()//1
  connectableObservable.subscribe({ println("Subscription 1: $it") })//2
  connectableObservable.map(String::reversed)//3
  .subscribe({ println("Subscription 2 $it")})//4
  connectableObservable.connect()//5
  connectableObservable.subscribe({ println("Subscription 3: $it") })//6 //배출을
받지 못함
}
```

ConnectableObservable의 주요 목적은 한 옵저버블에 여러 개의 구독을 연결해 하나의 푸시에 대응할 수 있도록 하는 것이다. 이는 푸시를 반복하고 각 구독마다 따로 푸시를 보내는 콜드 옵저버블과는 상이하다. ConnectableObservable은 connect 메서드 이전에 호출된 모든 subscriptions(Observers)를 연결하고 모든 옵저버에 단일 푸시를 전달한다. 그러면 옵저버는 해당 푸시에 대응하게 된다.

앞의 예제에서는 toObservable() 메서드로 옵저버블을 생성했다. 그런 다음 주석 1에서 pubnlish 연산자로 콜드 옵저버블을 ConnectableObservable로 변환했다.

주석 2에서는 connectableObservable을 구독했다. 주석 3에서는 map 연산자를 사용해 String을 뒤집었으며 주석 4에서는 매핑된 connectableObservable을 구독했다.

주석 5에서는 connect 메서드를 호출했고 두 옵저버에서 모두 배출이 시작됐다.

 이 예제의 주석 3에서 map 연산자를 사용했다. 5장, '비동기 데이터 연산자와 변환'에서 맵 연산자를 자세히 설명한다. 그러나 관심이 있다면 다음 정의를 참고하자. map 연산자는 옵저버블 소스에서 배출된 각 항목에 선택한 함수를 적용하고 이런 함수 적용의 결과를 배출하는 옵저버블을 반환한다.

결과는 다음과 같다.

```
"C:\Program Files\Java\jdk1.8.0_131\bin\java" ...
Subscription 1: String 1
Subscription 2 1 gnirtS
Subscription 1: String 2
Subscription 2 2 gnirtS
Subscription 1: String 3
Subscription 2 3 gnirtS
Subscription 1: String 4
Subscription 2 4 gnirtS
Subscription 1: String 5
Subscription 2 5 gnirtS

Process finished with exit code 0
```

출력에서 알 수 있듯이 각 배출은 각 옵저버에게 동시에 전달되며 인터리브 방식으로 데이터를 처리한다.

옵저버블에서 단 한 번의 배출로 모든 구독(Subscriptions)/관찰자(Obsevers)에게 배출을 전달하는 메커니즘을 멀티캐스팅이라고 한다.

또한 ConnectableObservable이 핫 옵저버블이기 때문에 주석 6의 subscribe 호출은 어떤 배출도 수신하지 않았으며 connect 이후에 일어난 모든 새로운 구독은 이전에 생성된 배출을 놓치게 된다(connect 메서드 호출과 새로운 호출 사이의 몇 밀리초의 간격 동안 컴퓨터는 많은 일을 할 수 있다).

다음 예제 코드를 통해 좀 더 이해해보자.

```kotlin
fun main(args: Array<String>) {
  val connectableObservable =
  Observable.interval(100,TimeUnit.MILLISECONDS)
  .publish()//1
  connectableObservable.subscribe({ println("Subscription 1: $it") })//2
  connectableObservable.subscribe({ println("Subscription 2 $it")})//3
  connectableObservable.connect()//4
  runBlocking { delay(500) }//5

  connectableObservable.
  subscribe({ println("Subscription 3: $it") })//6
  runBlocking { delay(500) }//7
}
```

이 예제는 앞의 예제를 조금만 수정한 것이다.

위 예제에서는 Observable.interval 메서드로 옵저버블을 생성했다. 그것을 사용하는 이유는 각 배출마다 간격이 생기기 때문에 connect 이후의 구독에 약간의 공간을 줄 수 있기 때문이다 주석 1에서 콜드 옵저버블을 ConnectableObservable로 변환하고 두 번의 구독을 수행한 뒤 connect를 호출했다(주석 2, 3, 4).

주석 5에서 connect 후 즉시 지연을 호출한 다음 주석 6에서 다시 구독하고, 주석 7에서 3번째 구독이 이 일부 데이터를 인쇄할 수 있도록 다시 지연을 호출한다.

다음 결과를 보면 더 쉽게 이해가 될 것이다.

출력을 주의 깊게 살펴보면 세 번째 구독이 5번째 배출을 받았고 이전의 구독을 모두 놓쳤다는 것을 알 수 있다(세 번째 구독 이전에 5회의 배출이 있었다 – 500밀리초 지연/100밀리초 간격).

Subjects

Hot Observables를 구현하는 또 다른 좋은 방법은 Subject이다. 그것은 기본적으로 옵저버블과 옵저버의 조합인데 두 가지 모두의 공통된 동작을 갖고 있기 때문이다. 핫 옵저버블과 마찬가지로 내부 Observer 목록을 유지하고 배출 시에 가입한 모든 옵저버에게 단일 푸시를 전달한다.

Subject가 제공하는 것을 살펴보자. 그리고 옵저버블과 옵저버의 조합으로 불리는 이유는 알아보자. 다음 사항을 참고하자.

- 옵저버블이 가져야 하는 모든 연산자를 갖고 있다.

- 옵저버와 마찬가지로 배출된 모든 값에 접근할 수 있다.

- Subject가 완료(completed)/오류(errored)/구독 해지(unsubscribed)된 후에는 재사용할 수 없다.

- 가장 흥미로운 점은 그 자체로 가치를 전달한다는 것이다. 자세히 설명하자면 onNext를 사용해 값을 Subject(Observer) 측에 전달하면 Oberservable에서 접근 가능하게 된다.

따라서 Subject는 옵저버블과 옵저버의 조합이다. 앞 장에서 Subject를 사용해 봤지만, 명확하게 하기 위해 새로운 예를 들어보자.

```kotlin
fun main(args: Array<String>) {
  val observable = Observable.interval(100,
  TimeUnit.MILLISECONDS)//1
  val subject = PublishSubject.create<Long>()//2
  observable.subscribe(subject)//3
  subject.subscribe({//4
    println("Received $it")
  })
  runBlocking { delay(1100) }//5
}
```

결과부터 확인하고 코드를 설명하겠다.

```
"C:\Program Files\Java\jdk1.8.0_131\bin\java" ...
Received 0
Received 1
Received 2
Received 3
Received 4
Received 5
Received 6
Received 7
Received 8
Received 9
Received 10

Process finished with exit code 0
```

자, 코드를 이해해보자. 이 프로그램에서는 예전에 사용해서 친숙한 Observable.interval 메서드를 사용했다. 그리고 주석 1에서 Observable.interval을 사용해 100밀리초 간격으로 옵저버블 인스턴스를 다시 생성했다.

주석 2에서 PublishSubject.create()로 Subject를 생성했다.

 여러 가지 Subject 유형이 있는데 PublishSubject는 그 중 하나다. PublishSubject는 구독 시점 이후 Observable 소스가 배출한 항목만 Observer에게 전달한다.
다음 절에서는 다양한 Subject의 유형에 대해 자세히 설명한다.

주석 3에서 옵저버처럼 Subject 인스턴스를 사용해 옵저버블 인스턴스의 배출을 구독했다. 주석 4에서 옵저버블처럼 Subject 인스턴스를 사용해 Subject 인스턴스에 의한 배출에 접근하기 위해 람다를 사용해 구독한다.

주석 5의 코드는 이미 익숙해졌을 것이다. 프로그램을 1100밀리초 동안 대기시켜서 인터벌 프로그램에 의한 출력을 볼 수 있게 했다. delay 메서드는 자바의 sleep 메서드와 비슷하다고 생각할 수 있다. 유일한 차이점은 Coroutine 컨텍스트 내에서 delay 메서드를 사용해야 한다는 것이다. 따라서 delay 메서드를 사용하려면 Coroutine 컨텍스트를 지정하고 시작해야 하는데 항상 가능한 것은 아니다. runBlocking 메서드를 이런 경우에 활용할 수 있다. runBlocking이 모든 코드 실행을 완료할 때까지 스레드를 차단하면서 호출 스레드 내부에서 코루틴 컨텍스트를 모킹Mocking(흉내)한다.

Subject 인스턴스는 옵저버블 인스턴스에 의한 배출에 귀를 기울이고 있다가 그 배출들을 자신들의 Observers에게 브로드캐스팅하는데 이는 CD/DVD 레코딩을 브로드캐스팅하는 TV 채널과 유사하다.

이런 방식이 가지는 장점이 무엇인지 궁금할 것이다. 옵저버로 옵저버블에 직접 가입하지 않고 PublishSubject를 사용해야 하는 이유는 무엇일까? 답변을 찾기 위해 코드를 조금 더 잘 이해할 수 있도록 수정하자.

```
fun main(args: Array<String>) {
  val observable = Observable.interval(100,
  TimeUnit.MILLISECONDS)//1
  val subject = PublishSubject.create<Long>()//2
  observable.subscribe(subject)//3
  subject.subscribe({//4
    println("Subscription 1 Received $it")
  })
  runBlocking { delay(1100) }//5
  subject.subscribe({//6
    println("Subscription 2 Received $it")
  })
runBlocking { delay(1100) }//7
}
```

문자열 출력에 Subscription 1을 추가한 것 이외에는 주석 5번까지 이전 코드와 거의 동일하다.

주석 6에 다시 Subject를 구독했다. 1100밀리초 후에 구독하기 때문에 처음 11회의 배출 이후의 데이터를 받는다. 주석 7에서 다시 프로그램을 1100밀리초 기다리게 하고 있다.

결과를 살펴보자.

```
Subscription 1 Received 0
Subscription 1 Received 1
Subscription 1 Received 2
Subscription 1 Received 3
Subscription 1 Received 4
Subscription 1 Received 5
Subscription 1 Received 6
Subscription 1 Received 7
Subscription 1 Received 8
Subscription 1 Received 9
Subscription 1 Received 10
Subscription 1 Received 11
Subscription 2 Received 11
```

```
Subscription 1 Received 12
Subscription 2 Received 12
Subscription 1 Received 13
Subscription 2 Received 13
Subscription 1 Received 14
Subscription 2 Received 14
Subscription 1 Received 15
Subscription 2 Received 15
Subscription 1 Received 16
Subscription 2 Received 16
Subscription 1 Received 17
Subscription 2 Received 17
Subscription 1 Received 18
Subscription 2 Received 18
Subscription 1 Received 19
Subscription 2 Received 19
Subscription 1 Received 20
Subscription 2 Received 20
Subscription 1 Received 21
Subscription 2 Received 21
```

출력에서는 12번째 배출부터 두 번째 구독을 인쇄한다. Subject는 콜드 옵저버블과 같이 행동을 반복하지 않는다. Subject는 모든 옵저버에게 전달된 배출을 중계하고, 콜드 옵저버블을 핫 옵저버블로 변경시킨다.

▌ 다양한 구독자

앞에서 설명했듯이 여러 종류의 구독자가 있다. 이와 관련해 조금 더 잘 알게 됐으니 이제 다양한 구독자를 자세히 알아보겠다. 다음은 앞으로 살펴볼 가장 유용하고 중요한 구독자다.

- AsyncSubject
- PublishSubject

- BehaviorSubject
- ReplaySubject

AsyncSubject 이해

AsyncSubject는 수신 대기 중인 소스 옵저버블의 마지막 값과 배출만 전달한다. 더 명확하게 말하면 AsyncSubject는 마지막 값을 한 번만 배출한다.

다음은 ReactiveX 문서에서 가져온 AsyncSubject의 마블 다이어그램이다(http://reactivex.io/documentation/ko/subject.html).

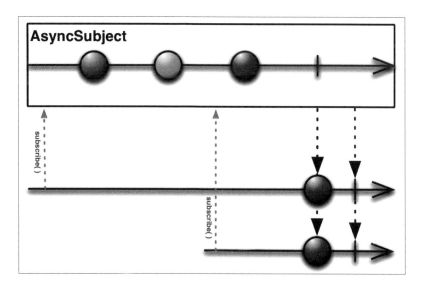

다음 코드 예제를 살펴보자.

```
fun main(args: Array<String>) {
  val observable = Observable.just(1,2,3,4)//1
  val subject = AsyncSubject.create<Int>()//2
  observable.subscribe(subject)//3
```

```
  subject.subscribe({//4
    //onNext
    println("Received $it")
  },{
    //onError
    it.printStackTrace()
  },{
    //onComplete
    println("Complete")
  })
  subject.onComplete()//5
}
```

결과는 다음과 같다.

```
Received 4
Complete
```

이 예제에서는 Observable.just를 사용해 4개의 정수를 생성했다(주석 1). 그런 다음 주석 2에서 AsyncSubject를 생성했다. 그 후 주석 3과 4에서 이전 예와 같이 subject와 함께 옵저버블 인스턴스에 가입한 다음 Subject 인스턴스에 람다를 사용해 가입했다. 이번에 는 onNext, onError, onComplete의 세 가지 메서드를 모두 생성했다.

주석 6에서 onComplete을 호출했다.

출력에서 알 수 있듯이 Subject는 마지막으로 얻은 값, 즉 4를 내보냈다.

Subject 인스턴스에서 옵저버블을 구독하지 않고 onNext 메서드로 직접 값을 전달할 수 있다. Subject (PublishSubject)를 사용했던 앞 장의 예제를 생각해보자. 예제에서는 onNext를 사용해 값을 전달했다. Subject로 다른 옵저버블을 구독하거나 onNext로 값을 전달할 수 있다. 기본적으로 Subject로 옵저버블에 가입하면 Subject는 옵저버블이 값을 배출할 때마다 내부적으로 onNext를 호출한다.

믿기지 않는가? 코드를 약간 수정해보자. 옵저버블을 구독하는 대신 onNext를 호출해 값을 전달하고 다른 구독도 가지게 된다. 다음 코드를 보자.

```kotlin
fun main(args: Array<String>) {
  val subject = AsyncSubject.create<Int>()
  subject.onNext(1)
  subject.onNext(2)
  subject.onNext(3)
  subject.onNext(4)
  subject.subscribe({
    //onNext
    println("S1 Received $it")
  }, {
    //onError
    it.printStackTrace()
  }, {
    //onComplete
    println("S1 Complete")
  })
  subject.onNext(5)
  subject.subscribe({
    //onNext
    println("S2 Received $it")
  }, {
    //onError
    it.printStackTrace()
  }, {
    //onComplete
    println("S2 Complete")
  })
  subject.onComplete()
}
```

결과는 다음과 같다.

```
"C:\Program Files\Java\jdk1.8.0_131\bin\java" ...
S1 Received 5
S1 Complete
S2 Received 5
S2 Complete

Process finished with exit code 0
```

여기서는 onNext를 통해 모든 값을 전달했다. 두 가지 구독 모두 마지막 값 (5)만 출력했다. 첫 번째 구독을 값을 전달하기 이전이었음에 유의하자. ConnectableObservable은 connect 호출 시 배출되기 시작하므로 AsyncSubject는 onComplete 호출에서만 유일한 값을 배출한다.

결과에서 알 수 있듯이 AsyncSubject는 인터리브 방식으로 작동하지 않는다. 즉 하나의 값을 사용해 여러 옵저버에 내보내는 작업을 반복한다.

PublishSubject 이해

PublishSubject는 onNext 메서드 또는 다른 구독을 통해 값을 받았는지 여부에 관계없이 구독 시점에 이어지는 모든 값을 배출한다. 이미 PublishSubject를 적용해 봤으며 가장 많이 사용되는 Subject 변형이다.

다음은 ReactiveX 문서에서 가져온 PublishSubject의 마블 다이어그램이다(http://reactivex.io/documentation/subject.html).

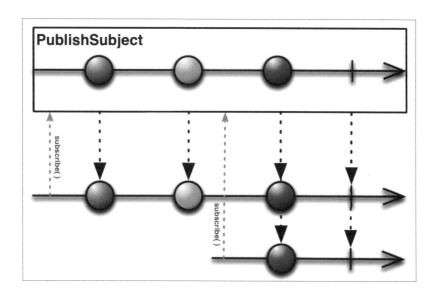

BehaviorSubject 이해

AsyncSubject와 PublishSubject를 결합해서 두 가지의 장점을 모두 취하면 어떨까?

BehaviorSubject는 멀티캐스팅으로 동작하는데 구독 전의 마지막 아이템과 구독 후 모든 아이템을 배출한다. 즉 내부 옵저버 목록을 유지하는 데 중복 전달 없이 모든 옵저버에게 동일한 배출을 전달한다.

다음은 ReactiveX 문서에서 가져온 마블 다이어그램이다(http://reactivex.io/documentation/ko/subject.html).

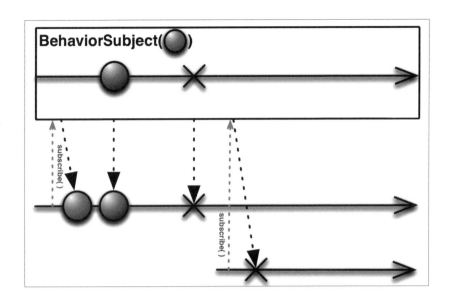

마지막 예제를 BehaviorSubject를 사용하도록 수정하고 어떤 결과가 발생하는지 알아
보자.

```kotlin
fun main(args: Array<String>) {
  val subject = BehaviorSubject.create<Int>()
  subject.onNext(1)
  subject.onNext(2)
  subject.onNext(3)
  subject.onNext(4)
  subject.subscribe({
    //onNext
    println("S1 Received $it")
  }, {
    //onError
    it.printStackTrace()
  }, {
    //onComplete
    println("S1 Complete")
  })
  subject.onNext(5)
```

```
  subject.subscribe({
    //onNext
    println("S2 Received $it")
  }, {
    //onError
    it.printStackTrace()
  }, {
    //onComplete
    println("S2 Complete")
  })
  subject.onComplete()
}
```

여기서는 앞에서 다룬 AsyncSubject의 예제를 변경해 BehaviorSubject를 사용하게 했다. BehaviourSubject가 어떻게 동작하는지 다음 결과를 보고 이해해보자.

S1 Received 4
S1 Received 5
S2 Received 5
S1 Complete
S2 Complete

첫 번째 구독은 4와 5를 받는다. 4는 구독하기 앞서, 5번은 그 후에 배출됐다. 두 번째 구독 시에는 구독 전에 배출된 5만을 받게 된다.

ReplaySubject 이해

ReplaySubject는 갖고 있는 모든 아이템을 옵저버의 구독 시점과 상관없이 다시 전달하는데 콜드 옵저버블과 유사하다.

다음은 ReplaySubject의 마블 다이어그램이다(http://reactivex.io/documentation/ko/
subject.html).

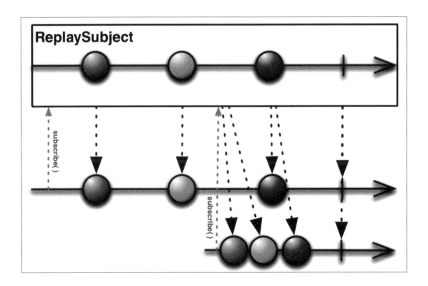

이전 예제 프로그램을 ReplaySubject로 수정해보자.

```kotlin
fun main(args: Array<String>) {
  val subject = ReplaySubject.create<Int>()
  subject.onNext(1)
  subject.onNext(2)
  subject.onNext(3)
  subject.onNext(4)
  subject.subscribe({
    //onNext
    println("S1 Received $it")
  },{
    //onError
    it.printStackTrace()
  },{
    //onComplete
    println("S1 Complete")
```

```
  })
  subject.onNext(5)
  subject.subscribe({
    //onNext
    println("S2 Received $it")
  },{
    //onError
    it.printStackTrace()
  },{
    //onComplete
    println("S2 Complete")
  })
  subject.onComplete()
}
```

결과는 다음과 같다.

```
S1 Received 1
S1 Received 2
S1 Received 3
S1 Received 4
S1 Received 5
S2 Received 1
S2 Received 2
S2 Received 3
S2 Received 4
S2 Received 5
S1 Complete
S2 Complete
```

두 가지 구독 모두 모든 배출을 받고 있다.

▌ 요약

3장에서는 옵저버블과 옵저버, 그리고 그 사용법을 배웠다. 이해를 돕기 위해 몇 가지 예제를 살펴봤고, 옵저버블에는 핫 옵저버블과 콜드 옵저버블 두 가지 종류가 있음을 알게 됐다. 또한 여러 구독자와 그 변형에 대해 배웠다. 여러 Subject는 기본적으로 옵저버블과 많은 옵저버의 조합이다.

옵저버블은 큰 유연성과 힘을 제공하지만 백프레셔와 같은 몇 가지의 단점도 있다. 옵저버블의 단점과 극복 방법을 알고 싶다면 바로 4장으로 넘어가자.

04

백프레셔와
플로어블 소개

지금까지 푸시 기반의 리액티브 프로그래밍 아키텍처를 살펴봤다. 지금까지 배운 것으로 옵저버블을 잘 이해할 수 있었다. 옵저버블은 추가 처리를 위해 옵저버가 소비할 항목을 배출한다는 사실을 배웠다. 그러나 옵저버블이 옵저버가 소비할 수 처리량보다 더 빨리 아이템이 배출되는 상황을 생각해본 적이 있는가? 이 장은 이 문제에만 전념할 것이다. 이 문제가 언제, 어떻게 발생할 수 있는지 알아보고 해결 방법을 알아본다.

4장에서는 다음 주제에 중점을 두고, 문제의 해결책도 찾아본다.

- 백프레셔^{Backpressure} 이해하기
- 플로어블^{Flowables} 및 가입자
- Flowable.create( )로 플로어블 생성하기

- 옵저버블과 플로어블 동시에 사용하기
- 백프레셔 연산자
- Flowable.generate( ) 연산자

자, 그럼 옵저버블의 문제점 중 하나인 백프레셔부터 살펴보자.

▌ 백프레셔 이해

옵저버블의 유일한 문제 상황은 옵저버가 옵저버블의 속도에 대처할 수 없는 경우다. 옵저버블을 기본적으로 아이템을 동기적으로 옵저버에서 하나씩 푸시해 동작한다. 그러나 옵저버가 시간을 필요로 하는 작업을 처리해야 한다면 그 시간이 옵저버블이 각 항목을 배출하는 간격보다 길어질 수도 있다. 잘 이해가 되지 않는가? 다음 예제를 살펴보자.

```
fun main(args: Array<String>) {
  val observable = Observable.just(1, 2, 3, 4, 5, 6, 7, 8, 9)//(1)
  val subject = BehaviorSubject.create<Int>()
  subject.observeOn(Schedulers.computation())//(2)
        .subscribe({//(3)
            println("Subs 1 Received $it")
            runBlocking { delay(200) }//(4)
        })

        subject.observeOn(Schedulers.computation())//(5)
        .subscribe({//(6)
            println("Subs 2 Received $it")
        })
        observable.subscribe(subject)//(7)
        runBlocking { delay(2000) }//(8)
}
```

코드는 아주 간단하다. 주석 (1)에서 옵저버블을 생성한다. 차례대로 BehaviorSubject
를 생성하고 주석 (3)과 (6)에서 구독한다. 주석 (7)에서 BehaviorSubject를 구독한 후에
BehaviorSubject를 사용해 옵저버블을 구독하면 BehaviorSubject의 옵저버가 모든 배
출을 받을 수 있다. 주석 (4)의 첫 번째 구독 내에서 시간이 오래 걸리는 구독자를 흉내내
기 위해 delay 메서드를 사용했다.

주석 (2)와 (5)에 새로운 코드인 subject.observeOn (Schedulers.computation())를 볼
수 있다. 나중에 이 메서드를 자세히 설명겠지만, observeOn 메서드는 구독을 실행하는
스레드를 지정하도록 해주고 Scheduler.computation()은 계산을 수행할 스레드를 제공
한다는 점만 알아두자. 실행을 백그라운드에서 수행하기 때문에 주석 (8)에서 delay 메서
드를 사용해 대기시켰다.

앞 장에서 배운 내용을 바탕으로 판단하면 구독은 번갈아가면 1에서 9까지의 모든 숫자를
인쇄해야 한다고 말할 수 있을 것이다. 꼭 그래야 할까? 출력을 먼저 확인하자.

```
"C:\Program Files\Java\jdk1.8.0_131\bin\java" ...
Subs 1 Received 1
Subs 2 Received 1
Subs 2 Received 2
Subs 2 Received 3
Subs 2 Received 4
Subs 2 Received 5
Subs 2 Received 6
Subs 2 Received 7
Subs 2 Received 8
Subs 2 Received 9
Subs 1 Received 2
Subs 1 Received 3
Subs 1 Received 4
Subs 1 Received 5
Subs 1 Received 6
Subs 1 Received 7
Subs 1 Received 8
Subs 1 Received 9

Process finished with exit code 0
```

결과를 보고 충격을 받았나? 구독 1이 출력을 먼저 시작하긴 했지만 두 번째 숫자를 출력
도 하기 전에 구독 2가 모든 숫자의 출력을 완료했다. 왜 핫 옵저버블처럼 행동하지 않았
을까? 왜 옵저버는 번갈아가며 작동하지 않았을까? 원인을 파악해보자. 이 프로그램은 사

실 두 옵저버에게 한 번만 배출하는 subject인 핫 옵저버블로서의 행동을 멈춘 것은 아니다. 그러나 첫 번째 옵저버에서 각 계산이 오래 걸렸기 때문에 각 배출들은 대기열로 들어가게 된 것이다. 이것은 OutOfMemoryError 예외를 포함해 많은 문제를 일으킬 수 있으므로 분명히 좋은 행동이 아니다.

아직도 의심스러운가? 다른 예를 살펴보자.

```kotlin
fun main(args: Array<String>) {
  val observable = Observable.just(1, 2, 3, 4, 5, 6, 7, 8, 9)//(1)
  observable
    .map { MyItem(it) }//(2)
    .observeOn(Schedulers.computation())//(3)
    .subscribe({//(4)
      println("Received $it")
      runBlocking { delay(200) }//(5)
    })
    runBlocking { delay(2000) }//(6)
}

data class MyItem(val id: Int) {
  init {
    println("MyItem Created $id")//(7)
  }
}
```

이 예에서는 Subject와 여러 구독자를 제거해 프로그램을 더 간단하고 이해하기 쉽게 만들었다. 주석 (2)에서 사용한 map 연산자를 사용해 Int 항목을 MyItem 객체로 변환했다.

 3장에서 소개한 map 연산자를 잊어버렸다면 원본 옵저버블을 입력받아 런타임에 해당 객체가 배출한 항목을 처리하고 관찰 가능한 또 다른 옵저버블을 생성한다. 간단히 말하면 map 연산자는 새로운 생성된 항목을 옵저버에게 전달하기 전에 옵저버블에 의해 배출된 각 항목을 처리하는데, 이는 subscirbe 이전에 발생한다. 또한 이후 장에서 map 연산자에 대해 자세히 살펴볼 것이다.

예제에서 map은 배출 아이템을 추적하는 데 사용했다. 배출이 발생할 때마다 즉시 map 연산자로 전달돼 MyItem 클래스의 객체를 생성한다. MyItem 클래스의 init 블록에서 전달된 값을 출력한다. 따라서 항목이 전달되고 바로 MyItem 클래스에 의해 인쇄된다.

 MyItem은 data 클래스인데 val id의 접근자(getter)와 toString 메서드를 제공한다.

프로그램의 나머지 부분은 거의 동일하다. 먼저 출력을 살펴보고 계속 논의하자.

```
"C:\Program Files\Java\jdk1.8.0_131\bin\java" ...
MyItem Created 1
MyItem Created 2
MyItem Created 3
MyItem Created 4
MyItem Created 5
MyItem Created 6
MyItem Created 7
MyItem Created 8
MyItem Created 9
Received MyItem(id=1)
Received MyItem(id=2)
Received MyItem(id=3)
Received MyItem(id=4)
Received MyItem(id=5)
Received MyItem(id=6)
Received MyItem(id=7)
Received MyItem(id=8)
Received MyItem(id=9)

Process finished with exit code 0
```

배출의 출력에서 볼 수 있듯이 MyItem의 생성은 매우 빠르며 컨슈머로 알려진 옵저버가 인쇄를 시작도 하기 전에 완료됐다.

여기서 볼 수 있듯이 문제는 배출이 대기열에 쌓이고 있는데 컨슈머는 이전의 배출량을 처리하고 있다는 것이다.

이 문제의 해결책은 컨슈머와 생산자^{Producer} 간에 피드백을 주고 받을 수 있는 채널일 것이다. 이를 통해 컨슈머는 생산자에게 이전 배출의 처리가 완료될 때까지 기다려야 한다고 전달할 수 있다. 이렇게 하면 컨슈머 또는 메시지를 처리하는 미들웨어가 부하가 높은 상태에서 포화 상태가 되거나 응답하지 않는 것을 막을 수 있다. 대신, 그들은 메시지양을 줄이도록 요구할 수 있으며, 생산자는 생성 속도를 줄이도록 결정할 수 있다. 이 피드백 채널을 백프레셔라고 부른다. 옵저버블과 옵저버는 백프레셔를 지원하지 않으므로 그 대신 플로어블과 구독자를 사용할 수 있다. 자세한 내용을 알아보자.

▎ 플로어블

플로어블^{Flowables}은 옵저버블의 백프레셔 버전이라고 부를 수 있다. 아마 두 가지의 유일한 차이점은 플로어블이 백프레셔를 고려한다는 점뿐인데 옵저버블은 가능하지 않다. 그게 전부다. 플로어블은 연산자를 위해 최대 128개의 항목을 가질 수 있는 버퍼를 제공한다. 그래서 컨슈머가 시간이 걸리는 작업을 실행할 때 배출된 항목이 버퍼에서 대기할 수 있다.

 플로어블은 ReactiveX 2.x(RxKotlin 2.x)에 추가됐으며 이전 버전에는 해당 내용이 포함돼 있지 않다. 대신 이전 버전에서는 옵저버블이 예상할 수 없는 많은 MissingBackpressureException의 원인이 되는 백프레셔를 지원하도록 개선됐다.

관심이 있다면 다음 릴리스 노트를 살펴보자.

https://github.com/ReactiveX/RxJava/wiki/What%27s-different-in-2.0#observable-and-flowable

지금까지 오랫동안 토론을 했다. 이제 코드를 작성해보자. 처음에는 옵저버블을 사용해 코드를 작성해본 다음 동일한 작업을 플로어블로 수행해 차이점을 확인한다.

```
fun main(args: Array<String>) {
  Observable.range(1, 1000)//(1)
    .map { MyItem3(it) }//(2)
    .observeOn(Schedulers.computation())
    .subscribe({//(3)
      print("Received $it;\t")
      runBlocking { delay(50) }//(4)
    }, { it.printStackTrace() })
      runBlocking { delay(60000) }//(5)
  }
  data class MyItem3(val id: Int) {
  init {
    print("MyItem Created $id;\t")
  }
}
```

Observable.range() 연산자를 사용해 1에서 1000 사이의 숫자를 배출하는 간단한 코드다. 주석 (2)에서 map 연산자로 Int에서 MyItem3 객체를 생성한다. 주석 (3)에서 옵저버블을 구독했다. 주석 (4)에서 시간이 오래 걸리는 구독 코드를 흉내내기 위해 지연 연산을 실행했다. 주석 (5)에서 다시 프로그램이 실행을 멈추기 전에 컨슈머가 모든 아이템의 처리를 기다리는 블로킹 지연 코드를 실행했다.

전체 결과는 꽤나 길기 때문에 다음 화면을 참고하자.

```
"C:\Program Files\Java\jdk1.8.0_131\bin\java" ...
MyItem Created 1;   MyItem Created 2;   MyItem Created 3;   MyItem Created 4;   MyItem Created 5;   MyItem Created 6;   MyItem Created 7;   MyItem ♪
\Created 8; MyItem Created 9;   MyItem Created 10; MyItem Created 11; MyItem Created 12; MyItem Created 13; MyItem Created 14; MyItem Created ♪
\15;   MyItem Created 16; MyItem Created 17; MyItem Created 18; MyItem Created 19; MyItem Created 20; MyItem Created 21; MyItem Created ♪
\22;   MyItem Created 23; MyItem Created 24; MyItem Created 25; MyItem Created 26; MyItem Created 27; MyItem Created 28; MyItem Created ♪
\29;   MyItem Created 30; MyItem Created 31; MyItem Created 32; MyItem Created 33; MyItem Created 34; MyItem Created 35; MyItem Created ♪
\36;   MyItem Created 37; MyItem Created 38; MyItem Created 39; MyItem Created 40; MyItem Created 41; MyItem Created 42; MyItem Created ♪
\43;   MyItem Created 44; MyItem Created 45; MyItem Created 46; MyItem Created 47; MyItem Created 48; MyItem Created 49; MyItem Created ♪
\50;   MyItem Created 51; MyItem Created 52; MyItem Created 53; MyItem Created 54; MyItem Created 55; MyItem Created 56; MyItem Created ♪
\57;   MyItem Created 58; MyItem Created 59; MyItem Created 60; MyItem Created 61; MyItem Created 62; MyItem Created 63; MyItem Created ♪
\64;   MyItem Created 65; MyItem Created 66; MyItem Created 67; MyItem Created 68; MyItem Created 69; MyItem Created 70; MyItem Created ♪
\71;   MyItem Created 72; MyItem Created 73; MyItem Created 74; MyItem Created 75; MyItem Created 76; MyItem Created 77; MyItem Created ♪
\78;   MyItem Created 79; MyItem Created 80; MyItem Created 81; MyItem Created 82; MyItem Created 83; MyItem Created 84; MyItem Created ♪
\85;   MyItem Created 86; MyItem Created 87; MyItem Created 88; MyItem Created 89; MyItem Created 90; MyItem Created 91; MyItem Created ♪
\92;   MyItem Created 93; MyItem Created 94; MyItem Created 95; MyItem Created 96; MyItem Created 97; MyItem Created 98; MyItem Created ♪
\99;   MyItem Created 100; MyItem Created 101; MyItem Created 102; MyItem Created 103; MyItem Created 104; MyItem Created 105; MyItem Created ♪
\106;  MyItem Created 107; MyItem Created 108; MyItem Created 109; MyItem Created 110; MyItem Created 111; MyItem Created 112; MyItem Created ♪
\113;  MyItem Created 114; MyItem Created 115; MyItem Created 116; MyItem Created 117; MyItem Created 118; MyItem Created 119; MyItem Created ♪
\120;  MyItem Created 121; MyItem Created 122; MyItem Created 123; MyItem Created 124; MyItem Created 125; MyItem Created 126; MyItem Created ♪
\127;  MyItem Created 128; MyItem Created 129; MyItem Created 130; MyItem Created 131; MyItem Created 132; MyItem Created 133; MyItem Created ♪
\134;  MyItem Created 135; MyItem Created 136; MyItem Created 137; MyItem Created 138; MyItem Created 139; MyItem Created 140; MyItem Created ♪
\141;  MyItem Created 142; MyItem Created 143; MyItem Created 144; MyItem Created 145; MyItem Created 146; MyItem Created 147; MyItem Created ♪
\148;  MyItem Created 149; MyItem Created 150; MyItem Created 151; MyItem Created 152; MyItem Created 153; MyItem Created 154; MyItem Created ♪
\155;  MyItem Created 156; MyItem Created 157; MyItem Created 158; MyItem Created 159; MyItem Created 160; MyItem Created 161; MyItem Created ♪
\162;  MyItem Created 163; MyItem Created 164; MyItem Created 165; MyItem Created 166; MyItem Created 167; MyItem Created 168; MyItem Created ♪
\169;  MyItem Created 170; MyItem Created 171; MyItem Created 172; MyItem Created 173; MyItem Created 174; MyItem Created 175; MyItem Created ♪
\176;  MyItem Created 177; MyItem Created 178; MyItem Created 179; MyItem Created 180; MyItem Created 181; MyItem Created 182; MyItem Created ♪
\183;  MyItem Created 184; MyItem Created 185; MyItem Created 186; MyItem Created 187; MyItem Created 188; MyItem Created 189; MyItem Created ♪

\903;  MyItem Created 904; MyItem Created 905; MyItem Created 906; MyItem Created 907; MyItem Created 908; MyItem Created 909; MyItem Created ♪
\910;  MyItem Created 911; MyItem Created 912; MyItem Created 913; MyItem Created 914; MyItem Created 915; MyItem Created 916; MyItem Created ♪
\917;  MyItem Created 918; MyItem Created 919; MyItem Created 920; MyItem Created 921; MyItem Created 922; MyItem Created 923; MyItem Created ♪
\924;  MyItem Created 925; MyItem Created 926; MyItem Created 927; MyItem Created 928; MyItem Created 929; MyItem Created 930; MyItem Created ♪
\931;  MyItem Created 932; MyItem Created 933; MyItem Created 934; MyItem Created 935; MyItem Created 936; MyItem Created 937; MyItem Created ♪
\938;  MyItem Created 939; MyItem Created 940; MyItem Created 941; MyItem Created 942; MyItem Created 943; MyItem Created 944; MyItem Created ♪
\945;  MyItem Created 946; MyItem Created 947; MyItem Created 948; MyItem Created 949; MyItem Created 950; MyItem Created 951; MyItem Created ♪
\952;  MyItem Created 953; MyItem Created 954; MyItem Created 955; MyItem Created 956; MyItem Created 957; MyItem Created 958; MyItem Created ♪
\959;  MyItem Created 960; MyItem Created 961; MyItem Created 962; MyItem Created 963; MyItem Created 964; MyItem Created 965; MyItem Created ♪
\966;  MyItem Created 967; MyItem Created 968; MyItem Created 969; MyItem Created 970; MyItem Created 971; MyItem Created 972; MyItem Created ♪
\973;  MyItem Created 974; MyItem Created 975; MyItem Created 976; MyItem Created 977; MyItem Created 978; MyItem Created 979; MyItem Created ♪
\980;  MyItem Created 981; MyItem Created 982; MyItem Created 983; MyItem Created 984; MyItem Created 985; MyItem Created 986; MyItem Created ♪
\987;  MyItem Created 988; MyItem Created 989; MyItem Created 990; MyItem Created 991; MyItem Created 992; MyItem Created 993; MyItem Created ♪
\994;  MyItem Created 995; MyItem Created 996; MyItem Created 997; MyItem Created 998; MyItem Created 999; MyItem Created 1000;   Received ♪
\MyItem3(id=2); Received MyItem3(id=3); Received MyItem3(id=4); Received MyItem3(id=5); Received MyItem3(id=6); Received MyItem3(id=7); Received ♪
\MyItem3(id=8); Received MyItem3(id=9); Received MyItem3(id=10);    Received MyItem3(id=11);    Received MyItem3(id=12);    Received MyItem3(id=13);♪
\;  Received MyItem3(id=14);    Received MyItem3(id=15);    Received MyItem3(id=16);    Received MyItem3(id=17);    Received MyItem3(id=18);    ♪
\Received MyItem3(id=19);   Received MyItem3(id=20);    Received MyItem3(id=21);    Received MyItem3(id=22);    Received MyItem3(id=23);    Received ♪
\MyItem3(id=24);    Received MyItem3(id=25);    Received MyItem3(id=26);    Received MyItem3(id=27);    Received MyItem3(id=28);    Received ♪
\MyItem3(id=29);    Received MyItem3(id=30);    Received MyItem3(id=31);    Received MyItem3(id=32);    Received MyItem3(id=33);    Received ♪
\MyItem3(id=34);    Received MyItem3(id=35);    Received MyItem3(id=36);    Received MyItem3(id=37);    Received MyItem3(id=38);    Received ♪
\MyItem3(id=39);    Received MyItem3(id=40);    Received MyItem3(id=41);    Received MyItem3(id=42);    Received MyItem3(id=43);    Received ♪
\MyItem3(id=44);    Received MyItem3(id=45);    Received MyItem3(id=46);    Received MyItem3(id=47);    Received MyItem3(id=48);    Received ♪
\MyItem3(id=49);    Received MyItem3(id=50);    Received MyItem3(id=51);    Received MyItem3(id=52);    Received MyItem3(id=53);    Received ♪
\MyItem3(id=54);    Received MyItem3(id=55);    Received MyItem3(id=56);    Received MyItem3(id=57);    Received MyItem3(id=58);    Received ♪
\MyItem3(id=59);    Received MyItem3(id=60);    Received MyItem3(id=61);    Received MyItem3(id=62);    Received MyItem3(id=63);    Received ♪
\MyItem3(id=64);    Received MyItem3(id=65);    Received MyItem3(id=66);    Received MyItem3(id=67);    Received MyItem3(id=68);    Received ♪
\MyItem3(id=69);    Received MyItem3(id=70);    Received MyItem3(id=71);    Received MyItem3(id=72);    Received MyItem3(id=73);    Received ♪
\MyItem3(id=74);    Received MyItem3(id=75);    Received MyItem3(id=76);    Received MyItem3(id=77);    Received MyItem3(id=78);    Received ♪
\MyItem3(id=79);    Received MyItem3(id=80);    Received MyItem3(id=81);    Received MyItem3(id=82);    Received MyItem3(id=83);    Received ♪

MyItem3(id=954);   Received MyItem3(id=955);   Received MyItem3(id=956);   Received MyItem3(id=957);   Received MyItem3(id=958);   Received ♪
MyItem3(id=959);   Received MyItem3(id=960);   Received MyItem3(id=961);   Received MyItem3(id=962);   Received MyItem3(id=963);   Received ♪
MyItem3(id=964);   Received MyItem3(id=965);   Received MyItem3(id=966);   Received MyItem3(id=967);   Received MyItem3(id=968);   Received ♪
MyItem3(id=969);   Received MyItem3(id=970);   Received MyItem3(id=971);   Received MyItem3(id=972);   Received MyItem3(id=973);   Received ♪
MyItem3(id=974);   Received MyItem3(id=975);   Received MyItem3(id=976);   Received MyItem3(id=977);   Received MyItem3(id=978);   Received ♪
MyItem3(id=979);   Received MyItem3(id=980);   Received MyItem3(id=981);   Received MyItem3(id=982);   Received MyItem3(id=983);   Received ♪
MyItem3(id=984);   Received MyItem3(id=985);   Received MyItem3(id=986);   Received MyItem3(id=987);   Received MyItem3(id=988);   Received ♪
MyItem3(id=989);   Received MyItem3(id=990);   Received MyItem3(id=991);   Received MyItem3(id=992);   Received MyItem3(id=993);   Received ♪
MyItem3(id=994);   Received MyItem3(id=995);   Received MyItem3(id=996);   Received MyItem3(id=997);   Received MyItem3(id=998);   Received ♪
MyItem3(id=999);   Received MyItem3(id=1000);

Process finished with exit code 0
```

화면을 면밀히 살펴보면 옵저버블(생산자)이 항목을 계속 배출함을 알 수 있다. 하지만 옵저버(컨슈머)는 그것과 보조를 맞추지 않았다. 옵저버블(생산자)이 모든 항목을 배출할 동안 옵저버(컨슈머)는 첫 번째 항목만을 처리했다. 앞에서 설명한 것처럼 이런 현상은 OutOfMemory 오류를 비롯해 많은 문제를 발생시킬 수 있다. 이제 이 코드에서 Observable 을 Flowable로 변경하자.

```kotlin
fun main(args: Array<String>) {
  Flowable.range(1, 1000)//(1)
    .map { MyItem4(it) }//(2)
    .observeOn(Schedulers.io())
    .subscribe({//(3)
      println("Received $it")
      runBlocking { delay(50) }//(4)
    }, { it.printStackTrace() })
    runBlocking { delay(60000) }//(5)
  }
  data class MyItem4(val id: Int) {
    init {
      println("MyItem Created $id")
    }
  }
}
```

코드는 이전 코드와 정확히 같지만 단 하나의 차이점은 Observable 대신 Flowable. range( )를 사용한 것이다. 이제 결과를 보고 차이점을 확인하자.

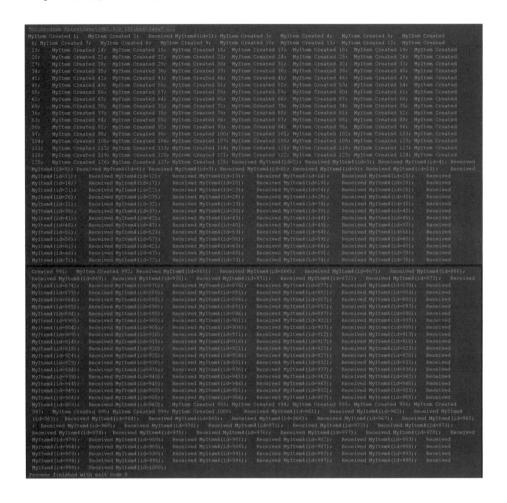

차이점을 확인했는가? 플로어블은 모든 아이템을 한 번에 배출하지 않고 컨슈머가 처리를 시작할 수 있을 때까지 기다렸다가 다시 배출을 전달하며, 완료될 때까지 이 동작을 반복 한다. 이런 방식으로 많은 문제를 제거할 수 있다.

▌ 플로어블과 옵저버블 사용 구분

지금쯤 플로어블을 사용하기 편리한 도구라고 생각하고 모든 옵저버블을 대체할 수도 있다. 그러나 항상 플로어블이 옵저버블보다 나은 것은 아니다. 플로어블은 백프레셔 전략을 제공하지만 옵저버블이 존재하는 데는 이유가 있으며 둘 다 장단점이 있다. 그래서 어느 것을 사용할 것인가? 한번 살펴보자.

플로어블을 언제 사용할까

다음은 플로어블의 사용을 고려해야 할 상황이다. 플로어블은 옵저버블보다 느리다는 것을 기억하자.

- 플로어블과 백프레셔는 더 많은 양의 데이터를 처리할 때 도움이 된다. 따라서 원천에서 10,000개 이상의 아이템을 배출한다면 플로어블을 사용하자. 특히 원천이 비동기적으로 동작해 필요시에 컨슈머 체인이 생산자에게 배출량을 제한/규제을 요청할 수 있는 경우에 적합하다.
- 파일이나 데이터베이스를 읽거나 파싱하는 경우다.
- 결과를 반환하는 동안 IO 소스의 양을 조절할 수 있는 블로킹을 지원하는 네트워크 IO 작업/스트리밍 API에서 배출할 때 사용한다.

옵저버블을 언제 사용할까

이제 플로어블을 언제 사용해야 하는지 알았으니 옵저버블이 선호되는 조건을 알아보자.

- 소량의 데이터(10,000개 미만의 배출)를 다룰 때
- 오로지 동기 방식으로 작업하길 원하거나 또는 제한된 동시성을 가진 작업을 수행할 때
- UI 이벤트를 발생시킬 때(안드로이드, 자바FX 또는 스윙으로 작업하는 동안)

다시 한번 플로어블은 옵저버블보다 느리다는 것을 명심하자.

▌ 플로어블과 구독자

플로어블은 옵저버 대신 백프레셔 호환이 가능한 구독자를 사용한다. 그러나 람다식을 사용한다면 차이점을 발견할 수 없을 것이다. 그렇다면 옵저버 대신 구독자를 사용해야 하는 이유는 무엇일까? 왜냐하면 구독자가 일부 추가 기능과 백프레셔를 동시에 지원하기 때문이다. 예를 들어, 얼마나 많은 아이템을 받기를 원하는지 메시지로 전달할 수 있다. 아니면 구독자를 사용하는 동안 업스트림에서 수신(요청)하고자 하는 항목의 수를 지정하도록 할 수 있는데 아무 값도 지정하지 않으면 어떤 배출도 수신하지 못할 것이다.

앞에서 설명했듯이 람다를 사용한 구독자는 옵저버와 유사하다. 이 구현은 자동으로 업스트림으로부터 제한 없는 배출을 요구할 것이다. 마지막 코드에서 원하는 배출량을 지정하지 않았지만 내부적으로 배출량을 무제한으로 요청했기 때문에 배출된 모든 아이템을 수신할 수 있었다.

이전 프로그램을 Subscriber 인스턴스로 변경해보자.

```kotlin
fun main(args: Array<String>) {
  Flowable.range(1, 15)
    .map { MyItem6(it) }
    .observeOn(Schedulers.io())
    .subscribe(object : Subscriber<MyItem6> {
      lateinit var subscription: Subscription//(1)
      override fun onSubscribe(subscription: Subscription) {
        this.subscription = subscription
        subscription.request(5)//(2)
      }

      override fun onNext(s: MyItem6?) {
        runBlocking { delay(50) }
```

```
                println("Subscriber received " + s!!)
                  if (s.id == 5) {//(3)
                       println("Requesting two more")
                       subscription.request(2)//(4)
                   }
               }

               override fun onError(e: Throwable) {
                   e.printStackTrace()
               }

               override fun onComplete() {
                   println("Done!")
               }
           })
       runBlocking { delay(10000) }

   }

data class MyItem6(val id: Int) {
  init {
    println("MyItem Created $id")
  }
}
```

위 프로그램의 출력은 이전과 같으므로 여기서는 건너뛴다. 대신 코드를 이해해보자. 이 프로그램은 주석 (3)까지 이전 프로그램과 거의 동일하다. 위에서는 Subscriber의 인스 턴스를 생성했다. Subscirber의 메서드는 옵저버와 동일하다. 그러나 앞에서 언급했듯 이 subscribe 메서드를 사용할 때 초기에 원하는 배출량과 함께 호출해야 한다. 주석 (4) 가 관련 내용인데 전체 배출을 받기를 원하기 때문에 Long.MAX_VALUE와 함께 요청했다.

그렇다면 request 메서드는 어떻게 작동하는가? request() 메서드는 Subscirber가 호출 되고 나서 업스트림에서 대기해야 하는 배출량을 요청한다. Suscriber가 더 요청할 때까 지 요청 이후의 더 이상의 모든 배출을 무시한다.

그러니 해당 프로그램을 수정해 request 메서드를 더 잘 이해해보자.

```kotlin
fun main(args: Array<String>) {
  Flowable.range(1, 15)
    .map { MyItem6(it) }
    .observeOn(Schedulers.io())
    .subscribe(object : Subscriber<MyItem6> {
      lateinit var subscription: Subscription//(1)
      override fun onSubscribe(subscription: Subscription) {
        this.subscription = subscription
        subscription.request(5)//(2)
      }

      override fun onNext(s: MyItem6?) {
        runBlocking { delay(50) }
        println("Subscriber received " + s!!)
          if(s.id == 5) {//(3)
            println("Requesting two more")
            subscription.request(2)//(4)
          }
      }

      override fun onError(e: Throwable) {
        e.printStackTrace()
      }

      override fun onComplete() {
        println("Done!")
      }
    })
      runBlocking { delay(10000) }
  }

data class MyItem6 (val id:Int) {
  init {
    println("MyItem Created $id")
  }
}
```

그래서 이 프로그램에서는 무엇이 변경됐는가? 관련 내용을 살펴보자. 주석 (1)에서 Subscription 유형의 lateinit 변수를 선언했으며 주석 (2) 바로 전에 onSubscribe 메서드 내에서 구독을 초기화했다. 주석 (2)에서는 subscription.request(5)로 5개의 항목을 요청했다. 그런 다음 onNext 내부의 주석 (3)에서 수신된 항목이 다섯 번째 항목인지 확인했다(range를 사용했기 때문에 다섯 번째 항목의 값은 5가 된다). 아이템이 다섯 번째인 경우 2개를 더 요청한다. 따라서 프로그램은 1~15의 숫자 대신 7개의 아이템을 인쇄해야 한다. 다음 출력을 확인해보자.

결과를 보면 Flowable이 range의 모든 항목을 배출했음에도 7 이후에는 Subscriber에게 전달되지 않았다.

 request() 메서드는 업스트림의 끝까지 전달되지 않는다는 점에 유의하자. request() 메서드는 가장 근방에 있는 연산자로 전달되는데, 해당 연산자가 정보를 추가 업스트림으로 전달할 것인지 여부를 결정한다.

그래서 Flowable과 Subscriber를 조금 이해하게 됐다. 이제 조금 더 깊이 있게 탐구할 시간이다. 처음부터 Flowable 인스턴스를 생성하는 것부터 시작한다.

▌ 처음부터 플로어블 생성하기

앞 장에서 Observable.create 메서드에 대해 배웠지만, 간단하게 다시 한번 요약해보고 이어서 Flowable.create를 계속 진행한다. 다음 코드를 살펴보자.

```kotlin
fun main(args: Array<String>) {
  val observer: Observer<Int> = object : Observer<Int> {
    override fun onComplete() {
      println("All Completed")
    }

    override fun onNext(item: Int) {
      println("Next $item")
    }

    override fun onError(e: Throwable) {
      println("Error Occured ${e.message}")
    }

    override fun onSubscribe(d: Disposable) {
      println("New Subscription ")
    }
  }// Observer 생성

  val observable: Observable<Int> = Observable.create<Int> {//1
    for(i in 1..10) {
      it.onNext(i)
    }
    it.onComplete()
  }

  observable.subscribe(observer)

}
```

위 프로그램에서 Observable.create 연산자로 옵저버블을 생성했다. 이 연산자는 사용자 정의의 옵저버블을 선언한다. 옵저버블에서 아이템을 배출하는 자체 규칙을 작성할 수 있다. 큰 자유를 제공하지만 옵저버블의 문제도 여기에 있다. 옵저버블은 백프레셔를 지원하지 않는다. 백프레셔 기능을 지원하는 비슷한 버전을 만들 수 있다면 좋지 않을까? 그렇게 할 것이지만 먼저 출력을 살펴보자.

```
"C:\Program Files\Java\jdk1.8.0_131\bin\java" ...
New Subscription
Next 1
Next 2
Next 3
Next 4
Next 5
Next 6
Next 7
Next 8
Next 9
Next 10
All Completed

Process finished with exit code 0
```

예상한 대로 1에서 10까지의 모든 숫자를 인쇄한다. 앞에서 설명한 것처럼 플로어블을 사용해보자.

```kotlin
fun main(args: Array<String>) {
  val subscriber: Subscriber<Int> = object : Subscriber<Int> {
    override fun onComplete() {
      println("All Completed")
    }

    override fun onNext(item: Int) {
      println("Next $item")
```

```kotlin
    }

    override fun onError(e: Throwable) {
      println("Error Occured ${e.message}")
    }

    override fun onSubscribe(subscription: Subscription) {
      println("New Subscription ")
      subscription.request(10)
    } }//(1)

    val flowable: Flowable<Int> = Flowable.create<Int> ({
      for(i in 1..10) {
        it.onNext(i)
      }
    it.onComplete()
  },BackpressureStrategy.BUFFER)//(2)

  flowable
    .observeOn(Schedulers.io())
    .subscribe(subscriber)//(3)

  runBlocking { delay(10000) }
}
```

주석 (1)에서는 구독자의 인스턴스를 생성했다. 그런 다음 주석 (2)에서 Flowable.create() 메서드로 플로어블의 인스턴스를 생성하고 주석 (3)에서 그것에 가입했다. 그러나 주석 (2)의 람다를 자세히 살펴보면 Flowable.create 메서드에 또 다른 인자인 BackpressureStrategy.BUFFER를 전달하고 있는 것을 알 수 있다. 이 옵션은 무엇이고 목적은 무엇일까? 조금 더 알아보자.

Flowable.create()는 플로어블의 인스턴스를 생성하기 위해 두 개의 매개 변수를 사용한다. 다음은 Flowable.create() 메서드의 정의다.

```
fun <T> create(source:FlowableOnSubscribe<T>,
mode:BackpressureStrategy):Flowable<T> {
  //... }
```

첫 번째 매개 변수는 배출의 원천이 되는 곳이고 두 번째 매개 변수는 BackpressureStrategy 이다. 그것은 열거형으로서 다운스트림이 따라잡을 수 없는 배출이 생길 경우 캐싱/버퍼링 또는 삭제 등 다양한 백프레셔 전략을 설정하도록 도와준다. 열거형 BackpressureStrategy는 백프레셔를 위한 다섯 가지 기본 옵션을 제공한다. 이 예에서 사용한 BackpressureStrategy.BUFFER는 다운스트림에서 소비될 때까지 모든 배출을 버퍼에 저장한다. 분명히 이것은 백프레셔의 최적화된 구현이 아니며 너무 많은 배출을 처리하는 동안 OutOfMemoryError를 유발할 수 있지만 적어도 MissingBackpressureException을 방지하고 사용자 정의 Flowable을 작은 규모로 구동시킬 수 있다. 이 장의 뒷 부분에서 Flowable.generate( )를 사용해 백프레셔를 구현하는 더 강력한 방법에 대해 배워본다. 그에 앞서 BackpressureStrategyenum에서 선택할 수 있는 옵션에 대해 알아보자.

- BackpressureStrategy.MISSING: 이 전략은 백프레셔 구현을 사용하지 않으며 다운스트림이 스스로 오버 플로우를 처리해야 한다. 이 옵션은 onBackpressureXXX( ) 연산자를 사용할 때 유용하다. 이 장의 뒷부분에서 이와 관련된 예제를 배워본다.

- BackpressureStrategy.ERROR: 이 전략은 어떤 백프레셔로도 구현하지 않는데 다운스트림이 소스를 따라잡을 수 없는 경우, MissingBackpressureException 예외를 발생시킨다.

- BackpressureStrategy.BUFFER: 이 전략은 다운스트림이 배출을 소비할 수 있게 될 때까지 제한이 없는 버퍼에 저장한다. 버퍼 크기를 넘어서는 경우 OutOfMemoryError가 발생할 수 있다.

- BackpressureStrategy.DROP: 이 전략은 다운스트림이 바쁘고 소비 속도를 계속 유지할 수 없을 때 모든 배출량을 무시한다. 다운스트림이 이전 작업을 끝내고 나서 처음으로 배출된 것을 처리하고 그 사이의 값들은 모두 생략된다. 예를

들어, 소스가 5개의 값 1, 2, 3, 4, 5를 각각 내보내고 있는 상황이다. 다운스트림에서는 1을 받은 후에 처리하느라 바쁜데 소스는 2, 3, 4를 배출한 상태이며, 5가 배출되기 바로 전에 다운스트림이 처리할 준비가 됐다면 5를 제외한 나머지 값은 무시된다.

- BackpressureStrategy.LATEST: 이 전략은 다운스트림이 바쁘고 배출을 유지할 수 없는 경우 최신 배출량만을 유지하고 나머지는 모두 무시한다. 다운스트림이 이전 작업을 마치면 작업이 끝나기 직전에 마지막으로 배출된 것을 수신한다. 예를 들어, 소스가 5개의 값 1, 2, 3, 4, 5를 각각 내보내고 있다고 가정하자. 다운스트림이 1을 수신한 후에 처리 중인데 원천은 2, 3, 4를 배출했고 5가 배출되기 바로 전에 처리할 준비가 됐다고 가정하자. 다운스트림측은 4와 5 두 개의 값을 받게 될 것이다. 4를 수신한 후에 다시 바빠지면 5를 수신할 수 없다.

플로어블을 생성하면서 이런 백프레셔 전략 중 일부를 연산자로 구현해보자.

옵저버블로 플로어블 만들기

Observable.toFlowable() 연산자는 백프레셔를 지원하지 않는 원천에서 Backpressure Strategy를 구현하는 방법을 제공한다. 이 연산자는 Observable을 Flowable으로 바꿔준다. 실제로 한 번 사용해보자. 먼저 Observable을 버퍼링 전략을 사용하도록 변환해보자. 그런 다음 더 잘 이해하기 위해 동일한 예제에서 몇 가지 다른 전략을 시도한다. 다음 코드를 참고하자.

```
fun main(args: Array<String>) {
  val source = Observable.range(1, 1000)//(1)
    source.toFlowable(BackpressureStrategy.BUFFER)//(2)
      .map { MyItem7(it) }
      .observeOn(Schedulers.io())
```

```kotlin
        .subscribe{//(3)
          print("Rec. $it;\t")
          runBlocking { delay(1000) }
        }
      runBlocking { delay(100000) }
    }

    data class MyItem7 (val id:Int) {
      init {
        print("MyItem init $id")
      }
    }
```

주석 (1)에서 `Observable.range()` 메서드로 `Observable`을 생성했다. 주석 (2)에서 `BackpressureStrategy.BUFFER` 전략을 가지는 플로어블로 변환했다. 그런 다음 구독자로 람다를 사용해 구독했다. 출력의 일부분을 화면으로 확인해보자(전체 출력이 너무 길어 여기에 붙여 넣을 수 없다).

예상대로 다운스트림이 소비될 때까지 BackpressureStrategy.BUFFER가 모든 배출량을 버퍼링하기 때문에 모든 배출량을 처리할 수 있다.

이제 BackpressureStrategy.ERROR를 시도해보고 어떤 일이 발생하는지 확인하자.

```kotlin
fun main(args: Array<String>) {
  val source = Observable.range(1, 1000)
  source.toFlowable(BackpressureStrategy.ERROR)
    .map { MyItem8(it) }
    .observeOn(Schedulers.io())
    .subscribe{
      println(it)
      runBlocking { delay(600) }
    }
    runBlocking { delay(700000) }
}

  data class MyItem8 (val id:Int) {
  init {
    println("MyItem Created $id")
  }
}
```

결과는 다음과 같다.

이전에 설명한대로 다운스트림이 업스트림을 따라갈 수 없기 때문에 오류가 발생한다.

BackpressureStrategy.DROP 옵션을 사용하면 어떻게 될까? 확인해보자.

```kotlin
fun main(args: Array<String>) {
  val source = Observable.range(1, 1000)
  source.toFlowable(BackpressureStrategy.DROP)
    .map { MyItem9(it) }
    .observeOn(Schedulers.computation())
    .subscribe{
      println(it)
      runBlocking { delay(1000) }
    }
    runBlocking { delay(700000) }
  }

  data class MyItem9 (val id:Int) {
  init {
    println("MyItem Created $id")
  }
}
}
```

BackpressureStrategy.DROP 옵션을 사용하는 것을 제외하고는 모든 것이 이전 예제와 동일하다. 출력을 확인해보자.

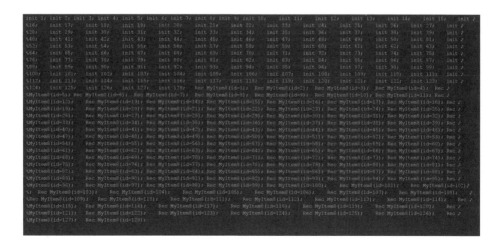

출력에서 볼 수 있듯이 BackpressureStrategy.DROP을 사용했을 때는 플로어블이 128 이후에 출력되지 않았다.

이제 BackpressureStrategy에서 사용할 수 있는 옵션에 대해 알아봤으니 BackpressureStrategy.MISSING 옵션과 onBackpressureXXX( ) 연산자를 함께 사용하는 방법을 중점적으로 살펴보자.

BackpressureStrategy.MISSING와 onBackpressureXXX()

BackpressureStrategy.MISSING은 backpressure 전략을 구현하지 않으므로 플로어블에게 어떤 전략을 따를지 명시적으로 알려줄 필요가 있음을 의미한다. onBackpressureXXX( ) 연산자를 사용하면 동일한 결과를 얻을 수 있으며 몇 가지 추가 구성 옵션이 제공된다.

onBackpressureXXX( ) 연산자에는 세 가지 주요 유형이 있다.

- onBackpressureBuffer( )
- onBackpressureDrop( )
- onBackpressureLatest( )

onBackpressureBuffer() 연산자

이 연산자는 BackpressureStrategy.BUFFER의 용도로 사용된다. 버퍼 크기, 크기 제한 여부와 같은 몇 가지 추가 구성 옵션을 얻을 수 있다. 기본 동작은 구성을 생략해도 동작한다.

이제 몇 가지 예를 살펴보자.

```
fun main(args: Array<String>) {
  val source = Observable.range(1, 1000)
  source.toFlowable(BackpressureStrategy.MISSING)//(1)
    .onBackpressureBuffer()//(2)
    .map { MyItem11(it) }
    .observeOn(Schedulers.io())
    .subscribe{
      println(it)
      runBlocking { delay(1000) }
    }
    runBlocking { delay(600000) }
  }

  data class MyItem11 (val id:Int) {
  init {
    println("MyItem Created $id")
  }
}
```

다시 말하지만 이전 프로그램에서 약간의 변경을 주고 그대로 사용하고 있다. 주석 (1)에서 BackpressureStrategy.MISSING 옵션을 사용해 플로어블 인스턴스를 만들었다. 주석 (2)에서 백프레셔를 지원하기 위해 onBackpressureBuffer를 사용했다. 출력은 BackpressureStrategy.BUFFER 예제의 결과와 유사하므로 생략한다.

onBackpressureBuffer()를 사용해 버퍼 크기를 지정할 수 있다. 따라서 onBackpressure Buffer() 메서드 호출을 onBackpressureBuffer(20)로 수정해보자. 결과는 다음과 같다.

```
MyItem Created 122
MyItem Created 123
MyItem Created 124
MyItem Created 125
MyItem Created 126
MyItem Created 127
MyItem Created 128
io.reactivex.exceptions.OnErrorNotImplementedException: Buffer is full
    at io.reactivex.internal.functions.Functions$OnErrorMissingConsumer.accept(Functions.java:704)
    at io.reactivex.internal.functions.Functions$OnErrorMissingConsumer.accept(Functions.java:701)
    at io.reactivex.internal.subscribers.LambdaSubscriber.onError(LambdaSubscriber.java:76)
    at io.reactivex.internal.operators.flowable.FlowableObserveOn$BaseObserveOnSubscriber.checkTerminated(FlowableObserveOn.java:267)
    at io.reactivex.internal.operators.flowable.FlowableObserveOn$ObserveOnSubscriber.runAsync(FlowableObserveOn.java:392)
    at io.reactivex.internal.operators.flowable.FlowableObserveOn$BaseObserveOnSubscriber.run(FlowableObserveOn.java:176)
    at io.reactivex.internal.schedulers.ScheduledRunnable.run(ScheduledRunnable.java:61)
    at io.reactivex.internal.schedulers.ScheduledRunnable.call(ScheduledRunnable.java:51)
    at java.util.concurrent.FutureTask.run(FutureTask.java:266)
    at java.util.concurrent.ScheduledThreadPoolExecutor$ScheduledFutureTask.access$701(ScheduledThreadPoolExecutor.java:180)
    at java.util.concurrent.ScheduledThreadPoolExecutor$ScheduledFutureTask.run(ScheduledThreadPoolExecutor.java:293)
    at java.util.concurrent.ThreadPoolExecutor.runWorker(ThreadPoolExecutor.java:1142)
    at java.util.concurrent.ThreadPoolExecutor$Worker.run(ThreadPoolExecutor.java:617)
    at java.lang.Thread.run(Thread.java:745)
Caused by: io.reactivex.exceptions.MissingBackpressureException: Buffer is full
    at io.reactivex.internal.operators.flowable.FlowableOnBackpressureBuffer$BackpressureBufferSubscriber.onNext(FlowableOnBackpressureBuffer.java:99)
    at io.reactivex.internal.operators.flowable.FlowableFromObservable$SubscriberObserver.onNext(FlowableFromObservable.java:93)
    at io.reactivex.internal.operators.observable.ObservableRange$RangeDisposable.run(ObservableRange.java:64)
    at io.reactivex.internal.operators.observable.ObservableRange.subscribeActual(ObservableRange.java:35)
    at io.reactivex.Observable.subscribe(Observable.java:10842)
    at io.reactivex.internal.operators.flowable.FlowableFromObservable.subscribeActual(FlowableFromObservable.java:29)
    at io.reactivex.Flowable.subscribe(Flowable.java:12906)
    at io.reactivex.internal.operators.flowable.FlowableOnBackpressureBuffer.subscribeActual(FlowableOnBackpressureBuffer.java:44)
```

변경으로 인해 버퍼가 가득 찼다. 20을 버퍼 크기로 정의했지만 플로어블은 훨씬 더 큰 크기를 필요로 했다. 이 문제는 onError 메서드를 구현하면 피할 수 있다.

onBackpressureDrop() 연산자

onBackpressureBuffer가 BackpressureStrategy.BUFFER와 일치하는 것처럼 onBackpressureDrop은 Backpressure 전략 측면에서 BackpressureStrategy.DROP과 일치하며 일부 구성 옵션을 제공한다.

이제 다음을 시도해보자.

```kotlin
fun main(args: Array<String>) {
  val source = Observable.range(1, 1000)
  source.toFlowable(BackpressureStrategy.MISSING)//(1)
    .onBackpressureDrop{ print("Dropped $it;\t") }//(2)
    .map { MyItem12(it) }
    .observeOn(Schedulers.io())
    .subscribe{
      print("Rec. $it;\t")
      runBlocking { delay(1000) }
    }
```

```
    runBlocking { delay(600000) }
  }

  data class MyItem12 (val id:Int) {
  init {
    print("MyItem init $id;\t")
  }
}
}
```

앞의 프로그램에서 볼 수 있듯이 BackpressureStrategy.MISSING을 주석 (1)에서 사용했다. 주석 (2)에서 onBackpressureDrop( ) 연산자를 사용했다. 이 연산자는 컨슈머 인스턴스에 전달되는 구성 옵션을 제공하는 데, 처리가 거부된 배출량을 소비하므로 추가 처리가 가능하다. 해당 구성을 사용하고 람다를 넘겨줬다. 이 화면과 같이 거부된 배출이 출력된다.

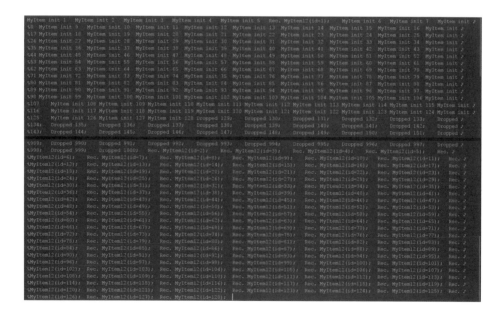

출력에서 알 수 있듯이, 버퍼의 크기가 128이기 때문에 플로어블은 128 이후에 배출을 처리하지 못하고 있다. onBackpressureDrop의 컨슈머 인스턴스는 Subscriber 인스턴스가 시작되기 전에도 처리를 완료했다.

onBackpressureLatest() 연산자

이 연산자는 BackpressureStrategy.LATEST와 똑같은 방식으로 동작한다. 다운스트림이 바쁘고 배출을 따라 잡을 수 없을 때 최신 배출을 제외한 모든 배출을 무시한다. 다운스트림이 처리하던 작업이 완료되면, 직전에 생성된 마지막 배출이 다음으로 전달된다. 안타깝게도 이것은 어떤 구성도 제공하지 않는데 아마도 추가 설정이 필요하지 않을 것이다.

다음 예제 코드를 살펴보자.

```
fun main(args: Array<String>) {
  val source = Observable.range(1, 1000)
  source.toFlowable(BackpressureStrategy.MISSING)//(1)
    .onBackpressureLatest()//(2)
    .map { MyItem13(it) }
    .observeOn(Schedulers.io())
    .subscribe{
      print("-> $it;\t")
      runBlocking { delay(100) }
    }
    runBlocking { delay(600000) }
  }
  data class MyItem13 (val id:Int) {
  init {
    print("init $id;\t")
  }
}
```

결과는 다음과 같다.

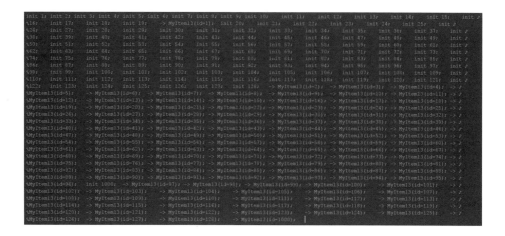

보이는 대로 플로어블은 128 이후에 모든 배출을 무시했지만, 마지막 배출인 1000만 유지됐다.

▌ 원천에서 백프레셔를 지원하는 플로어블 생성

지금까지 다운스트림에서 백프레셔를 처리하는 표준 라이브러리를 사용하는 방법을 배웠다. 그러나 이것이 최적인가? 다운스트림이 배출량을 처리할 수 없을 때마다 항상 그것을 저장하거나 무시하는 것이 바람직한가? 이 질문에 대한 대답은 단순히 '아니요'다. 대신, 더 좋은 방법은 처음부터 백프레셔를 지원하는 것이다.

Flowable.generate( )는 동일한 용도로 사용된다. Flowable.create( )와 유사하지만 약간의 차이점이 있다. 예제부터 살펴보고 Flowable.create( )와 Flowable.generate( )의 차이점과 작동 방법을 알아본다.

백프레셔를 고려할 때 Flowable.fromIterable()을 사용한다. 따라서 원천을 Iterator로 변환할 수 있을 때마다 Flowable.fromIterable()을 사용하고 Flowable.generate()는 좀 더 복잡한 설정이 필요한 상황에서 사용하자.

다음 코드를 살펴보자.

```kotlin
fun main(args: Array<String>) {
  val flowable = Flowable.generate<Int> {
    it.onNext(GenerateFlowableItem.item)
  }//(1)

  flowable
    .map { MyItemFlowable(it) }
    .observeOn(Schedulers.io())
    .subscribe {
      runBlocking { delay(100) }
      println("Next $it")
    }//(2)

    runBlocking { delay(700000) }
  }

data class MyItemFlowable(val id:Int) {
  init {
    println("MyItemFlowable Created $id")
  }
}

object GenerateFlowableItem {//(3)
  var item:Int = 0//(4)
  get() {
    field+=1
    return field//(5)
  }
}
```

예제에서는 Flowable.generate( ) 메서드로 플로어블을 생성했다. 플로어블이 항목을 내보내고 구독자는 수신/대기/버퍼링, 삭제하는 Flowable.create( )와는 달리 Flowable.generate( )는 요청 시 아이템을 생성하고 이를 배출한다. Flowable.generate( )는 원천으로서 사용할 람다를 허용하는데, 이 람다는 Flowable.create와 유사하게 보일 수 있으며, Flowable.create와는 달리 아이템을 요청할 때마다 이를 호출한다. 예를 들어, 람다 내부에서 onComplete 메서드를 호출하면 플로어블은 한 번만 배출한다. 또한 람다 안에서 onNext를 여러 번 호출할 수 없다. onError를 호출하면 첫 번째 호출에서 오류가 발생한다.

이 프로그램에서는 var item을 사용해 GenerateFlowableItem 객체를 생성했다. 사용자 정의 게터를 사용해 var item에 접근할 때마다 자동으로 값이 증가된다. 따라서 프로그램은 Flowable.range(1, Int.MAX_VALUE)와 유사하게 작동해야 한다. 단 항목이 Int.MAX_VALUE에 도달하면 onComplete를 호출하는 대신 Int.MIN_VALUE부터 다시 반복된다.

출력(여기서는 너무 커서 생략)에서 플로어블은 첫 번째로 128개의 항목을 배출한 다음, 다운스트림이 96개 아이템을 처리하기 위해 기다린 후 다시 Flowable이 128개의 아이템을 배출하는 주기가 계속된다. 플로어블에서 가입 해지 하거나 프로그램 실행이 중지될 때까지 항목을 계속 배출한다.

▌ ConnectableFlowable

지금까지 4장에서는 콜드 옵저버블을 다뤘다. 핫 옵저버블을 다루고 싶다면 어떻게 해야할까? 옵저버블의 모든 유형은 플로어블에 대응한다. 3장에서는 ConnectableObservable을 사용해 핫 옵저버블을 사용해 봤으니 여기서는 ConnectableFlowable부터 사용한다.

옵저버블처럼 ConnectableFlowable은 플로어블과 유사하지만 구독 시점에 아이템 배출을 시작하지 않고 connect( ) 메서드가 호출될 때 시작한다. 이렇게 하면 플로어블이 아이템을 배출하기 전에 의도한 모든 구독자가 Flowable.subscribe()을 기다리도록 할 수 있다. 다음 코드를 참고하자.

```kotlin
fun main(args: Array<String>) {
  val connectableFlowable = listOf
  ("String 1","String 2","String    3","String 4",
  "String 5").toFlowable()//(1)
  .publish()//(2)
  connectableFlowable.
    subscribe({
      println("Subscription 1: $it")
      runBlocking { delay(1000) }
      println("Subscription 1 delay")
  })
  connectableFlowable
  .subscribe({ println("Subscription 2 $it")})
  connectableFlowable.connect()
}
```

앞 장에서 사용한 ConnectableObservable의 첫 번째 예제를 수정했다. Observable과 마찬가지로 Flowable.fromIterable() 대신 Iterable <T> .toFlowable() 확장 함수를 사용할 수 있다. Flowable.publish()는 일반 Flowable을 ConnectableFlowable로 변환한다.

주석 (1)에서 Iterable<T>.toFlowable() 확장 함수를 사용해 List에서 플로어블을 만들고 주석 (2)에서 Flowable.publish() 연산자를 사용해 플로어블에서 ConnectableFlowable 을 생성했다.

결과는 다음과 같다.

Flowable.fromIterable( )을 사용하면, 플로어블이 모든 다운스트림이 처리되기를 기다 렸다가 완료 후 다시 다음 아이템의 배출을 시작한다. 이는 다운스트림으로 번갈아가면 서 전달된다. Iterable<T>.toFlowable( )은 내부적으로 Flowable.fromIterable을 호출 한다.

여기까지 진행해 오면서 Subject를 떠올렸을 것이다. Subject는 훌륭한 도구지만 옵저 버블과 마찬가지로 백프레셔 지원이 부족하다. 그럼, 플로어블에서 Subjects 역할을 하 는 것은 무엇일까?

▌프로세서

프로세서Processor는 플로어블의 Subjects에 해당한다. 모든 Subjects 유형은 백프레셔를 지원하는 프로세서 타입이 있다.

3장에서 PublishSubject로 Subject를 알아봤다. 여기에서도 동일하게 Publish Processor부터 시작해보자.

다음은 PublishProcessor의 사용 예제다.

```kotlin
fun main(args: Array<String>) {
  val flowable = listOf("String 1","String 2","String 3",
  "String 4","String 5").toFlowable()//(1)

  val processor = PublishProcessor.create<String>()//(2)

  processor.//(3)
    subscribe({
      println("Subscription 1: $it")
      runBlocking { delay(1000) }
      println("Subscription 1 delay")
    })
  processor//(4)
  .subscribe({ println("Subscription 2 $it")})

  flowable.subscribe(processor)//(5)
}
```

예제의 주석 (1)에서 Iterable <T> .toFlowable() 메서드로 플로어블을 생성했다. 주석 (2)에서 PublishProcessor.create() 메서드를 사용해 프로세서 인스턴스를 생성했다. 주석 (3)과 (4)에서 프로세서 인스턴스를 구독하고 주석 (5)에서 프로세서 인스턴스로 플로어블에 가입했다.

결과는 다음과 같다.

프로세서는 구독자가 모두 완료될 때까지 다음 푸시를 대기하고 있다.

▌ 버퍼, 스로틀링, 윈도우 연산자

지금까지 백프레셔에 대해 알아봤다. 원천의 속도를 늦추거나 아이템을 생략하거나, 버퍼를 사용했다. 이는 모두 컨슈머가 소비할 때까지 아이템의 배출을 미룬다. 그러나 이것으로 충분한가? 다운스트림에서 백프레셔를 처리하는 것은 항상 좋은 해결책이 아니지만 그렇다고 항상 원천의 배출을 느리게 만들 수도 없다.

`Observable.interval/Flowable.interval`을 사용하면 원천의 배출 속도를 느리게 할 수 없다. 정지 간격은 아이템을 동시에 처리할 수 있게 해주는 일부 연산자가 될 수 있다.

도움이 되는 연산자가 세 가지 있다.

- `buffer`
- `throttle`
- `window`

buffer() 연산자

컨슈머가 소비할 때까지 배출을 버퍼링하는 onBackPressureBuffer() 연산자와는 달리, buffer() 연산자는 배출을 모아서 리스트나 다른 컬렉션 유형으로 전달한다.

다음 예제를 살펴보자.

```
fun main(args: Array<String>) {
  val flowable = Flowable.range(1,111)//(1)
  flowable.buffer(10)//(2)
    .subscribe { println(it) }
}
```

주석 (1)에서 Flowable.range( ) 메서드로 1부터 111까지의 정수를 배출하는 Flowable 인스턴스를 생성했다. 주석 (2)에서 버퍼 연산자로 10을 버퍼 크기로 사용했으므로 버퍼 연산자는 Flowable에서 10개의 아이템을 모아서 리스트로 전달한다.

다음 출력을 보면 이해가 될 것이다.

```
"C:\Program Files\Java\jdk1.8.0_131\bin\java" ...
[1, 2, 3, 4, 5, 6, 7, 8, 9, 10]
[11, 12, 13, 14, 15, 16, 17, 18, 19, 20]
[21, 22, 23, 24, 25, 26, 27, 28, 29, 30]
[31, 32, 33, 34, 35, 36, 37, 38, 39, 40]
[41, 42, 43, 44, 45, 46, 47, 48, 49, 50]
[51, 52, 53, 54, 55, 56, 57, 58, 59, 60]
[61, 62, 63, 64, 65, 66, 67, 68, 69, 70]
[71, 72, 73, 74, 75, 76, 77, 78, 79, 80]
[81, 82, 83, 84, 85, 86, 87, 88, 89, 90]
[91, 92, 93, 94, 95, 96, 97, 98, 99, 100]
[101, 102, 103, 104, 105, 106, 107, 108, 109, 110]
[111]

Process finished with exit code 0
```

버퍼 연산자에는 skip 변수와 같은 쓸만한 설정 옵션이 있다.

두 번째 매개 변수에 정수로 건너뛰는 값을 지정해서 사용하는데 이는 정말 흥미로운 방식으로 작동한다. skip 매개 변수의 값이 count 매개 변수와 일치하면 아무것도 수행하지 않는다. 그렇지 않으면 count 및 skip 매개 변수 사이의 양수 차이를 actual_numbers_to_skip으로 계산한 다음 skip 매개 변수의 값이 count 매개 변수의 값보다 크면 각 배출의 마지막 아이템 이후에 actual_numbers_to_skip 크기만큼의 아이템을 건너뛴다. 그렇지 않고 count 매개 변수의 값이 skip 매개 변수의 값보다 큰 경우 롤링 버퍼가 발생하는데 아이템을 건너뛰는 대신 이전 배출량에서 건너뛴다.

이해가 잘 되지 않는가? 이 예제를 정리해보자.

```kotlin
fun main(args: Array<String>) {
  val flowable = Flowable.range(1,111)
  flowable.buffer(10,15)//(1)
    .subscribe { println("Subscription 1 $it") }
```

```
flowable.buffer(15,7)//(2)
  .subscribe { println("Subscription 2 $it") }
}
```

주석 (1)에서 첫 번째 구독에 count 10, skip 15 버퍼를 사용했다. 주석 (2)의 두 번째 구독에 대해 count 15, skip 8로 사용했다. 출력은 다음과 같다.

첫 번째 구독의 경우 구독당 5개 항목을 건너뛴다(15-10). 그러나 두 번째 경우에는 각 배출에서 8번째 항목 (15-7)부터 반복을 시작한다.

앞에서 보여준 버퍼 연산자로 이해가 잘 되지 않는다면 buffer 연산자는 시간 기반으로 버퍼링을 할 수 있도록 도와준다고 생각하자. 간단히 말하면, 원천으로부터 아이템을 모아서 일정 시간 간격으로 배출할 수 있다. 흥미롭지 않은가? 조금 더 살펴보자.

```
fun main(args: Array<String>) {
  val flowable = Flowable.interval(100, TimeUnit.MILLISECONDS)//(1)
  flowable.buffer(1,TimeUnit.SECONDS)//(2)
    .subscribe { println(it) }

  runBlocking { delay(5, TimeUnit.SECONDS) }//(3)
}
```

더 잘 이해하기 위해 주석 (1)에서 Flowable.interval을 사용해 플로어블 인스턴스를 생성했다. 주석 (2)에서 오버로드된 buffer (timespan : Long, unit : TimeUnit)를 사용해 연산자가 모든 배출을 잠시 동안 버퍼링하고 목록으로 배출하도록 지시했다.

다음은 출력이다.

```
"C:\Program Files\Java\jdk1.8.0_131\bin\java" ...
[0, 1, 2, 3, 4, 5, 6, 7, 8, 9]
[10, 11, 12, 13, 14, 15, 16, 17, 18, 19]
[20, 21, 22, 23, 24, 25, 26, 27, 28, 29]
[30, 31, 32, 33, 34, 35, 36, 37, 38, 39]
[40, 41, 42, 43, 44, 45, 46, 47, 48, 49]

Process finished with exit code 0
```

출력에서 알 수 있듯이 각 배출에는 10개의 아이템이 포함돼 있다.

Flowable.interval( )이 100밀리초마다 하나씩 배출하고 버퍼가 두 번째 시간 프레임 (1초는 1000밀리초, 즉 100밀리초 간격의 배출은 1초에 10개의 배출을 의미) 내에서 배출을 수집하기 때문이다.

버퍼 연산자의 또 다른 흥미로운 특징은 다른 생산자를 경계로 취할 수 있다는 것이다. 즉, 버퍼 연산자는 인접해 있는 생산자의 사이에서 모든 배출물을 모으고 각 생산자의 리스트로 배출한다.

다음은 예제다.

```kotlin
fun main(args: Array<String>) {
  val boundaryFlowable = Flowable.interval(350, TimeUnit.MILLISECONDS)

  val flowable = Flowable.interval(100, TimeUnit.MILLISECONDS)//(1)
  flowable.buffer(boundaryFlowable)//(2)
    .subscribe { println(it) }
```

```
    runBlocking { delay(5, TimeUnit.SECONDS) }//(3)
}
```

다음은 그 결과다.

```
"C:\Program Files\Java\jdk1.8.0_131\bin\java" ...
[0, 1, 2]
[3, 4, 5]
[6, 7, 8, 9]
[10, 11, 12, 13]
[14, 15, 16]
[17, 18, 19]
[20, 21, 22, 23]
[24, 25, 26, 27]
[28, 29, 30]
[31, 32, 33, 34]
[35, 36, 37]
[38, 39, 40, 41]
[42, 43, 44]
[45, 46, 47, 48]

Process finished with exit code 0
```

Buffer 연산자는 boundaryFlowable이 배출할 때마다 수집해서 목록으로 배출한다.

window() 연산자

window( ) 연산자는 아이템을 컬렉션 형태로 버퍼링하는 대신 다른 프로듀서 형태로 버퍼
링한다는 점만 빼면 거의 유사하다.

다음은 예제다.

```
fun main(args: Array<String>) {
  val flowable = Flowable.range(1,111)//(1)
  flowable.window(10)
    .subscribe {
      flo->flo.subscribe {//(2)
        print("$it, ")
      }
      println()
    }
}
```

결과부터 확인하고 작동 방법을 살펴보자.

```
1, 2, 3, 4, 5, 6, 7, 8, 9, 10,
11, 12, 13, 14, 15, 16, 17, 18, 19, 20,
21, 22, 23, 24, 25, 26, 27, 28, 29, 30,
31, 32, 33, 34, 35, 36, 37, 38, 39, 40,
41, 42, 43, 44, 45, 46, 47, 48, 49, 50,
51, 52, 53, 54, 55, 56, 57, 58, 59, 60,
61, 62, 63, 64, 65, 66, 67, 68, 69, 70,
71, 72, 73, 74, 75, 76, 77, 78, 79, 80,
81, 82, 83, 84, 85, 86, 87, 88, 89, 90,
91, 92, 93, 94, 95, 96, 97, 98, 99, 100,
101, 102, 103, 104, 105, 106, 107, 108, 109, 110,
111,
Process finished with exit code 0
```

window 연산자는 새로운 플로어블 인스턴스로 10개의 배출을 버퍼링한다. 이 인스턴스는 flowable.subscribe 람다에서 다시 구독하고 쉼표를 접미사로 덧붙여 인쇄한다.

window 연산자는 버퍼 연산자의 다른 오버로드와 동일한 기능을 가진다.

throttle() 연산자

buffer()와 window() 연산자는 배출을 수집한다. 스로틀 연산자는 배출을 생략한다. 이 내용은 5장에서 더 자세히 논의하겠지만 우선 예제를 살펴보자.

```
fun main(args: Array<String>) {
  val flowable = Flowable.interval(100, TimeUnit.MILLISECONDS)//(1)
  flowable.throttleFirst(200,TimeUnit.MILLISECONDS)//(2)
    .subscribe { println(it) }
  runBlocking { delay(1,TimeUnit.SECONDS) }
}
```

154

결과는 다음과 같다.

```
"C:\Program Files\Java\jdk1.8.0_131\bin\java" ...
0
3
5
7

Process finished with exit code 0
```

throttleFirst는 200밀리초마다 발생하는 첫 번째 배출을 건너뛴다.

throttleLast 및 throttleWithTimeout 연산자도 있다.

요약

4장에서는 백프레셔에 대해 살펴봤다. 백프레셔를 지원하는 방법뿐만 아니라 플로어블과 프로세서도 배웠다. 또한 컨슈머와 프로듀서로부터 백프레셔를 지원하는 방법도 알아봤다.

실시간으로 예제를 작성해보면서 프로듀서를 이해했지만 작업은 비동기로 수행돼야만 한다. 이 내용은 5장에서 집중적으로 살펴볼 것이다. 비동기 데이터 작업에 대해 배우고 이미 사용하고 있는 map 연산자를 자세히 알아본다.

이제 5장, '비동기 데이터 연산자와 변환'으로 넘어가보자.

05

비동기 데이터 연산자와
변환

4장을 통해 프로듀서(옵저버블과 플로어블)와 컨슈머(옵저버와 구독자)에 대해 잘 알게 됐다. 프로듀서와 컨슈머를 배우는 동안 map 메서드를 자주 사용했다. 앞에서 말했듯이 map 메서드는 실제로 Rx 연산자다. RxKotlin에는 여러 연산자가 있다. map 연산자를 처음 사용했을 때부터 메서드처럼 보임에도 왜 연산자라고 불렀는지 궁금했을 것이다. 5장에서는 먼저 RxKotlin 연산자를 정의하고 이 질문에 대답하려고 한다. 그런 다음 사용 가능한 다양한 연산자와 구현 방법을 자세히 살펴본다. 연산자의 도움을 받아 데이터를 효율적으로 쉽게 변환, 집계, 매핑, 그룹화, 필터링한다.

▌ 연산자

처음 프로그래밍을 시작했을 때 연산자에 대해 배웠을 것이다. 연산자는 피연산자에 대해 특정 작업을 수행하고 최종 결과를 반환하는 특수한 문자 혹은 문자열이다. 리액티브에서도 정의는 동일하다. 연산자는 하나 이상의 Observable/Flowable을 피연산자로 사용해 변환하고 결과 Observable/Flowable을 반환한다.

연산자는 선행하는 Observable/Flowable에 대해 컨슈머처럼 작동한다. 배출되는 아이템을 기다리다가 변환한 다음 다운스트림 컨슈머에게 전달한다. 예를 들어 map 연산자를 생각해 보면 업스트림 생산자를 대기하다가 배출된 아이템에 대한 일부 작업을 수행한 다음 수정된 항목을 다운스트림으로 배출한다.

연산자는 비즈니스 로직과 동작을 표현할 수 있도록 도와준다. RxKotlin에는 많은 연산자가 있다. 이 책 전체에서 다양한 유형의 연산자를 포괄적으로 다루는데 결과적으로 상황에 맞춰 어떤 연산자를 사용해야 하는지를 알 수 있다.

애플리케이션에서 비즈니스 로직과 동작을 구현하려면 블로킹 코드를 작성하거나 명령형 프로그래밍과 리액티브 프로그래밍을 혼합하는 대신 연산자를 사용해야 한다. 알고리즘과 프로세스를 순수하게 반응형으로 유지하면 낮은 메모리 사용, 유연한 동시성 및 일회성(disposability)들을 쉽게 얻을 수 있는데 이런 장점은 리액티브 프로그래밍과 명령형 프로그래밍을 섞어서 사용할 경우 효과가 줄어들거나 사라지게 된다.

다음과 같은 연산자가 있다.

- 필터링(filtering/suppressing) 연산자
- 변환Transforming 연산자
- 리듀스Reducing 연산자
- 집합Collection 연산자
- 오류 처리 연산자

- 유틸리티 연산자

자, 이제부터 자세히 살펴보자.

▌ 필터링 연산자

프로듀서로부터 원하는 배출만 받고 나머지는 폐기하고자 하는 경우를 고려해보자. 적절한 배출을 결정하거나 대량으로 제거하기 위한 로직이 존재할 것이다. 필터링(filtering/suppressing) 연산자는 이런 상황에서 도움이 될 것이다.

다음은 필터링 연산자의 간단한 목록이다.

- debounce
- distinct와 distinctUntilChanged
- elementAt
- Filter
- first와 last
- ignoreElements
- skip, skipLast, skipUntil, skipWhile
- take, takeLast, takeUntil, takeWhile

리스트에 포함된 연산자를 자세히 살펴보자.

debounce 연산자

배출량이 급격히 증가하는 상황에서 충분히 시간이 지난 뒤에 마지막 항목을 가져오기를 원한다.

애플리케이션 UI/UX를 개발할 때 종종 그런 상황에 처하게 된다. 예를 들어, 텍스트 입력을 생성하고 사용자가 무언가를 입력할 때 연산을 수행하려고 하지만 모든 키 눌림에 대해서 연산을 원하지 않는 경우다. 사용자가 실제로 원하는 키워드와 일치하는 쿼리를 얻을 수 있을 때까지 입력을 중단하기를 잠시 기다렸다가 다운스트림 연산자에게 전달한다. 디바운스^{debounce} 연산자는 정확히 이런 목적을 위한 연산자다.

간단히 하기 위해 이곳에서는 어떤 플랫폼의 UI/UX 코드도 사용하지 않는다(안드로이드에서 RxKotlin을 구현하는 방법은 뒤에서 사용해본다). 그보다는 `Observable.create` 메서드를 사용해 시뮬레이션을 시도한다(Observable.create 메서드에 대해 잘 모르겠다면 3장으로 이동하자).

다음 코드를 참고하자.

```
fun main(args: Array<String>) {
  createObservable()//(1)
    .debounce(200, TimeUnit.MILLISECONDS)//(2)
    .subscribe {
        println(it)//(3)
    }
}

inline fun createObservable():Observable<String> =
Observable.create<String> {
  it.onNext("R")//(4)
  runBlocking { delay(100) }//(5)
  it.onNext("Re")
  it.onNext("Reac")
  runBlocking { delay(130) }
  it.onNext("Reactiv")
  runBlocking { delay(140) }
  it.onNext("Reactive")
  runBlocking { delay(250) }//(6)
  it.onNext("Reactive P")
  runBlocking { delay(130) }
```

```
    it.onNext("Reactive Pro")
    runBlocking { delay(100) }
    it.onNext("Reactive Progra")
    runBlocking { delay(100) }
    it.onNext("Reactive Programming")
    runBlocking { delay(300) }
    it.onNext("Reactive Programming in")
    runBlocking { delay(100) }
    it.onNext("Reactive Programming in Ko")
    runBlocking { delay(150) }
    it.onNext("Reactive Programming in Kotlin")
    runBlocking { delay(250) }
    it.onComplete()
}
```

위 예제는 Observable 작성을 다른 함수(createObservable())로 위임해서 사용자가 더 잘
이해할 수 있도록 메인 함수를 깨끗하게 유지했다. 주석 (1)에서 createObservable() 함
수를 호출해 Observable 인스턴스를 생성했다.

createObservable() 함수에서는 간격을 두고 차례대로 문자열을 내보내 최종적으로 원
하는 문자열(Reactive Programming in Kotlin)에 도달하는 사용자 UI 동작을 시뮬레이션하
려고 했다. 이상적인 사용자 행동을 흉내내 각 단어가 완성된 후에 더 큰 간격으로 대기
하도록 했다.

주석 (2)에서 debounce() 연산자는 200과 TimeUnit.MILLISECONDS를 매개 변수로 사용해
각 배출 이후 200밀리초 동안 대기하고 있다가 각 간격에서 아무런 배출이 발생하지 않았
을 때만 아이템을 배출하는 다운스트림을 생성한다. 결과는 다음과 같다.

```
"C:\Program Files\Java\jdk1.8.0_131\bin\java" ...
Reactive
Reactive Programming
Reactive Programming in Kotlin

Process finished with exit code 0
```

옵저버블이 적어도 200밀리초 이상이 걸린 배출에 대해서만 옵저버가 배출을 받게 되는데 총 3번에 걸쳐 입력을 받았다.

distinct 연산자: distinct, distinctUntilChanged

distinct 연산자는 아주 간단하다. 업스트림에서 중복 배출을 필터링할 수 있도록 도와주는 연산자인데 다음 예제 코드를 통해 좀 더 이해해보자.

```
fun main(args: Array<String>) {
  listOf(1,2,2,3,4,5,5,5,6,7,8,9,3,10)//(1)
    .toObservable()//(2)
    .distinct()//(3)
    .subscribe { println("Received $it") }//(4)
}
```

주석 (1)에서 많은 중복 값을 포함하는 Int의 목록을 생성했다. 주석 (2)에서 toObservable() 메서드로 해당 리스트에서 옵저버블 인스턴스를 생성했다. 주석 (3)에서 distinct 연산자로 모든 중복 아이템을 걸러 냈다.

결과는 다음과 같다.

```
"C:\Program Files\Java\jdk1.8.0_131\bin\java" ...
Received 1
Received 2
Received 3
Received 4
Received 5
Received 6
Received 7
Received 8
Received 9
Received 10

Process finished with exit code 0
```

distinct 연산자는 뒤이어 발생하는 모든 배출을 기억하고 미래에 동일한 아이템을 걸러낸다.

distinctUntilChange 연산자는 조금 다르다. 모든 중복된 배출을 폐기하는 대신 연속적인 중복 배출만 폐기하고 나머지는 그대로 유지한다. 다음 코드를 참고하자.

```kotlin
fun main(args: Array<String>) {
  listOf(1,2,2,3,4,5,5,5,6,7,8,9,3,10)//(1)
    .toObservable()//(2)
    .distinctUntilChanged()//(3)
    .subscribe { println("Received $it") }//(4)
}
```

결과는 다음과 같다.

```
"C:\Program Files\Java\jdk1.8.0_131\bin\java" ...
Received 1
Received 2
Received 3
Received 4
Received 5
Received 6
Received 7
Received 8
Received 9
Received 3
Received 10

Process finished with exit code 0
```

결과를 자세히 살펴보면 숫자 3은 두 번 인쇄됐는데 두 번째 출력은 9 이후다. distinct 연산자는 onComplete를 받을 때까지 각 아이템을 기억하고 있지만 distinctUntilChanged 연산자는 새로운 아이템을 받기 전까지의 아이템만을 기억한다.

elementAt 연산자

명령형 프로그래밍에는 모든 배열이나 목록의 n번째 요소에 액세스할 수 있는 기능이 있는데 이는 일반적인 요구 사항이다. 이 경우 elementAt 연산자가 큰 도움이 된다. 그것은 프로듀서로부터 n번째 요소를 받아서 단독 배출로 내보낸다.

다음 코드를 살펴보자.

```
fun main(args: Array<String>) {
  val observable = listOf(10,1,2,5,8,6,9)
    .toObservable()

  observable.elementAt(5)//(1)
    .subscribe { println("Received $it") }

  observable.elementAt(50)//(2)
    .subscribe { println("Received $it") }
}
```

더 자세히 살펴보기에 앞서 다음 결과부터 확인하자.

주석 (1)에서 Observable의 다섯 번째 요소를 요청하고 결과를 배출했다(인덱스는 0부터 시작). 그러나 주석 (2)에서 Observable에 존재하지 않는 50번째 요소를 요청했는데 아무것도 배출되지 않았다.

이 연산자는 Maybe 모나드의 도움으로 이 동작을 수행한다. Maybe는 이후 자세히 다룬다.

배출 필터링하기: filter 연산자

filter 연산자는 확실히 가장 많이 사용되는 필터링 연산자다. 이를 통해 사용자 정의 로직으로 배출을 필터링할 수 있다.

다음 코드 스니펫은 필터 연산자의 가장 간단한 구현이다.

```kotlin
fun main(args: Array<String>) {
  Observable.range(1,20)//(1)
    .filter{//(2)
      it%2==0
}
  .subscribe {
    println("Received $it")
  }
}
```

주석 (1)에서 Observable.range() 연산자의 도움으로 옵저버블 인스턴스를 생성했다. 주석 (2)에서 filter 연산자를 사용해 배출에서 홀수를 필터링했다.

결과는 다음과 같다.

```
"C:\Program Files\Java\jdk1.8.0_131\bin\java" ...
Received 2
Received 4
Received 6
Received 8
Received 10
Received 12
Received 14
Received 16
Received 18
Received 20

Process finished with exit code 0
```

first, last 연산자

이 연산자는 첫 번째 또는 마지막 배출만 유지하고 나머지는 폐기한다.

다음 예제를 확인하자.

```kotlin
fun main(args: Array<String>) {
  val observable = Observable.range(1,10)
  observable.first(2)//(1)
    .subscribeBy { item -> println("Received $item") }

  observable.last(2)//(2)
    .subscribeBy { item -> println("Received $item") }

  Observable.empty<Int>().first(2)//(3)
    .subscribeBy { item -> println("Received $item") }
}
```

결과는 다음과 같다.

주석 (1)에서는 defaultValue 매개 변수가 2로 설정된 first 연산자를 사용하는데, 첫 번째 요소에 액세스할 수 없는 경우 defaultValue 매개 변수를 배출한다. 주석 (2)에서는 last 연산자를 사용했다. 주석 (3)에서는 first 연산자를 빈 옵저버블에 다시 사용했다. 따라서 첫 번째 요소 대신 defaultValue를 배출한다.

ignoreElements 연산자

때로는 프로듀서의 onComplete에만 관심이 있을 수도 있다. 그럴 경우에 ignoreElements 연산자를 사용할 수 있다. 다음 코드를 참고하자.

```kotlin
fun main(args: Array<String>) {
  val observable = Observable.range(1,10)
  observable
    .ignoreElements()
    .subscribe { println("Completed") }//(1)
}
```

```
"C:\Program Files\Java\jdk1.8.0_131\bin\java" ...
Completed

Process finished with exit code 0
```

ignoreElements 연산자는 onComplete 이벤트만 존재하는 Completable 모나드를 반환한다.

skip과 take 연산자는 6장에서 조건부 연산자에 대해 논의할 때 알아볼 것이다.

▌ 변환 연산자

이름에서 알 수 있듯이 변환 연산자는 프로듀서가 배출한 아이템을 변형하도록 도와준다. 다음은 변환 연산자의 간단한 목록이다.

- map
- flatMap, concatMap, flatMapIterable
- switchMap

- switchIfEmpty

- scan

- groupBy

- startWith

- defaultIfEmpty

- sorted

- buffer

- window

- cast

- delay

- repeat

map 연산자

map 연산자는 배출된 각 아이템에 주어진 작업(람다)을 수행하고 이를 다운스트림으로 내보낸다. map 연산자를 사용하는 것을 이미 봤다. 주어진 Observable<T> 또는 Flowable<T>에 대해 map 연산자는 제공된 Function<T, R> 람다를 적용해 타입 T로 배출된 아이템을 타입 R의 배출로 변환한다.

이제 map 연산자를 사용해 다른 예제를 살펴보자.

```
fun main(args: Array<String>) {
  val observable = listOf(10,9,8,7,6,5,4,3,2,1).toObservable()
  observable.map {//(1)
    number-> "Transforming Int to String $number"
  }.subscribe {
    item-> println("Received $item")
  }
}
```

주석 (1)에서 map 연산자를 사용했는데 Int 타입의 배출 아이템을 String 타입의 배출로 변환한다. 결과물은 명확하지만 다음 화면을 살펴보자.

```
"C:\Program Files\Java\jdk1.8.0_131\bin\java" ...
Received Transforming Int to String 10
Received Transforming Int to String 9
Received Transforming Int to String 8
Received Transforming Int to String 7
Received Transforming Int to String 6
Received Transforming Int to String 5
Received Transforming Int to String 4
Received Transforming Int to String 3
Received Transforming Int to String 2
Received Transforming Int to String 1

Process finished with exit code 0
```

배출 캐스팅: cast 연산자

Observable에서 데이터를 캐스팅하려는 경우를 가정해보자. 배출을 캐스팅하기 위해 람다를 사용하는 것은 좋은 생각처럼 보이지 않는다. 이 시나리오에서 cat 연산자가 도움이 된다. 한번 살펴보자.

```kotlin
fun main(args: Array<String>) {
  val list = listOf<MyItemInherit>(
    MyItemInherit(1),
    MyItemInherit(2),
    MyItemInherit(3),
    MyItemInherit(4),
    MyItemInherit(5),
    MyItemInherit(6),
    MyItemInherit(7),
    MyItemInherit(8),
    MyItemInherit(9),
```

```kotlin
      MyItemInherit(10)
    )//(1)

    list.toObservable()//(2)
      .map { it as MyItem }//(3)
      .subscribe {
        println(it)
    }
      println("cast")

      list.toObservable()
        .cast(MyItem::class.java)//(4)
        .subscribe {
          println(it)
        }
    }

    open class MyItem(val id:Int) {//(5)
    override fun toString(): String {
      return "[MyItem $id]"
    }
}

class MyItemInherit(id:Int):MyItem(id) {//(6)
  override fun toString(): String {
    return "[MyItemInherit $id]"
  }
}
```

예제의 주석 (5)와 주석 (6)에서 각각 MyItem와 MyItemInherit 두 가지 클래스를 정의했다.
이 두 클래스를 사용해 캐스팅 연산자의 사용법을 보여준다. 주석 (1)에서 MyItemInherit
의 리스트를 생성했다. 이 예제에서는 먼저 map 연산자를 사용해 캐스팅을 시도한 다음
cast 연산자를 사용해 동일한 작업을 수행한다. 주석 (2)에서 리스트를 옵저버블로 생성
하고 주석 (3)에서 map 연산자에 배출을 MyItemInherit으로 캐스팅하는 람다를 전달했다.

주석 (4)에 대해서도 동일한 작업을 하지만 cast 연산자를 사용한다. 코드의 단순함 측면을 고려해보면 cast 연산자 쪽이 훨씬 깨끗하고 단순해 보인다.

flatMap 연산자

map 연산자는 각 배출을 가져 와서 변환하지만 flatMap 연산자는 새로운 프로듀서를 만들고 원천 프로듀서에 전달한 함수를 각 배출에 적용한다. 다음 예제를 살펴보자.

```kotlin
fun main(args: Array<String>) {
  val observable = listOf(10,9,8,7,6,5,4,3,2,1).toObservable()
  observable.flatMap {
    number-> Observable.just("Transforming Int to String $number")
  }.subscribe {
    item-> println("Received $item")
  }
}
```

결과는 다음과 같다.

```
"C:\Program Files\Java\jdk1.8.0_131\bin\java" ...
Received Transforming Int to String 10
Received Transforming Int to String 9
Received Transforming Int to String 8
Received Transforming Int to String 7
Received Transforming Int to String 6
Received Transforming Int to String 5
Received Transforming Int to String 4
Received Transforming Int to String 3
Received Transforming Int to String 2
Received Transforming Int to String 1

Process finished with exit code 0
```

출력은 이전과 비슷하지만 적용된 로직에는 차이가 있다. 단순히 문자열이 아니라 문자열 형태의 옵저버블을 반환한다. 이 예제에서는 장점이 잘 보이지 않겠지만 단일 배출에서 여러 아이템을 가져와야 하는 경우를 생각해보자. 다음 예제는 각 배출마다 여러 아이템을 생성하는 경우다.

```kotlin
fun main(args: Array<String>) {
  val observable = listOf(10,9,8,7,6,5,4,3,2,1).toObservable()
  observable.flatMap {
    number->
    Observable.create<String> {//(1)
      it.onNext("The Number $number")
      it.onNext("number/2 ${number/2}")
      it.onNext("number%2 ${number%2}")
      it.onComplete()//(2)
    }
  }.subscribeBy (
    onNext = {
      item-> println("Received $item")
    },
    onComplete = {
      println("Complete")
    }
  )
}
```

결과부터 확인하고 작동 방법을 살펴보자.

```
"C:\Program Files\Java\jdk1.8.0_131\bin\java" ...
Received The Number 10
Received number/2 5
Received number%2 0
Received The Number 9
Received number/2 4
Received number%2 1
Received The Number 8
Received number/2 4
Received number%2 0
Received The Number 7
Received number/2 3
Received number%2 1
Received The Number 6
Received number/2 3
Received number%2 0
Received The Number 5
Received number/2 2
Received number%2 1
Received The Number 4
Received number/2 2
Received number%2 0
Received The Number 3
Received number/2 1
Received number%2 1
Received The Number 2
Received number/2 1
Received number%2 0
Received The Number 1
Received number/2 0
Received number%2 1
Complete

Process finished with exit code 0
```

예제에서는 flatMap 연산자 안에 Observable이라는 새 인스턴스를 생성했다. 이 인스턴스는 세개의 문자열을 배출한다. 주석 (1)에서 Observable.create 연산자로 Observable 인스턴스를 생성했다. 주석 (2)의 Observable.create 연산자에서 3개의 문자열을 배출하는데 그 후에 onComplete 알림을 보낸다.

그러나 출력을 살펴보자. onComplete 알림을 보내기 전에 모든 항목을 배출한다. 그 이유는 모든 옵저버블이 함께 결합된 후 다운스트림으로 가입했기 때문이다. flatMap 연산자는 내부적으로 merge 연산자를 사용해 여러 옵저버블을 결합한다.

concatMap은 merge 연산자 대신 concat 연산자를 사용해 두 개의 Observable/Flowables를 결합하는 동일한 연산을 수행한다.

다음 장에서는 merge, concat, 그 외 결합 연산자에 대해 자세히 설명한다.

6장에서 병합과 연결 프로듀서에 대해 알아본 뒤 flatMap과 concatMap, switchMap, flatMapIterable에 대해 배울 것이다.

defaultIfEmpty 연산자

연산자를 필터링하거나 복잡한 요구 사항을 다루는 동안 빈 프로듀서가 나타날 수 있다 (다음 코드 블록 참고).

```kotlin
fun main(args: Array<String>) {
  Observable.range(0,10)//(1)
    .filter{it>15}//(2)
    .subscribe({
      println("Received $it")
  })
}
```

여기서, 주석 (1)에서 Observable을 0에서 10 사이의 수로 생성한다. 그러나 주석 (2)에서 배출을 15 이상으로 필터링한다. 그래서 예제는 결과적으로 빈 옵저버블을 반환한다.

defaultIfEmpty 연산자는 이런 상황을 처리하는 데 도움이 된다. defaultIfEmpty를 사용한 앞의 예제는 다음과 같다.

```
fun main(args: Array<String>) {
  Observable.range(0,10)//(1)
    .filter{it>15}//(2)
    .defaultIfEmpty(15)//(3)
    .subscribe({
      println("Received $it")
    })
}
```

이는 동일한 프로그램이지만 주석 (3)에서 defaultIfEmpty 연산자를 추가했다. 출력은 다음 화면과 같다.

```
"C:\Program Files\Java\jdk1.8.0_131\bin\java" ...
Received 15

Process finished with exit code 0
```

결과를 보면 Observable이 10보다 큰 수는 포함하지 않기 때문에 defaultIfEmpty는 필터링 후 비어 있는 옵저버블에 15를 더한다.

switchIfEmpty 연산자

switchIfEmpty 연산자는 defaultIfEmpty 연산자와 유사하다. 유일한 차이점은 defaultIfEmpty 연산자의 경우 빈 프로듀서에 배출을 추가하지만 switchIfEmpty 연산자는 원천 프로듀서가 비어 있을 경우 대체 프로듀서로부터 배출한다는 것이다.

아이템을 전달해야 하는 defaultIfEmpty 연산자와 달리 switchIfEmpty 연산자는 대체 프로듀서를 전달해야 한다. 원천 프로듀서가 비어 있으면 대체 프로듀서로부터 배출을 시작한다. 다음은 그 예제다.

```kotlin
fun main(args: Array<String>) {
  Observable.range(0,10)//(1)
    .filter{it>15}//(2)
    .switchIfEmpty(Observable.range(11,10))//(3)
    .subscribe({
      println("Received $it")
    })
}
```

이전 예제와 동일하지만 주석 (3)에서 defaultIfEmpty 대신 대체 Observable과 함께 switchIfEmpty를 사용했다. 다음 출력은 배출이 switchIfEmpty 연산자로 전달된 대체 Observable에서 취해진 것을 보여준다.

startWith 연산자

startWith 연산자는 간단하다. 프로듀서의 기존 아이템의 맨 위에 다른 아이템을 추가한다. 어떻게 작동하는지 살펴보자.

```kotlin
fun main(args: Array<String>) {
  Observable.range(0,10)//(1)
```

```
    .startWith(-1)//(2)
    .subscribe({
      println("Received $it")
    })
    listOf("C","C++","Java","Kotlin","Scala","Groovy")//(3)
      .toObservable()
      .startWith("Programming Languages")//(4)
      .subscribe({
        println("Received $it")
      })
}
```

결과는 다음과 같다.

```
"C:\Program Files\Java\jdk1.8.0_131\bin\java" ...
Received -1
Received 0
Received 1
Received 2
Received 3
Received 4
Received 5
Received 6
Received 7
Received 8
Received 9
Received Programming Languages
Received C
Received C++
Received Java
Received Kotlin
Received Scala
Received Groovy

Process finished with exit code 0
```

결과에서 확인할 수 있듯이, 주석 (2)와 (4)의 startWith 연산자는 기존 배출 리스트에 접
두사를 추가했다.

정렬 연산자: sorted 연산자

배출을 정렬하고 싶은 경우가 sorted 연산자를 사용한다. 정렬 연산자는 원천 프로듀서로 부터 모든 배출을 내부적으로 수집한 후 정렬해서 다시 배출한다.

다음 예제 코드를 통해 좀 더 이해해보자.

```kotlin
fun main(args: Array<String>) {
  println("default with integer")
  listOf(2,6,7,1,3,4,5,8,10,9)
    .toObservable()
    .sorted()//(1)
    .subscribe { println("Received $it") }

  println("default with String")
  listOf("alpha","gamma","beta","theta")
    .toObservable()
    .sorted()//(2)
    .subscribe { println("Received $it") }

  println("custom sortFunction with integer")
  listOf(2,6,7,1,3,4,5,8,10,9)
    .toObservable()
    .sorted { item1, item2 -> if(item1>item2) -1 else 1 }//(3)
    .subscribe { println("Received $it") }

  println("custom sortFunction with custom class-object")
  listOf(MyItem1(2),MyItem1(6),
    MyItem1(7),MyItem1(1),MyItem1(3),
    MyItem1(4),MyItem1(5),MyItem1(8),
    MyItem1(10),MyItem1(9))
    .toObservable()
    .sorted { item1, item2 ->
    if(item1.item<item2.item) -1 else 1 }//(4)
    .subscribe { println("Received $it") }
  }
```

```
data class MyItem1(val item:Int)
```

결과부터 확인하고 예제를 좀 더 살펴보자.

```
"C:\Program Files\Java\jdk1.8.0_131\bin\java" ...
default with integer
Received 1
Received 2
Received 3
Received 4
Received 5
Received 6
Received 7
Received 8
Received 9
Received 10
default with String
Received alpha
Received beta
Received gamma
Received theta
custom sortFunction with integer
Received 10
Received 9
Received 8
Received 7
Received 6
Received 5
Received 4
Received 3
Received 2
Received 1
custom sortFunction with custom class-object
Received MyItem1(item=1)
Received MyItem1(item=2)
Received MyItem1(item=3)
Received MyItem1(item=4)
Received MyItem1(item=5)
Received MyItem1(item=6)
Received MyItem1(item=7)
Received MyItem1(item=8)
Received MyItem1(item=9)
Received MyItem1(item=10)

Process finished with exit code 0
```

이제 예제를 자세히 살펴보자. 이미 알고 있듯이 sorted 연산자는 배출을 정렬하는 데 사용한다. 정렬하기 위해선 비교가 필요한데 sorted 연산자는 Comparable 인스턴스를 사용해 배출된 아이템을 비교하고 각각을 정렬한다. 이 연산자에는 두 개의 오버로드가 있다. 오버로드 한 개에는 매개 변수가 없는데 프로듀서(여기서는 옵저버블) 유형이 Comparable을 구현하고 compareTo 함수를 호출한다고 가정한다. compareTo 호출이 실패하면 오류가 발생한다. 나머지 오버로드는 비교를 위한 메서드(람다)을 입력받는다. 주석 (1)과 (2)에서 기본 sorted 연산자를 사용했다. 즉, 배출된 아이템 인스턴스에서 compareTo 함수를 호출하고 데이터 유형이 Comparable을 구현하지 않았다면 오류가 발생한다.

주석 (3)에서는 사용자 정의 sortFunction을 사용해 정수를 내림차순으로 정렬했다.

주석 (4)에서 옵저버블 형식의 MyItem1을 사용했는데 Comparable을 구현하지 않으므로 sortFunction 람다를 인자로 전달했다.

 주의: 앞에서 설명했듯이 sorted 연산자는 모든 배출을 수집한 다음 정렬된 순서로 배출하기 전에 정렬을 수행한다. 따라서 이 연산자를 사용하면 성능에 심각한 영향을 줄 수 있다. 또한 규모가 큰 프로듀서와 함께 사용하면 OutOfMemory 오류가 발생할 수 있다. 따라서 sorted 연산자를 신중하게 사용하거나 필수적으로 요구하지 않는 한 사용을 삼가도록 하자.

데이터 모으기: scan 연산자

스캔(scan) 연산자는 롤링 애그리게이터Aggregator다. 이전 배출에서 증분의 누적 아이템을 배출한다.

좀 더 자세히 알아보기 전에 다음 예제부터 살펴보자.

```
fun main(args: Array<String>) {
  Observable.range(1,10)
```

```
    .scan { previousAccumulation, newEmission ->
     previousAccumulation+newEmission }//(1)
    .subscribe { println("Received $it") }

  listOf("String 1","String 2", "String 3", "String 4")
     .toObservable()
     .scan{ previousAccumulation, newEmission ->
      previousAccumulation+" "+newEmission }//(2)
     .subscribe { println("Received $it") }
  Observable.range(1,5)
   .scan { previousAccumulation, newEmission ->
    previousAccumulation*10+newEmission }//(3)
     .subscribe { println("Received $it") }
}
```

결과는 다음과 같다.

```
"C:\Program Files\Java\jdk1.8.0_131\bin\java" ...
Received 1
Received 3
Received 6
Received 10
Received 15
Received 21
Received 28
Received 36
Received 45
Received 55
Received String 1
Received String 1 String 2
Received String 1 String 2 String 3
Received String 1 String 2 String 3 String 4
Received 1
Received 12
Received 123
Received 1234
Received 12345

Process finished with exit code 0
```

예제에서는 스캔 연산자로 세 가지 유형의 연산을 구현했다. 이에 대해 자세히 설명하겠지만 먼저 스캔 연산자 자체를 이해해보자. 스캔 연산자는 인자를 가지는 람다가 필요하다. 첫 번째 매개 변수는 모든 이전 배출량을 집계한 결과이고, 두 번째 매개 변수는 현재 배출이다.

다음 그림을 보면 이해에 도움이 될 것이다.

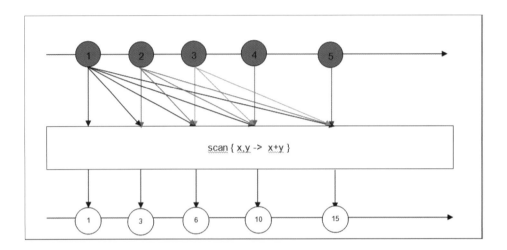

그래프에서 볼 수 있듯이 스캔 연산자는 제공된 누적 함수를 기반으로 현재 배출 아이템과 모든 이전 배출 아이템을 모은다.

그래서 위 그림에서 설명된 대로 주석 (1)에서는 scan 연산자를 볼 수 있는데 그때까지 출력된 모든 정수의 합을 구하기 위해 사용했다. 주석 (2)에서 문자열의 옵저버블을 사용했고 연결된 문자열을 얻을 수 있었다.

주석 (3)에서는 scan 연산자를 사용해 이전 누적 값에 10을 곱하고 현재 배출 값을 더해서 정수를 연결했다.

한 가지 주의해야 할 점은 동일한 데이터 타입을 반환하는 한 합계뿐만 아니라 거의 모든 작업에 대해 스캔 연산자를 사용할 수 있다는 것이다.

축소 연산자

애플리케이션을 개발하는 동안 배출을 축적하고 통합해야 하는 상황에 직면할 수 있다. 이런 요구 사항에 따르는 거의 모든 연산자는 일반적으로 유한한 데이터 집합만 통합할 수 있으므로 onComplete( )를 호출하는 유한한 프로듀서(옵저버블/플로어블)에서만 작동한다.

관련 연산자들을 다룰 때 이 특징에 대해 알아볼 것이다.

다음은 이 장에서 다루는 축소 연산자 목록이다.

- count
- reduce
- all
- any
- contains

배출량 계산: count 연산자

count 연산자는 프로듀서를 구독하고 배출량을 계산하며 프로듀서의 배출량을 담고 있는 Single 객체를 배출한다.

예제는 다음과 같다.

```kotlin
fun main(args: Array<String>) {
  listOf(1,5,9,7,6,4,3,2,4,6,9).toObservable()
  .count()
  .subscribeBy { println("count $it") }
}
```

결과는 다음과 같다.

```
"C:\Program Files\Java\jdk1.8.0_131\bin\java" ...
count 11

Process finished with exit code 0
```

출력에서 볼 수 있듯이 카운트 연산자는 프로듀서 배출을 계산하고 onComplete 알림을 받으면 배출량을 내보낸다.

배출 누적: reduce 연산자

reduce는 완벽한 누적 연산자다. 프로듀서의가 모든 배출을 누적해서 onComplete 알림을 받으면 그것들을 내보낸다. 다음은 예제다.

```kotlin
fun main(args: Array<String>) {
  Observable.range(1,10)
  .reduce { previousAccumulation, newEmission ->
  previousAccumulation+newEmission  }
  .subscribeBy { println("accumulation $it") }

  Observable.range(1,5)
  .reduce { previousAccumulation, newEmission ->
  previousAccumulation*10+newEmission   }
  .subscribeBy { println("accumulation $it") }
}
```

결과는 다음과 같다.

```
"C:\Program Files\Java\jdk1.8.0_131\bin\java" ...
accumulation 55
accumulation 12345

Process finished with exit code 0
```

reduce 연산자는 scan 연산자와 비슷하게 작동하지만 한 가지 다른 점이 있다. 스캔은 배출이 발생할 때마다 누적했다가 배출하는 반면 reduce는 모든 배출을 누적하다가 onComplete 알림을 수신했을 때 배출한다.

all과 any 연산자는 프로듀서가 배출을 검증할 수 있도록 돕는다. 이 내용은 6장에서 알아본다.

컬렉션 연산자

좋지 않은 습관임에도 RxKotlin은 예외적인 경우를 모두 고려해 컬렉션 연산자를 제공한다. 이것은 모든 배출을 대기하고 있다가 컬렉션 객체로 축적해서 반환한다.

컬렉션 연산자는 기본적으로 축소 연산자의 하위 집합이다.

다음은 가장 중요한 콜렉션 연산자 목록이다.

- toList와 toSortedList
- toMap
- toMultiMap
- collect

이 책의 뒷부분에서 콜렉션 연산자를 자세히 다룬다.

▌ 오류 처리 연산자

onError 이벤트는 3장, '옵저버블과 옵저버와 구독자'에서 살펴봤다. 그러나 onError 이벤
트의 문제점은 오류가 다운스트림인 컨슈머 체인에 배출되고 구독이 즉시 종료된다는 것
이다. 다음 예제를 살펴보자.

```
fun main(args: Array<String>) {
  Observable.just(1,2,3,5,6,7,"Errr",8,9,10)
    .map { it.toIntOrError() }
    .subscribeBy (
        onNext = {
            println("Next $it")
        },
        onError = {
            println("Error $it")
        }
    )
}
```

예제의 결과는 다음 화면과 같다.

```
"C:\Program Files\Java\jdk1.8.0_131\bin\java" ...
Next 1
Next 2
Next 3
Next 5
Next 6
Next 7
Error java.lang.NumberFormatException: For input string: "Errr"

Process finished with exit code 0
```

Errr 문자열이 옵저버블에서 배출되면 map 연산자는 예외를 발생시킨다. onError 핸들러
에서 예외를 처리하고 있지만 Subscription은 더 이상 배출을 받지 못한다.

이는 언제나 바람직한 동작이 아닐 수도 있다. 오류가 발생하지 않은 척하며 계속 진행할 수는 없지만 (이런 행동도 절대 해서는 안 된다) 최소한 대체 원천 프로듀서를 통해 다시 가입하거나 전환할 수 있는 방법이 있어야 한다.

오류 처리 연산자를 사용하면 동일한 결과를 얻을 수 있다. 다음은 오류 처리 연산자 목록이다.

- onErrorResumeNext( )
- onErrorReturn( )
- onExceptionResumeNext( )
- retry( )
- etryWhen( )

에러 처리 연산자는 6장, '연산자 및 오류 처리'에서 자세히 다룬다.

▌유틸리티 연산자

유틸리티 연산자는 배출물에 대한 특정 행동, 각 항목의 타임 스탬프 저장, 캐싱 등과 같은 다양한 유틸리티 작업을 수행하는 데 도움을 준다.

유틸리티 연신자 목록은 다음과 같다.

- doOnNext, doOnComplete, doOnError
- doOnSubscribe, doOnDispose, doOnSuccess
- serialize
- cache

유틸리티 연산자는 6장에서 자세히 다룬다.

요약

5장에서는 연산자와 사용할 수 있는 연산자의 유형에 대해 배웠다. 특히 변환, 필터링, 원천 프로듀서의 배출을 누적하는 데 유용한 연산자에 대해 자세히 배웠다. 에러 처리 연산자의 필요성도 알아봤는데, 자세한 내용은 6장에서 다룬다.

5장과 6장은 서로 많이 연관돼 있다. 5장의 주제를 진행해 나가면서 6장의 내용을 대략적으로 알 수 있었다. 6장에서도 5장에서 배운 내용을 참고한다.

5장에서는 연산자 기본과 그 유형, 배출(또는 데이터)을 필터링, 변환, 축적하는 데 유용한 연산자에 초점을 맞췄다. 6장에서는 Observable/Flowables와 오류 처리를 결합하고 조건부로 사용하기 위해 유용한 연산자를 다룬다.

바로 다음 페이지로 넘어가서 시작하자.

06

연산자 및 오류 처리

5장에서 연산자와 그 사용법에 대해 알아봤다. 연산자를 사용해 복잡한 문제를 쉽게 해결할 수 있는 방법을 배웠다. 연산자와 그 유형을 파악하고 기본 필터링 연산자와 변형 연산자에 대해 자세히 배웠다.

이제는 연산자를 사용해 할 수 있는 더 흥미롭고 진전된 내용을 다룰 차례다. 6장에서는 다음 내용을 다룬다.

- 프로듀서(옵저버블/플로어블) 결합
- 배출 분류하기
- 필터링/억제 연산자
- 오류 처리 연산자
- 실제 HTTP 클라이언트 예제

더 기다릴 이유가 있는가? 프로듀서(옵저버블/플로어블) 인스턴스를 결합해보자.

▌ 프로듀서(옵저버블/플로어블) 결합

애플리케이션을 개발하면서 데이터를 사용하기 앞서 여러 원천의 데이터를 결합하는 일은 일반적이다. 생각해볼 수 있는 상황 중 하나는 오프라인 우선 방식에 따라 오프라인 애플리케이션을 구축하고 HTTP 호출에서 가져온 결과를 로컬 데이터베이스의 데이터와 결합하려는 상황이다.

이제 바로 프로듀서를 결합하도록 해주는 연산자를 살펴보자.

- startWith( )
- merge( ), mergeDelayError( ) concat( )
- zip( )
- combineLatest( )

기본적으로 프로듀서(옵저버블/플로어블)를 결합하는 몇 가지 메커니즘이 있는데 다음과 같다.

- 프로듀서 병합[Merging]
- 프로듀서 이어 붙이기[Concatenating]
- 프로듀서 사이의 임의 결합
- 집핑
- 가장 최근 항목 결합

생산자를 결합하기 위해 앞에서 설명한 모든 기술을 6장에서 논의한다. 이미 알고 있는 연산자부터 시작해보자.

startWith 연산자

5장에서 startWith 연산자에 대해 알아봤지만 여전히 다뤄야 할 것이 많이 남았다. 이 연산자를 사용해 여러 프로듀서를 결합할 수도 있다. 다음 예를 살펴보자.

```
fun main(args: Array<String>) {
  println("startWith Iterator")
  Observable.range(5,10)
    .startWith(listOf(1,2,3,4))//(1)
    .subscribe {
        println("Received $it")
    }
    println("startWith another source Producer")
  Observable.range(5,10)
    .startWith(Observable.just(1,2,3,4))//(2)
    .subscribe {
        println("Received $it")
    }
}
```

다른 원천이 되는 옵저버블이나 Iterator 인스턴스를 전달해 연산자가 구독하기 시작한 원천 옵저버블이 배출하기 전에 추가할 수 있다.

앞의 프로그램에서 주석 (1)에 startWith 연산자를 사용해 Interator 인스턴스를 전달했다. startWith 연산자는 전달된 Iterator 인스턴스를 Observable 인스턴스로 내부 변환한다(Flowable을 사용하는 경우 이를 Flowable 인스턴스로 변환). 다음은 startWith 연산자의 메서드 시그니처다.

```
fun startWith(items: Iterable<T>): Observable<T> {
  return concatArray<T>(fromIterable<out T>(items), this)
}
```

앞에서 설명한 startWith 연산자의 시그니처를 보면 concatArray를 내부적으로 사용한다는 것을 알 수 있다. concatArray는 6장에서 곧 다룬다.

주석 (2)에서 startWith 연산자를 또 다른 원천이 되는 옵저버블과 사용했다.

결과는 다음과 같다.

```
"C:\Program Files\Java\jdk1.8.0_131\bin\java" ...
startWith Iterator
Received 1
Received 2
Received 3
Received 4
Received 5
Received 6
Received 7
Received 8
Received 9
Received 10
Received 11
Received 12
Received 13
Received 14
startWith another source Producer
Received 1
Received 2
Received 3
Received 4
Received 5
Received 6
Received 7
Received 8
Received 9
Received 10
Received 11
Received 12
Received 13
Received 14

Process finished with exit code 0
```

192

startWith 연산자에 대한 이해가 끝났으므로 이제 zip 연산자를 살펴보자. zip 연산자는 생산자를 결합하기 위해 집핑 구현한다.

배출을 집핑하기: zip 연산자

zip 연산자는 꽤 흥미롭다. 여러 개의 옵저버블이나 플로어블을 사용하고 있는 상황에서 각 프로듀서에서 발생하는 배출에 특정 연산을 적용해야 하는 경우를 생각해보자. 이런 상황에서 zip 연산자를 사용하면 목적을 달성할 수 있다. 여러 생산자의 배출을 통합해서 지정된 함수를 거치게 해 새로운 배출물을 생성할 수 있다. 이해를 돕기 위해 다음 그림을 참고하자.

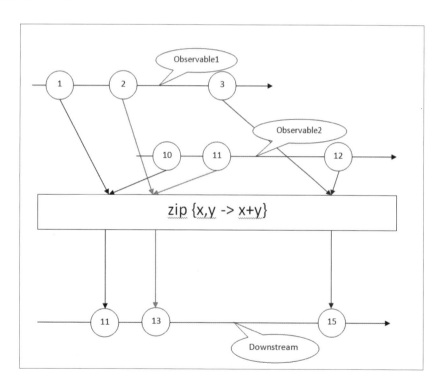

그림에서 알 수 있듯이 zip 연산자는 여러 프로듀서의 배출을 하나의 배출로 누적시킨다.
또한 스캔 또는 리듀스 연산자의 배출에 적용되는 함수를 취하지만 다른 프로듀서의 배출
에도 함수를 적용한다.

 단순화하기 위해 이전의 그림과 다음 예제에서는 Observable을 두 개만 사용했지만 zip
연산자는 최대 9개의 Observables/Flowables를 지원한다.

다음 코드를 살펴자.

```kotlin
fun main(args: Array<String>) {
  val observable1 = Observable.range(1,10)
  val observable2 = Observable.range(11,10)
  Observable.zip(observable1,observable2,
  io.reactivex.functions.BiFunction
  <Int, Int, Int> { emission01, emission02 ->
  emission01+emission02
  }).subscribe {
      println("Received $it")
  }
}
```

zip 연산자는 옵저버블 클래스의 companion object(자바의 정적 메서드에 해당)에 정의돼 있
으므로 다른 인스턴스를 통하지 않고 Observable.zip을 입력해 직접 액세스할 수 있다.
진행하기 앞서 출력을 살펴보자.

```
"C:\Program Files\Java\jdk1.8.0_131\bin\java" ...
Received 12
Received 14
Received 16
Received 18
Received 20
Received 22
Received 24
Received 26
Received 28
Received 30

Process finished with exit code 0
```

zip 연산자를 더 잘 이해하고 사용하려면 다음 사항에 유의하자.

- zip 연산자는 제공된 프로듀서가 배출될 때마다 작동한다. 예를 들어, zip 연산자에 세 개의 프로듀서 x, y, z를 전달했다면 x의 n번째 배출을 y와 z의 n번째 배출로 누적시킨다.

- zip 운영자는 함수를 적용하기 전에 각 프로듀서가 배출할 때까지 대기한다. 예를 들어, zip 연산자의 프로듀서로 Observable.interval을 사용하면 각 배출을 기다렸다가 지정된 간격으로 누적 값을 배출한다.

- 어떤 프로듀서가 기다리는 아이템을 배출하지 않고 onComplete 또는 onError를 알리면 다른 프로듀서의 배출을 포함해 이후 모든 배출을 폐기한다. 예를 들어, 프로듀서 x가 10개의 아이템, 생산자 y가 11개의 아이템 생산자 z가 8개의 아이템을 각각 배출하면 zip 연산자는 모든 프로듀서의 첫 8개의 배출을 누적하고 그 이후의 생산자 x와 y의 나머지 모든 배출을 폐기한다.

zipWith 연산자

zip 연산자의 인스턴스 버전(즉 인스턴스로 호출해야 하는 정적 함수의 복사본)은 zipWith이며 Observable 인스턴스 자체에서 호출할 수 있다. 이 버전의 유일한 문제점은 다른 원천 옵저버블만을 전달할 수 있다는 것이다. 세 가지 이상의 옵저버블 인스턴스와 작업하고 싶다면 zipWith 대신 zip 연산자를 사용하는 것이 좋다.

다음은 예제다.

```
fun main(args: Array<String>) {
  val observable1 = Observable.range(1,10)
  val observable2 = listOf("String 1","String 2","String 3",
  "String 4","String 5","String 6","String 7","String 8",
  "String 9","String 10").toObservable()

  observable1.zipWith(observable2,{e1:Int,e2:String ->
  "$e2 $e1"})//(1)
    .subscribe {
        println("Received $it")
    }
}
```

결과는 다음과 같다.

```
"C:\Program Files\Java\jdk1.8.0_131\bin\java" ...
Received String 1 1
Received String 2 2
Received String 3 3
Received String 4 4
Received String 5 5
Received String 6 6
Received String 7 7
Received String 8 8
Received String 9 9
Received String 10 10

Process finished with exit code 0
```

주석 (1)에서 Observable 인스턴스인 observable1의 zipWith 연산자의 인자로 다른 Observable 인스턴스인 observable2와 람다를 사용해 배출에 적용했다. 결과에서 zipWith 연산자는 제공한 프로듀서와 가입한 프로듀서의 배출을 누적한 것을 볼 수 있다.

combineLatest 연산자

combineLatest 연산자는 제공된 프로듀서의 배출을 누적하는데 zip 연산자와 비슷한 방식으로 동작한다. 두 연산자의 차이점은 새로운 배출을 처리하기 전에 zip 연산자는 원천 생성자 각각이 배출하기를 기다리고, combineLatest 연산자는 원천 프로듀서에서 배출을 받자마자 처리를 시작한다는 것이다.

이 연산자를 더 잘 이해하기 위해 zip, combineLatest 연산자를 모두 사용하는 예제를 살펴보자. 먼저 zip 연산자를 사용한 예제를 살펴보자.

```
fun main(args: Array<String>) {
  val observable1 =
  Observable.interval(100,TimeUnit.MILLISECONDS)//(1)
  val observable2 =
  Observable.interval(250,TimeUnit.MILLISECONDS)//(2)

  Observable.zip(observable1,observable2,
    BiFunction { t1:Long, t2:Long -> "t1: $t1, t2: $t2" })//(3)
    .subscribe{
      println("Received $it")
    }

  runBlocking { delay(1100) }
}
```

결과는 다음과 같다. 예상했던 대로 각각의 배출을 모두 누적해서 출력했다.

```
"C:\Program Files\Java\jdk1.8.0_131\bin\java" ...
Received t1: 0, t2: 0
Received t1: 1, t2: 1
Received t1: 2, t2: 2
Received t1: 3, t2: 3

Process finished with exit code 0
```

예제의 주석 (1)에서는 100밀리초 간격으로 옵저버블을 생성하고, 주석 (2)에서는 250밀리초 간격으로 옵저버블을 또 생성했다. zip 연산 후 총 간격은 350밀리초가 되고 지연 시간은 1,100밀리초이기 때문에 결과에서 3개의 배출을 확인할 수 있다.

이제 combineLatest를 사용해 동일한 코드를 테스트해보자.

```kotlin
fun main(args: Array<String>) {
  val observable1 = Observable.interval(100, TimeUnit.MILLISECONDS)
  val observable2 = Observable.interval(250, TimeUnit.MILLISECONDS)

  Observable.combineLatest(observable1,observable2,
    BiFunction { t1:Long, t2:Long -> "t1: $t1, t2: $t2" })
    .subscribe{
      println("Received $it")
    }

  runBlocking { delay(1100) }
}
```

결과는 다음과 같다.

```
"C:\Program Files\Java\jdk1.8.0_131\bin\java" ...
Received t1: 1, t2: 0
Received t1: 2, t2: 0
Received t1: 3, t2: 0
Received t1: 3, t2: 1
Received t1: 4, t2: 1
Received t1: 5, t2: 1
Received t1: 6, t2: 1
Received t1: 6, t2: 2
Received t1: 7, t2: 2
Received t1: 8, t2: 2
Received t1: 9, t2: 2
Received t1: 9, t2: 3
Received t1: 10, t2: 3
Received t1: 11, t2: 3

Process finished with exit code 0
```

출력 결과에서 알 수 있듯이 combineLatest 연산자는 다른 모든 원천 프로듀서에 대해 마지막으로 생성된 값을 사용해 배출된 값을 즉시 처리하고 출력한다

이제 merge 연산자를 사용해 생성자를 병합해볼 차례다.

옵저버블/플로어블 병합: merge 연산자

집핑 작업으로 배출을 누적할 수 있지만, 모든 원천 프로듀서들의 모든 배출에 가입하고 싶다면 어떻게 해야 할까? 서로 다른 두 개의 프로듀서가 있으며 이들을 구독할 때 적용해야 할 동일한 일련의 작업이 있다고 가정해보자. 명령형 프로그래밍과 리액티브 프로그래밍을 혼합해 동일한 코드로 두 개의 프로듀서를 반복적으로 구독할 수는 없다. 그렇게 구현하면 중복 코드가 발생한다. 그럼, 해결책은 무엇일까? 그렇다, 모든 원천 프로듀서들의 모든 배출을 합쳐서 전부 구독해야 한다.

예제를 살펴보자.

```kotlin
fun main(args: Array<String>) {
  val observable1 = listOf("Kotlin", "Scala",
  "Groovy").toObservable()
  val observable2 = listOf("Python", "Java", "C++",
  "C").toObservable()

  Observable
  .merge(observable1,observable2)//(1)
  .subscribe {
    println("Received $it")
  }
}
```

이 프로그램의 주석 (1)에서 옵저버블 두 개를 병합한 뒤 하나로서 구독한다.

전체적으로. 결과는 다음과 같다.

```
"C:\Program Files\Java\jdk1.8.0_131\bin\java" ...
Received Kotlin
Received Scala
Received Groovy
Received Python
Received Java
Received C++
Received C

Process finished with exit code 0
```

출력에서 알 수 있듯이 병합 연산자는 두 개의 옵저버블을 병합하고 두 Observable의 배출을 순서대로 위치시킨다.

그러나 병합 작업은 지정된 순서를 유지하지 않는다. 오히려 공급된 모든 프로듀서의 배출을 즉시 듣기 시작할 것이고 원천에서에서 배출되는 즉시 전달된다. 이것을 설명하는 예제를 살펴보자.

```kotlin
fun main(args: Array<String>) {
  val observable1 = Observable.interval(500,
  TimeUnit.MILLISECONDS).map { "Observable 1 $it" }//(1)
  val observable2 = Observable.interval(100,
  TimeUnit.MILLISECONDS).map { "Observable 2 $it" }//(2)

  Observable
    .merge(observable1,observable2)
    .subscribe {
      println("Received $it")
    }
    runBlocking { delay(1500) }
}
```

앞의 예의 주석 (1), (2)에서 Observable.interval 연산자로 Observable <Long> 인스턴스를 두 개 만든 다음 Observable 문자열에 번호를 더해서 매핑하고 Observable<String> 인스턴스를 가져왔다. map 연산자의 목적은 옵저버블의 ID를 출력에 삽입해 병합된 출력에서 원천을 쉽게 식별할 수 있게 하는 것이다.

출력은 설명한 대로 다음과 같다.

```
"C:\Program Files\Java\jdk1.8.0_131\bin\java" ...
Received Observable 2 0
Received Observable 2 1
Received Observable 2 2
Received Observable 2 3
Received Observable 1 0
Received Observable 2 4
Received Observable 2 5
Received Observable 2 6
Received Observable 2 7
Received Observable 2 8
Received Observable 2 9
Received Observable 1 1
Received Observable 2 10
Received Observable 2 11
Received Observable 2 12
Received Observable 2 13
Received Observable 2 14
Received Observable 1 2

Process finished with exit code 0
```

observable1이 먼저 병합 연산자에 입력됐음에도 불구하고, observable2이 먼저 배출된 것으로 나타났다.

병합 연산자는 최대 네 개의 매개 변수를 지원한다. 대비책으로 mergeArray 연산자도 있는데 옵저버블 타입의 가변인자vararg를 인자로 받아들인다. 다음 예제를 확인하자.

```kotlin
fun main(args: Array<String>) {
  val observable1 = listOf("A", "B", "C").toObservable()
  val observable2 = listOf("D", "E", "F", "G").toObservable()
  val observable3 = listOf("I", "J", "K", "L").toObservable()
  val observable4 = listOf("M", "N", "O", "P").toObservable()
  val observable5 = listOf("Q", "R", "S", "T").toObservable()
  val observable6 = listOf("U", "V", "W", "X").toObservable()
  val observable7 = listOf("Y", "Z").toObservable()
```

```
Observable.mergeArray(observable1, observable2, observable3,
    observable4, observable5, observable6, observable7)
    .subscribe {
        println("Received $it")
    }
}
```

결과는 다음과 같다.

```
"C:\Program Files\Java\jdk1.8.0_131\bin\java" ...
Received A
Received B
Received C
Received D
Received E
Received F
Received G
Received I
Received J
Received K
Received L
Received M
Received N
Received O
Received P
Received Q
Received R
Received S
Received T
Received U
Received V
Received W
Received X
Received Y
Received Z

Process finished with exit code 0
```

zip 연산자와 마찬가지로 병합 연산자도 정적 호출 이외에도 옵저버블의 인스턴스 함수 버전인 mergeWith를 호출할 수 있다. 자, 예제를 확인해보자.

```kotlin
fun main(args: Array<String>) {
  val observable1 = listOf("Kotlin", "Scala",
  "Groovy").toObservable()
  val observable2 = listOf("Python", "Java", "C++",
  "C").toObservable()

    observable1
      .mergeWith(observable2)
      .subscribe {
        println("Received $it")
    }
}
```

이 예제는 매우 간단하다. 옵저버블 인스턴스를 두 개 만들고 observable1 인스턴스에서 호출된 mergeWith 연산자로 observable2를 병합한다.

결과는 다음과 같다.

병합의 사전적 의미는 순서와 관계없이 두 가지를 결합해 새로운 것을 만드는 행위이다. 모든 합병 연산자가 같은 일을 한다. 순서를 유지하려면 하나씩 이어 붙어야 한다.

프로듀서 이어 붙이기(옵저버블/플로어블)

연결^{concatenating} 연산자는 병합 연산자와 거의 동일하지만 연결 연산자는 지정된 순서를 유지한다. 제공된 모든 프로듀서를 한 번에 구독하는 대신 프로듀서를 차례로 구독한다. 이전 구독에서 한 번만 onComplete를 받는다.

이전 예제의 연산자를 concatenate 연산자로 수정하고 결과가 바뀌는 것을 확인하자.

```
fun main(args: Array<String>) {
  val observable1 = Observable.interval(500, TimeUnit.MILLISECONDS)
    .take(2)//(1)
    .map { "Observable 1 $it" }//(2)
  val observable2 = Observable.interval(100,
  TimeUnit.MILLISECONDS).map { "Observable 2 $it" }//(3)

  Observable
    .concat(observable1,observable2)
    .subscribe {
      println("Received $it")
    }

  runBlocking { delay(1500) }
}
```

앞에서 설명했듯이, concat 연산자는 현재 원천 옵저버블에서 onComplete를 수신한 후에만 큐에 존재하는 다음 원천 옵저버블을 구독한다. 또한 Observable.interval로 생성된 옵저버블 인스턴스가 onComplete를 배출하지 않는다는 것을 알고 있다. 오히려 Long.MAX_VALUE에 도달할 때까지 숫자를 계속 출력한다. 따라서 주석 (1)에서 take 연산자를 사용하도록 빠르게 수정했다. 이 연산자는 Observable.interval에서 처음 두 개의 배출을 취한 다음 onComplete 알림을 추가해 concat 연산자가 다음 원천 옵저버블의 값에 접근할 수 있도록 한다.

6장의 '배출 건너뛰거나 취하기' 절에서 take 연산자를 설명하므로 잊지 말고 참고하자.

결과는 다음과 같다.

```
"C:\Program Files\Java\jdk1.8.0_131\bin\java" ...
Received Observable 1 0
Received Observable 1 1
Received Observable 2 0
Received Observable 2 1
Received Observable 2 2
Received Observable 2 3
Received Observable 2 4

Process finished with exit code 0
```

결과를 보면 concat 연산자가 첫 번째 옵저버블로부터 onComplete 알림을 받은 후에만 역시 옵저버블로 제공되는 다음 원천에 구독됐음을 확인할 수 있다.

병합 연산자와 마찬가지로 concat 연산자는 concatArray, concatWith와 같은 변형을 갖고 있으며 병합이 아니라 이어 붙인다는 점 이외에는 거의 동일한 방식으로 동작한다.

프로듀서 임의 결합

프로듀서 간의 임의 조합은 아마도 모든 유형 중에서 가장 이해하기 쉬울 것이다. 두 개의 데이터 소스(두 개의 개별 API 또는 데이터베이스 테이블일 수 있음)에서 데이터를 가져와 먼저 도착하는 것을 사용하고 나머지는 무시하려는 경우를 생각해보자. 명령형 프로그래밍 환경에 있었다면 확인하는 로직을 작성해야 할 것이다. 그러나 RxKotlin을 사용하면 amb 연산자를 사용할 수 있다.

amb 연산자는 Observable(Iterable ⟨Observable⟩ 인스턴스)의 목록을 매개 변수로 사용한다. Iterbale 인스턴스에 있는 모든 옵저버블을 구독하고 첫 번째로 배출한 옵저버블로부터 수신한 아이템을 배출한 뒤 나머지 옵저버블의 결과는 전부 폐기한다.

다음 예제 코드를 통해 좀 더 이해해보자.

```kotlin
fun main(args: Array<String>) {
  val observable1 = Observable.interval(500,
  TimeUnit.MILLISECONDS).map { "Observable 1 $it" }//(1)
  val observable2 = Observable.interval(100,
  TimeUnit.MILLISECONDS).map { "Observable 2 $it" }//(2)

  Observable
    .amb(listOf(observable1,observable2))//(3)
    .subscribe {
        println("Received $it")
    }

    runBlocking { delay(1500) }
}
```

위 예제의 주석 (1)과 (2)에서 500밀리초와 100밀리초 간격으로 두 개의 Observable을 생성했다. 주석 (3)에서 listOf 함수를 사용해 두 옵저버블로부터 List <Observable>을 생성하고 amb 연산자로 전달했다. 결과는 다음과 같다.

```
"C:\Program Files\Java\jdk1.8.0_131\bin\java" ...
Received Observable 2 0
Received Observable 2 1
Received Observable 2 2
Received Observable 2 3
Received Observable 2 4
Received Observable 2 5
Received Observable 2 6
Received Observable 2 7
Received Observable 2 8
Received Observable 2 9
Received Observable 2 10
Received Observable 2 11
Received Observable 2 12
Received Observable 2 13
Received Observable 2 14
Received Observable 2 15

Process finished with exit code 0
```

결과로부터 amb 연산자가 observable2의 배출을 먼저 입력받았기 때문에 observable1의
배출을 무시하고 있는 것을 알 수 있다.

다른 결합 연산자와 마찬가지로 amb에는 ambArray, ambWith와 같은 변형도 있다.

▎ 그룹핑

그룹핑은 RxKotlin이 지원하는 강력한 연산이다. 그룹핑을 사용하면 특정 속성을 기준으
로 배출을 분류할 수 있다. 예를 들어 정수형의 Observable/Flowable이 있는데 짝수와 홀
수에 따라 각각의 비즈니스 로직이 존재해 별도로 처리하려 한다고 가정하자. 그룹화는 이
런 시나리오에서 가장 좋은 솔루션이 될 수 있다.

다음 예를 확인하자.

```kotlin
fun main(args: Array<String>) {
  val observable = Observable.range(1,30)

  observable.groupBy {//(1)
    it%5
  }.blockingSubscribe {//(2)
    println("Key ${it.key} ")
    it.subscribe {//(3)
      println("Received $it")
    }
  }
}
```

위 예제에서는 5로 나눈 나머지를 기준으로 배출량을 그룹화했으므로 기본적으로 5개의 그룹(0에서 4까지)이 존재해야 한다. 주석 (1)에서 groupBy 연산자를 사용해 그룹화를 위해 실행되는 프레디케이트[Predicate]를 전달했다. groupBy 연산자는 프레디케이트의 결과를 통해 배출을 그룹화한다.

주석 (2)에서 blockingSubscribe 연산자를 사용해 새로 생성된 Observable<Grouped Observable <K, T >> 인스턴스에 구독했다. 간단히 subscribe 연산자를 사용할 수도 있지만 콘솔에 출력을 인쇄할 것이기 때문에 subscribe를 사용하면 모든 것이 엉망으로 보일 것이다. subscribe 연산자가 다음 배출 전에 현재 배출에서 주어진 연산을 기다리지 않기 때문이다. 반면에 blockingSubscribe는 새로운 처리를 진행하기 전에 배출에서 처리가 완료될 때까지 프로그램을 대기 상태로 만든다.

groupBy 연산자는 그룹을 포함하는 GroupedObservable을 배출하는 옵저버블을 반환한다. 그래서 blockingSubscribe 안에서는 배출된 GroupedObservable 인스턴스를 구독해야 한다. 주석 (3)에서 배출된 GroupedObservable 인스턴스의 키를 인쇄한 후에도 동일한 작업을 수행했다.

결과는 다음과 같다.

```
"C:\Program Files\Java\jdk1.8.0_131\bin\java" ...
Key 1
Received 1
Received 6
Received 11
Received 16
Received 21
Received 26
Key 2
Received 2
Received 7
Received 12
Received 17
Received 22
Received 27
Key 3
Received 3
Received 8
Received 13
Received 18
Received 23
Received 28
Key 4
Received 4
Received 9
Received 14
Received 19
Received 24 .
Received 29
Key 0
Received 5
Received 10
Received 15
Received 20
Received 25
Received 30

Process finished with exit code 0
```

flatMap, concatMap 세부 사항

5장에서 설명했듯이 이제 flatMap, concatMap 연산자를 자세히 살펴본다. 이제까지 병합, concat 연산자를 자세히 알아봤으며 이들의 차이점을 알고 있다.

flatMap과 concatMap의 차이점부터 알아보고 이상적인 사용 시나리오에 대해서도 알아본다. 또한 더 잘 이해하기 위해 변종도 알아본다.

5장에서 flatMap은 내부적으로 merge 연산자를, concatMap은 concat 연산자를 사용한다고 언급했다. 그러나 정확히 그 두 가지의 차이점은 무엇일까? merge와 concat 연산자의 차이점을 알지만 두 개의 매핑 연산자가 서로 다른 점은 무엇일까? 먼저 예제를 살펴보자. 우선 flatMap을 가진 예제를 보게 될 것이고, concatMap으로 같은 것을 구현해본다.

```kotlin
fun main(args: Array<String>) {
  Observable.range(1,10)
    .flatMap {
      val randDelay = Random().nextInt(10)
      return@flatMap Observable.just(it)
      .delay(randDelay.toLong(),TimeUnit.MILLISECONDS)//(1)
    }
    .blockingSubscribe {
      println("Received $it")
    }
}
```

예제에서는 옵저버블 인스턴스를 생성했다. 그런 다음 delay 연산자와 함께 flatMap 연산자를 사용해 임의의 지연을 배출에 추가했다.

결과는 다음과 같다.

```
"C:\Program Files\Java\jdk1.8.0_131\bin\java" ...
Received 2
Received 5
Received 6
Received 1
Received 4
Received 10
Received 9
Received 8
Received 3
Received 7

Process finished with exit code 0
```

결과에서 다운스트림이 규정된 순서대로 배출을 얻지 못했다는 것을 알 수 있다. 이유가
무엇일까? 추측이 맞다. 그 이유는 바로 merge 연산자가 한 번에 모두 비동기적으로 배출
을 구독하고 다시 배출하기 때문에 순서가 유지되지 않는다.

이제 concatMap 연산자로 코드를 구현해보자.

```
fun main(args: Array<String>) {
  Observable.range(1,10)
    .concatMap {
      val randDelay = Random().nextInt(10)
      return@concatMap Observable.just(it)
    .delay(randDelay.toLong(), TimeUnit.MILLISECONDS)//(1)
    }
    .blockingSubscribe {
      println("Received $it")
    }
  }
```

결과는 다음과 같다.

212

```
"C:\Program Files\Java\jdk1.8.0_131\bin\java" ...
Received 1
Received 2
Received 3
Received 4
Received 5
Received 6
Received 7
Received 8
Received 9
Received 10

Process finished with exit code 0
```

concatMap 연산자는 내부적으로 concat을 사용하기 때문에 규정된 배출 순서를 유지한다.

언제, 어떤 연산자를 사용해야 할까? 다음 실제 사례를 살펴보자. 두 개의 연산자 모두 앱을 개발할 때 적용 가능하다.

flatMap 연산자가 적합한 경우

다음 목록을 살펴보자. flatMap이 가장 적합한 상황을 설명한다.

- 페이지나 액티비티 또는 프레그먼트에서 데이터의 목록을 다룰 때 해당 목록의 아이템별로 데이터베이스나 서버에 전송하고 싶을 경우 적합하다. concatMap도 사용 가능하지만 flatMap 연산자는 비동기적으로 동작하기 때문에 순서가 중요하지 않은 경우 빠르게 작동할 것이다.
- 목록의 아이템 대한 작업을 비동기적으로 비교적 짧은 기간에 수행하려는 경우에도 적합하다.

concatMap 연산자가 적합한 경우

concatMap은 언제 사용하면 적당할까?

다음은 concatMap이 가장 적합한 상황을 설명한다.

- 사용자에게 표시할 데이터 목록을 다운로드하는데, 이 때는 순서가 매우 중요하다. 세 번째와 네 번째 아이템이 이미 표시된 상황에서 두 번째 항목을 표시하고 싶지는 않을 것이다.
- 정렬된 목록의 순서를 그대로 유지하고 작업하고 싶은 경우 적합하다.

▌ switchMap 연산자 이해

switchMap 연산자는 매우 흥미로운데, 원천 프로듀서(Observable/Flowable)의 모든 배출을 비동기로 대기하지만 정해진 시간 이내의 최신 아이템만 배출한다.

더 자세히 설명하자면 원천 옵저버블이 switchMap에서 이들 중 하나를 내보내기 이전에 하나 이상의 아이템을 연속적으로 배출하면 switchMap은 마지막 항목을 가져와서 그 사이에 들어온 모든 배출을 무시한다. 다음 예제 코드를 통해 좀 더 이해해보자.

```kotlin
fun main(args: Array<String>) {
  println("Without delay")
  Observable.range(1,10)
  .switchMap {
     val randDelay = Random().nextInt(10)
     return@switchMap Observable.just(it)//(1)
}
  .blockingSubscribe {
      println("Received $it")
    }
  println("With delay")
```

214

```
Observable.range(1,10)
.switchMap {
  val randDelay = Random().nextInt(10)
  return@switchMap Observable.just(it)
  .delay(randDelay.toLong(), TimeUnit.MILLISECONDS)//(2)
}
.blockingSubscribe {
  println("Received $it")
}
}
```

결과는 다음과 같다.

```
"C:\Program Files\Java\jdk1.8.0_131\bin\java" ...
Without delay
Received 1
Received 2
Received 3
Received 4
Received 5
Received 6
Received 7
Received 8
Received 9
Received 10
With delay
Received 10

Process finished with exit code 0
```

위 예제에서는 두 가지 접근법을 사용했는데 한쪽에서는 delay 연산자를 사용하고 다른 한쪽에서는 사용하지 않았다. 결과를 보면 두 번째 예제의 경우 switchMap이 배출 이전에 연속적으로 값을 전달받았지만 마지막 아이템만을 배출했음을 알 수 있다. 그러나 첫 번째 경우 추가 배출을 받기 전에 모든 아이템을 다시 내보냈다.

아직도 혼란스러운가? 예제를 조금 더 수정해보자.

```kotlin
fun main(args: Array<String>) {
  Observable.range(1,10)
    .switchMap {
      val randDelay = Random().nextInt(10)
      if(it%3 == 0)
        Observable.just(it)
      else
        Observable.just(it)
        .delay(randDelay.toLong(), TimeUnit.MILLISECONDS)
    }
    .blockingSubscribe {
      println("Received $it")
    }
}
```

위 예제는 3으로 나눌 수 있는 모든 수는 그대로 배출하고 나머지는 지연을 추가했다. 결과는 다음과 같다.

```
"C:\Program Files\Java\jdk1.8.0_131\bin\java" ...
Received 3
Received 6
Received 9
Received 10

Process finished with exit code 0
```

switchMap 연산자는 지연 없이 배출된 숫자들만 다시 배출시킨다. 이유는 간단한데 switchMap 연산자가 다음 아이템을 받기 이전에 그것들을 배출하는 것이 가능했기 때문이다.

▌ 배출 건너뛰거나 취하기

이번 장의 take 연산자를 사용한 예제의 경우처럼 원하는 배출 몇 가지만 취하고 나머지는 건너뛰고 싶을 경우가 있다. skip과 take 연산자는 이런 경우 사용할 수 있는데 사실 앞 장에서 언급한 필터링 연산자의 일부다. 그러나 이 두 가지 연산자는 조금 더 논의가 필요하다.

배출 건너뛰기(skip, skipLast, skipUntil, skipWhile)

특정 조건이 충족된 경우 또는 무조건 선두의 배출 일부를 건너뛰고자 하는 경우가 있다. 배출을 취하기 전에 다른 프로듀서들을 기다리면서 나머지는 모두 건너뛰어야 할 수도 있다.

이 연산자들은 이와 같은 시나리오를 염두에 두고 설계됐다. 그것들은 다양한 방법으로 배출을 건너뛸 수 있도록 도와준다.

RxKotlin은 스킵 연산자의 다양한 변형과 오버로드를 제공하는 데 가장 중요한 몇 가지를 이야기해본다.

- skip
- skipLast
- skipWhile
- skipUntil

skip을 먼저 이야기해보자.

```
fun main(args: Array<String>) {
  val observable1 = Observable.range(1,20)
  observable1
  .skip(5)//(1)
  .subscribe(object:Observer<Int> {
```

```kotlin
        override fun onError(e: Throwable) {
            println("Error $e")
        }

        override fun onComplete() {
            println("Complete")
        }

        override fun onNext(t: Int) {
            println("Received $t")
        }

        override fun onSubscribe(d: Disposable) {
            println("starting skip(count)")
        }
    })
val observable2 = Observable.interval(100,TimeUnit.MILLISECONDS)
observable2
    .skip(400,TimeUnit.MILLISECONDS)//(2)
    .subscribe(
        object:Observer<Long> {
            override fun onError(e: Throwable) {
                println("Error $e")
            }

            override fun onComplete() {
                println("Complete")
            }

            override fun onNext(t: Long) {
                println("Received $t")
            }

            override fun onSubscribe(d: Disposable) {
                println("starting skip(time)")
            }
        }
    )
```

```
runBlocking {
  delay(1000)
  }
}
```

skip 연산자에는 skip (count : Long)과 skip (time : Long, unit : TimeUnit)의 두 가지 중요한 오버로드가 있다. 첫 번째 오버로드는 카운트를 입력받아 n개의 배출량을 무시하는데 두 번째 오버로드는 지정된 시간 동안 발생한 모든 배출을 무시한다.

주석 (1)에서 skip (count) 연산자를 사용해 처음 5개의 배출을 건너뛴다. 주석 (2)에서는 skip (time, unit) 연산자를 사용해 구독의 처음 400밀리초(4초) 동안 발생한 모든 배출을 건너뛴다.

결과는 다음과 같다.

```
"C:\Program Files\Java\jdk1.8.0_131\bin\java" ...
starting skip(count)
Received 6
Received 7
Received 8
Received 9
Received 10
Received 11
Received 12
Received 13
Received 14
Received 15
Received 16
Received 17
Received 18
Received 19
Received 20
Complete
starting skip(time)
Received 4
Received 5
Received 6
Received 7
Received 8
Received 9

Process finished with exit code 0
```

자, 이제 skipLast 연산자의 예제를 살펴보자.

```kotlin
fun main(args: Array<String>) {
  val observable = Observable.range(1,20)
  observable
    .skipLast(5)//(1)
    .subscribe(object: Observer<Int> {
      override fun onError(e: Throwable) {
        println("Error $e")
      }

      override fun onComplete() {
        println("Complete")
        }

      override fun onNext(t: Int) {
        println("Received $t")
      }

      override fun onSubscribe(d: Disposable) {
        println("starting skipLast(count)")
      }
    })
}
```

skipLast 연산자도 skip과 마찬가지로 많은 오버로드가 있다. 차이점은 뒤에서부터 배출을 제거한다는 것 뿐이다. 예제의 주석1에서 skipLast(count) 연산자를 사용해 마지막 5개 배출을 제거한다.

결과는 다음과 같다.

```
"C:\Program Files\Java\jdk1.8.0_131\bin\java" ...
starting skipLast(count)
Received 1
Received 2
Received 3
Received 4
Received 5
Received 6
Received 7
Received 8
Received 9
Received 10
Received 11
Received 12
Received 13
Received 14
Received 15
Complete

Process finished with exit code 0
```

카운트 또는 시간을 기준으로 배출을 건너뛰는 skip, skipLast와는 다르게 skipWhile은 프레디케이트(논리 표현식)를 기반으로 건너뛴다. 필터 연산자와 마찬가지로 프레디케이트를 skipWhile 연산자에 전달한다. 프레디케이트가 참이라고 평가되면 배출을 건너뛰고, 거짓이라고 반환되는 순간부터 모든 배출을 다운스트림으로 전달하기 시작한다. 다음 코드를 살펴보자.

```kotlin
fun main(args: Array<String>) {
  val observable = Observable.range(1,20)
  observable
    .skipWhile {item->item<10}//(1)
    .subscribe(object: Observer<Int> {
      override fun onError(e: Throwable) {
```

```kotlin
      println("Error $e")
    }

    override fun onComplete() {
      println("Complete")
    }

    override fun onNext(t: Int) {
      println("Received $t")
    }

    override fun onSubscribe(d: Disposable) {
        println("starting skipWhile")
    }

  })
}
```

결과는 다음과 같다.

filter 연산자와 달리 skipWhile 연산자는 프레디케이트가 false를 반환하는 이후의 모든 배출을 생략한다. 프레디케이트가 모든 배출을 확인하길 원하면 filter 연산자를 사용하자.

생산자 1과 생산자 2와 동시에 작업하는 상황을 생각해보자. 생산자 2가 배출을 시작하자마자 생산자 1의 배출을 처리하기를 원한다. 이 시나리오에서는 skipUntil을 사용한다. 다음 예제를 보자.

```kotlin
fun main(args: Array<String>) {
  val observable1 = Observable.interval(100, TimeUnit.MILLISECONDS)
  val observable2 =
  Observable.timer(500,TimeUnit.MILLISECONDS)//(1)

  observable1
    .skipUntil(observable2)//(2)
    .subscribe(
      object: Observer<Long> {
        override fun onError(e: Throwable) {
          println("Error $e")
        }

        override fun onComplete() {
          println("Complete")
        }

      override fun onNext(t: Long) {
        println("Received $t")
      }

      override fun onSubscribe(d: Disposable) {
        println("starting skipUntil")
      }
  } )

  runBlocking { delay(1500) }
}
```

코드는 뒤에서 설명한다. 결과부터 확인하자.

```
"C:\Program Files\Java\jdk1.8.0_131\bin\java" ...
starting skipUntil
Received 5
Received 6
Received 7
Received 8
Received 9
Received 10
Received 11
Received 12
Received 13
Received 14

Process finished with exit code 0
```

주석 1에서 500밀리초 뒤에 배출을 시작하는 Observable.timer로 옵저버블 인스턴스 (observable2)를 생성했다. 주석 2에서 skipUntil 연산자의 인자로 옵저버블(observable2) 을 사용했는데 observable2가 배출을 시작하기 전까지 observable1의 모든 배출을 무시 한다.

take 연산자(take, takeLast, takeWhile, takeUntil)

take 연산자는 skip 연산자와 정확히 반대로 동작한다. 하나씩 예제를 살펴보고 어떻게 작동하는지 알아보자.

```
fun main(args: Array<String>) {
  val observable1 = Observable.range(1,20)
  observable1
    .take(5)//(1)
    .subscribe(object:Observer<Int> {
      override fun onError(e: Throwable) {
```

```kotlin
            println("Error $e")
      }

      override fun onComplete() {
        println("Complete")
      }

      override fun onNext(t: Int) {
        println("Received $t")
      }

      override fun onSubscribe(d: Disposable) {
        println("starting take(5)")
      }
})

val observable2 = Observable.interval(100,TimeUnit.MILLISECONDS)
observable2
  .take(400,TimeUnit.MILLISECONDS)//(2)
  .subscribe(
    object:Observer<Long> {
      override fun onError(e: Throwable) {
        println("Error $e")
      }

      override fun onComplete() {
        println("Complete")
      }

      override fun onNext(t: Long) {
       println("Received $t")
      }

      override fun onSubscribe(d: Disposable) {
        "starting take(400mills)"
      }
  }
)
```

```
  runBlocking {
    delay(1000)
  }
}
```

skip을 사용한 예제와 거의 동일하다. 차이점은 skip대신 take를 사용했다는 것 뿐인데 먼저 결과를 살펴보자.

출력을 보면 확실하게 알 수 있다. skip 연산자와 정반대로 take 연산자는 지정된 배출을 다운스트림으로 통과시키고 나머지 배출은 폐기한다. 가장 중요한 점은 지정된 배출을 모두 보내고 나면 onComplete 통지도 전달한다는 것이다.

takeLast 연산자를 시험해보자.

```
fun main(args: Array<String>) {
  val observable = Observable.range(1,20)
  observable
    .takeLast(5)//(1)
    .subscribe(object: Observer<Int> {
```

```kotlin
    override fun onError(e: Throwable) {
        println("Error $e")
    }

    override fun onComplete() {
        println("Complete")
    }

    override fun onNext(t: Int) {
        println("Received $t")
    }

    override fun onSubscribe(d: Disposable) {
        println("starting takeLast(5)")
    }

  })
}
```

결과를 보면 마지막 5개의 배출을 확인할 수 있다.

```
"C:\Program Files\Java\jdk1.8.0_131\bin\java" ...
starting takeLast(5)
Received 16
Received 17
Received 18
Received 19
Received 20
Complete

Process finished with exit code 0
```

takeWhile 연산자를 살펴보자.

```kotlin
fun main(args: Array<String>) {
  val observable = Observable.range(1,20)
  observable
```

```kotlin
        .takeWhile{item -> item < 10}//(1)
        .subscribe(object: Observer<Int> {
          override fun onError(e: Throwable) {
            println("Error $e")
          }

          override fun onComplete() {
            println("Complete")
          }

          override fun onNext(t: Int) {
            println("Received $t")
          }

          override fun onSubscribe(d: Disposable) {
            println("starting takeWhile")
          }
        })
}
```

결과는 skipWhile과 정확히 반대다. skipWhile을 사용했을 때는 10보다 작은 숫자를 건너뛰고 나머지 숫자를 출력했지만, 여기서는 10보다 작은 수를 출력하고 나머지는 버렸다.

▌에러 처리 연산자

애플리케이션을 개발하면서 에러는 언제든지 발생할 수 있다. 사용자 측면에서는 이를 인지하지 못하고 자연스럽게 동작할 수 있도록 에러를 적절히 관리해야 한다. 다음 예제를 살펴보자.

```
fun main(args: Array<String>) {
  Observable.just(1,2,3,4,5)
    .map { it/(3-it) }
    .subscribe {
        println("Received $it")
    }
}
```

결과는 다음과 같다.

예상대로 예제는 에러를 발생시켰는데 사용자가 이런 에러를 마주쳤다면 안타까운 일이 아닐 수 없다. 반응형 방법으로 어떻게 에러를 처리할 수 있는지 알아보자. RxKotlin은 에러를 처리할 수 있는 몇몇 연산자들을 제공하는데 이제 곧 알아볼 것이다. 더 쉽게 이해할 수 있도록 이전 예제를 활용해 다양한 에러 처리 방법을 적용해본다.

onErrorReturn: 에러 발생 시 기본값 반환하기

onErrorReturn은 업스트림에서 에러가 발생했을 때 다운스트림으로 전달할 수 있는 기본값을 지정할 수 있도록 한다. 다운 코드 스니펫을 살펴보자.

```kotlin
fun main(args: Array<String>) {
  Observable.just(1,2,3,4,5)
    .map { it/(3-it) }
    .onErrorReturn { -1 }//(1)
    .subscribe {
        println("Received $it")
    }
}
```

onErrorReturn 연산자를 사용해 에러가 발생했을 때 -1을 반환하도록 하고 있다. 결과는 다음과 같다.

```
"C:\Program Files\Java\jdk1.8.0_131\bin\java" ...
Received 0
Received 2
Received -1

Process finished with exit code 0
```

결과에서 볼 수 있듯이 onErrorReturn 연산자는 지정된 기본값을 반환하고 있다. 업스트림에서 에러가 발생해 아이템 배출을 정지하자 다운스트림은 더이상 어떤 배출도 받지 못하고 있다.

 이전에 언급했듯이 onError와 onComplete는 최종 연산자다. 그렇기 때문에 그중 하나라도 수신하면 다운스트림은 즉시 대기를 중단한다.

▌ onErrorResumeNext 연산자

onErrorResumeNext 연산자는 에러가 발생했을 시에 다른 프로듀서를 구독할 수 있도록
한다.

예제를 살펴보자.

```kotlin
fun main(args: Array<String>) {
  Observable.just(1,2,3,4,5)
    .map { it/(3-it) }
    .onErrorResumeNext(Observable.range(10,5))//(1)
    .subscribe {
      println("Received $it")
    }
}
```

결과는 다음과 같다.

```
"C:\Program Files\Java\jdk1.8.0_131\bin\java" ...
Received 0
Received 2
Received 10
Received 11
Received 12
Received 13
Received 14

Process finished with exit code 0
```

에러 발생 시에 다른 프로듀서를 구독하기 원할 때 이 연산자는 아주 유용하다.

에러 발생 시 재시도하기

retry 연산자는 에러가 발생했을 때 동일한 프로듀서에 연산을 재시도하거나 다시 구독할 수 있도록 해주는 에러 처리 연산자다. 다음 예제를 확인하자.

```kotlin
fun main(args: Array<String>) {
  Observable.just(1,2,3,4,5)
    .map { it/(3-it) }
    .retry(3)//(1)
    .subscribeBy (
        onNext  = {println("Received $it")},
        onError = {println("Error")}
    )
    println("\n With Predicate \n")
    var retryCount = 0
    Observable.just(1,2,3,4,5)
    .map { it/(3-it) }
    .retry {//(2)
        _, _->
        (++retryCount)<3
    }
    .subscribeBy (
        onNext  = {println("Received $it")},
        onError = {println("Error")}
    )
}
```

주석 (1)에서 retry 연산자를 사용해 재시도를 세 번으로 제한하고 주석 (2)에서는 프레디케이트와 함께 retry 연산자를 사용했다. retry 연산자는 프레디케이트가 참을 반환하는 한 계속해서 재시도하고 거짓을 반환하면 바로 다운스트림에 에러를 전달한다.

결과는 다음과 같다.

```
"C:\Program Files\Java\jdk1.8.0_131\bin\java" ...
Received 0
Received 2
Received 0
Received 2
Received 0
Received 2
Received 0
Received 2
Error

  With Predicate

Received 0
Received 2
Received 0
Received 2
Received 0
Received 2
Error

Process finished with exit code 0
```

▌ HTTP 예제

실전에 적용해보지 않으면 배움은 끝난 것이 아니다. 지금까지 리액티브 프로그래밍의 다양한 개념을 배웠다. 이제는 실전에 적용해볼 차례다. API를 사용해 HTTP 요청을 전송하고 결과를 콘솔에 출력해본다.

이번 예제에는 추가 플러그인 RxJava-Apache-HTTP를 사용한다. 빌드 도구로 그레이들을 사용하고 있다면 다음 의존성을 추가하자.

```
//RxJava - Apache - HTTP
compile "com.netflix.rxjava:rxjava-apache-http:0.20.7"
```

다음은 코드다.

```
fun main(args: Array<String>) {
  val httpClient = HttpAsyncClients.createDefault()//(1)
  httpClient.start()//(2)
  ObservableHttp.createGet("http://rivuchk.com/feed/json",
  httpClient).toObservable()//(3)
    .flatMap{ response ->
        response.content.map{ bytes ->
        String(bytes)
    }//(4)
  }
  .onErrorReturn {//(5)
    "Error Parsing data "
  }
  .subscribe {
    println(it)//(6)
    httpClient.close()//(7)
  }
}
```

예제에서는 HttpAsyncClients.createDefault()로 CloseableHttpAsyncClient 인스턴
스를 가져왔다. HTTP 요청을 전달하기 앞서 클라이언트를 시작해야 하는데 주석 (2)에서
httpClient.start()를 사용한다. 주석 (3)에서는 GET 요청을 생성하고 그것을 옵저버
블 타입의 ObservableHttpResponse로 변경했는데, 응답 본문에 접근하기 위해 flatMap
연산자를 사용했다. 주석 (4)의 flatMap 내부에서는 map 연산자를 사용해 byte를 String
타입으로 변경했다.

주석 (5)에서는 onErrorReturn 연산자를 사용해 에러가 발생했을 시에 기본 String을 반
환하도록 했다.

최종적으로 onErrorReturn 연산자 이후에는 구독을 메서드 체인에 추가했는데 주석 (6)
에서 응답을 콘솔에 출력한다. 응답을 처리하고 난 후에는 바로 httpClient를 종료시켜
준다.

234

다음은 결과 화면의 일부다.

```
"items": [
    {
        "id": "http://rivuchk.com/community-gdg-kolkata-kotlinkolkata/gdg-kolkata/gdg-kolkata-august-kotlin-meetup-slide/",
        "url": "http://rivuchk.com/community-gdg-kolkata-kotlinkolkata/gdg-kolkata/gdg-kolkata-august-kotlin-meetup-slide/",
        "title": "GDG-Kolkata August &#8211; Kotlin Meetup Slide",
        "date_published": "2017-08-19T00:00:06+00:00",
        "date_modified": "2017-08-19T05:18:13+00:00",
        "author": {
            "name": "Rivu Chakraborty"
        }
    },
    {
        "id": "http://rivuchk.com/community-gdg-kolkata-kotlinkolkata/google-solve-india-kolkata-notes/",
        "url": "http://rivuchk.com/community-gdg-kolkata-kotlinkolkata/google-solve-india-kolkata-notes/",
        "title": "Google Solve For India &#8211; Kolkata Notes",
        "date_published": "2017-06-04T07:20:14+00:00",
        "date_modified": "2017-06-04T11:38:42+00:00",
        "author": {
            "name": "Rivu Chakraborty"
        }
    },
    {
        "id": "http://rivuchk.com/development/android-runtime-permission-manager/",
        "url": "http://rivuchk.com/development/android-runtime-permission-manager/",
        "title": "Android Runtime Permission Manager",
        "date_published": "2017-04-23T06:19:25+00:00",
        "date_modified": "2017-06-04T11:32:59+00:00",
        "author": {
            "name": "Rivu Chakraborty"
        }
    },
    {
        "id": "http://rivuchk.com/rivu-chakraborty/articles-and-tutorials/",
        "url": "http://rivuchk.com/rivu-chakraborty/articles-and-tutorials/",
        "title": "Articles and Tutorials",
        "date_published": "2016-12-18T18:49:46+00:00",
        "date_modified": "2017-05-20T15:41:06+00:00",
        "author": {
            "name": "Rivu Chakraborty"
        }
    }
]

Process finished with exit code 0
```

▌ 요약

6장은 상대적으로 분량이 많았다. 프로듀서에 대해 더 깊이 있게 알게 됐을 것이다. 결합하는 방법, flatMap, concatMap, switchMap 연산자도 알게 됐다. take와 skip 연산자와 그 변종도 배웠다. 리액티브 프로그래밍에서 에러를 처리하는 방법도 배웠다. HTTP 클라이언트를 사용해 JSON 데이터를 불러오고 콘솔에 출력하는 예제를 통해 실력을 확인해 봤다. JSON 데이터를 직접 파싱하지는 않았는데 이 단계에서는 필요 없는 복잡성만 증가시키기 때문이다. 이 책의 뒷부분에서 JSON을 파싱해 제대로 출력하는 방법을 알아볼 것이다.

5장과 6장에서는 연산자를 주로 다뤘지만 7장, 'RxKotlin의 스케줄러를 사용한 동시성과 병렬 처리'에서는 주로 스케줄러와 병렬 처리, 그리고 멀티 스레드를 다루며 RxKotlin의 비동기 프로그램의 세계로 더 깊이 들어가본다. 이 책을 진행해 가면서 점점 더 고급 주제를 다루는데 각 장에서 더 주의를 집중해 코틀린을 사용한 리액티브 프로그래밍을 제대로 이해할 수 있도록 하자.

07

RxKotlin의 스케줄러를
사용한 동시성과 병렬 처리

지금까지는 리액티브 프로그래밍의 기초를 배웠다. 옵저버블, 옵저버, 서브젝트, 백프레셔, 플로어블, 프로세서, 연산자에 대해 알아봤다. 이제는 리액티브 프로그래밍의 새로운 주제, 즉 가장 중요한 동시성, 병렬 처리를 배워볼 시간이다.

리액티브 프로그래밍에 대한 대중적인 오해는, 리액티브 프로그래밍이 기본적으로 멀티 스레드로 동작한다는 것이다. RxKotlin은 비즈니스 로직과 요구 사항에 따라 멀티 스레드를 쉽게 구현할 수 있는 다양한 연산자를 제공하지만 실제로 RxKotlin은 기본적으로 단일 스레드에서 동작한다.

7장에서 다루는 내용은 다음과 같다.

- 동시성 소개

- subscribeOn( )과 onserveOn( ) 연산자
- 병렬화^{Parallelization}

▎동시성 소개

동시성의 정의는 다음과 같이 설명할 수 있다.

> 프로그래밍 패러다임으로서, 동시 컴퓨팅은 모듈화 프로그래밍의 한 형태다. 즉 전체 계산을
> 작은 단위의 계산으로 분해해 동시적으로 실행할 수 있다.

위키피디아 정의에서 알 수 있듯이 동시성은 전체 작업을 작은 부분으로 나눠 동시에 실행하는 것이다(동시 실행과 병렬 실행 사이에는 약간의 차이점이 있으며 곧 다룬다).

그렇다면 하위 계산을 동시에 수행한다는 것은 무엇을 의미하는가? 실제 사례를 살펴보자. 집에서 새롭게 요리를 하는데 양념을 가져오고, 야채를 자르고, 양념장에 재우는 세 가지 업무가 존재하는 경우를 생각해보자. 혼자서 요리하는 경우 업무를 한 가지씩 해야 하지만 다른 가족이 있는 경우 두 사람이 작업을 분배할 수 있다. 한 사람이 양념을 가져오는 동안 다른 한 사람은 야채를 자를 수 있고, 둘 중에서 일을 먼저 마치는 사람이 남은 업무인 양념장에 재우기를 실행할 수 있다.

당신과 당신을 도운 가족을 두 개의 스레드로 생각할 수 있다. 좀 더 구체적으로 말하면 당신은 전체 업무의 책임자이기 때문에 프로그램의 메인 스레드가 되고, 당신과 워커 스레드가 되는 가족 구성원 간에 작업을 분배한다. 결과적으로 당신과 당신의 가족 구성원은 스레드 풀을 형성한다.

스레드가 더 많이 있고 전체 태스크가 적절하게 나뉜다면 전체 프로그램이 더 빨리 실행된다.

▌ 병렬 실행과 동시성

동시성과 병렬 처리의 개념은 연관돼 있을 뿐만 아니라 서로 깊이 연결돼 있다. 두 가지가 일란성 쌍둥이 형제라고 생각될 수도 있다. 그들은 거의 똑같아 보이지만 차이점이 있다. 찾아보자.

앞의 예제에서 동시성에 대해 논의했지만 병렬로 실행하는 것처럼 보였다. 조금 더 나은 예를 들어 보겠다. 병렬화뿐만 아니라 동시성과의 차이점을 이해하는 데 도움이 될 것이다.

호텔에서 5명의 고객이 15가지 요리를 주문한 상황을 떠올려보자. 15가지 요리는 동일한 작업을 나타내며 각각의 요리는 요리사가 조리해야 한다. 앞의 예제에서와 같이 요리사를 스레드로 생각하자(앞의 예제에서는 당신과 당신의 가족이 집에서 요리사의 역할을 수행했다). 그러나 요리의 하위 단계를 공유하지 않고, 한 번에 한 가지 요리를 만들 것이다(정확히 15개의 주문이 있기 때문에!).

이제 15개 오븐과 자원, 15개의 요리사를 마음대로 쓸 수 있다면 전체 요리를 한 번에 만들 수 있지만 경제적이지 않다. 주문 수에 따라 요리사와 자원을 무한히 늘릴 수는 없다. 더 경제적인 해결책은 5명의 요리사를 고용하고 풀(또는 대기열이라고도 함)을 만들어 주문을 받는 것이다. 그래서 각 요리사는 세 가지 요리(또는 작업의 반복)를 만들어야 한다. 주문이 더 많아지면 풀을 더 늘릴 것이다.

병렬화는 풀에서 작업을 현명하게 나누는 것을 말한다. 각 작업마다 스레드를 만드는 대신 작업 풀을 만들어 기존 스레드를 할당하고 다시 사용할 수 있다.

결론은 동시성은 병렬화를 통해서 이뤄지지만 동일한 것은 아니라는 점이다. 오히려 동시성을 달성할 수 있는 방법에 관한 것이다.

이것이 어째서 중요한 걸까? 애초에 병렬화가 왜 필요한 것일까? 벌써 답을 알고 있는 것 같지만 더 알아보자.

데이터의 양이 대규모이거나 사용자에게 결과를 표시하기 전에 수행할 작업이 오래 걸리는 경우를 생각해보자. 애플리케이션 개발자라면 백그라운드에서 모든 작업을 수행하고 결과 데이터를 포그라운드로 전달해 사용자에게 표시하도록 할 것이다. 동시성은 이와 같은 시나리오에서 유용하다.

앞에서 설명했듯이 RxKotlin은 동시에 작업을 수행하지는 않지만 선택한 작업을 동시에 수행할 수 있는 많은 옵션을 제공한다.

RxKotlin이 실제로 단일 스레드를 기본 설정으로 동작하는지 궁금할 것이다. 그렇다면 구독 연산은 어떻게 처리되는 것일까? 구독이 동시성을 가져야 하나? RxKotlin과 동시 처리에 대해 진행하기 전에 답을 알아보자.

옵저버블 및 플로어블을 구독하면 모든 아이템들을 옵저버 체인이 수신하기 전까지 스레드는 블로킹 상태가 된다(인터벌, 타이머 팩토리 메서드를 사용한 경우는 제외). 놀랍지 않은가? 그러나 이는 실로 다행인데, 왜냐하면 Observable 체인에서 개별 스레드가 각 연산자에게 할당되는 경우(일반적으로 모든 연산자가 Observable 소스에 가입하고 배출 작업을 수행하므로 다음 연산자 현재 배출을 구독한다) 완전히 엉망이 될 것이기 때문이다.

이 시나리오를 해결하기 위해 ReactiveX는 스케줄러, 스케줄링 연산자를 제공한다. 동기화를 거의 자동으로 수행하고 스레드 간 공유 데이터가 없으므로(함수 프로그래밍의 기본 속성, 즉 함수형 리액티브 프로그래밍) 스레드 관리가 손쉬워진다.

이제 동시성의 개념을 이해했으므로 RxKotlin을 사용해 동시성을 구현할 수 있게 됐다.

▎ 스케줄러는 무엇인가

ReactiveX에서 동시성의 핵심은 스케줄러에 있다. 앞에서 설명했듯이 기본적으로 옵저버블과 이에 적용된 연산자 체인은 subscribe가 호출된 동일한 스레드에서 작업을 수행하며, 옵저버가 onComplete 또는 onError 알림을 수신할 때까지 스레드가 차단된다. 스케줄러를 사용하면 이것을 변경할 수 있다.

스케줄러는 스레드 풀로 생각하면 된다. 스케줄러를 사용해 ReactiveX는 스레드풀을 생성하고 스레드를 실행할 수 있다. ReactiveX에서 이것은 기본적으로 멀티 스레딩과 동시성을 추상화한 것으로 동시성 구현을 훨씬 쉽게 만들어준다.

스케줄러의 종류

스레드 풀 관리를 위한 추상화 계층으로서, 스케줄러 API는 미리 구성된 스케줄러를 제공한다. 또한 사용자가 정의하는 스케줄러를 생성할 수 있다. 사용 가능한 스케줄러 종류를 살펴보자.

- Schedulers.io( )
- Schedulers.computation( )
- Schedulers.newThread( )
- Schedulers.single( )
- Schedulers.trampoline( )
- Schedulers.from( )

스케줄러의 정의와 유스 케이스를 알아볼 것이다. 하지만 먼저 코드를 작성해보자.

예제는 스케줄러가 없는 일반적인 코드로 시작한 다음 차이점을 비교하는 코드를 추가한다.

```kotlin
fun main(args: Array<String>) {
  Observable.range(1,10)
    .subscribe {
      runBlocking { delay(200) }
      println("Observable1 Item Received $it")
```

```
    }

    Observable.range(21,10)
        .subscribe {
            runBlocking { delay(100) }
            println("Observable2 Item Received $it")
        }
}
```

예제에서는 Observable을 사용했다. 처리 시간이 오래 걸리는 작업을 흉내내기 위해 구독 내부에서 지연을 사용했다.

다음은 출력된 결과다. 옵저버가 하나씩 차례대로 실행됐다.

이 프로그램의 총 실행 시간은 3,100밀리초인데 실행 중간에 스레드 풀이 유휴 상태였다 (인쇄 전에 지연이 수행됨). 스케줄러를 사용하면 이 시간을 크게 줄일 수 있는데, 한번 시험 해보자.

```kotlin
fun main(args: Array<String>) {
  Observable.range(1, 10)
    .subscribeOn(Schedulers.computation())//(1)
    .subscribe {
      runBlocking { delay(200) }
      println("Observable1 Item Received $it")
    }

  Observable.range(21, 10)
    .subscribeOn(Schedulers.computation())//(2)
    .subscribe {
      runBlocking { delay(100) }
      println("Observable2 Item Received $it")
    }
  runBlocking { delay(2100) }//(3)
}
```

이 프로그램은 이전 예제하고 비교해 새로운 3줄이 포함돼 있다. 주석 (1)과 (2)의 subscribeOn (Schedulers.computation()), 그리고 (3)에서 runBlocking {delay (2100)} 을 발견할 수 있다. 출력을 살펴본 후에 그 해당 줄이 가져온 변화에 대해 이야기한다.

```
"C:\Program Files\Java\jdk1.8.0_131\bin\java" ...
Observable2 Item Received 21
Observable1 Item Received 1
Observable2 Item Received 22
Observable2 Item Received 23
Observable1 Item Received 2
Observable2 Item Received 24
Observable2 Item Received 25
Observable1 Item Received 3
Observable2 Item Received 26
Observable2 Item Received 27
Observable1 Item Received 4
Observable2 Item Received 28
Observable2 Item Received 29
Observable1 Item Received 5
Observable2 Item Received 30
Observable1 Item Received 6
Observable1 Item Received 7
Observable1 Item Received 8
Observable1 Item Received 9
Observable1 Item Received 10

Process finished with exit code 0
```

결과에서 볼 수 있듯이 예제에서 옵저버블은 동시에 배출을 수행한다. 추가된 subscribeOn
(Schedulers.computation()) 코드는 양쪽 다운스트림이 다른 (백그라운드) 스레드에서
Observable을 구독할 수 있도록 해 동시성에 영향을 미쳤다. 주석 (3)에 runBlocking
{delay (2100)}의 사용에는 이미 익숙해졌을 텐데 이를 사용해 프로그램의 실행을 유지
한다. 모든 작업이 다른 스레드에서 수행되므로 프로그램을 활성 상태로 유지하기 위해
메인 스레드를 차단해야 한다. 그러나 예제에서 인자로 넘긴 지연 시간에 주목하자. 2,100
밀리초에 불과하며 출력 결과 두 개의 구독 모두 모든 배출을 처리한다. 이것으로 1,000
밀리초를 절약했다.

다른 스케줄러의 종류와 사용하는 다양한 방법을 알아본다.

244

Schedulers.io(): I/O 연관 스케줄러

Schedulers.io( )는 I/O 관련 스레드를 제공한다. 좀 더 정확하게 말하면 Schedulers.io( )는 I/O 관련 작업을 수행할 수 있는 무제한의 워커 스레드를 생성하는 스레드풀을 제공한다.

그럼 I/O 관련 스레드는 정확한 정의는 무엇인가? 그리고 왜 I/O 관련이라고 부를까? 알아보자.

이 풀의 모든 스레드는 블로킹이고 I/O 작업을 더 많이 수행하도록 작성했기 때문에 계산 집약적인 작업보다 CPU 부하는 적지만 대기 중인 I/O 작업으로 인해 조금 더 오래 걸릴 수 있다. I/O 작업은 파일 시스템, 데이터베이스, 서비스 또는 I/O 장치와의 상호작용을 의미한다.

메모리가 허용하는 무제한의 스레드를 생성해 OutOfMemory 오류를 일으킬 수 있으므로 이 스케줄러를 사용할 때는 주의해야 한다.

Schedulers.computation(): CPU 연관 스케줄러

Schedulers.computation( )은 아마도 프로그래머에게 가장 유용한 스케줄러일 것이다. 이것은 사용 가능한 CPU 코어와 동일한 수의 스레드를 가지는 제한된 스레드풀을 제공한다. 이름에서 알 수 있듯이 이 스케줄러는 CPU를 주로 사용하는 작업을 위한 것이다.

Schedulers.computation( )는 CPU 집중적인 작업에만 사용해야 하며 다른 종류의 작업에 사용해서는 안 된다. 그 이유는 이 스케줄러의 스레드가 CPU 코어를 사용 중인 상태로 유지하는데, I/O 관련이나 계산과 관련되지 않은 작업에 사용되는 경우 전체 애플리케이션의 속도를 저하시킬 수 있기 때문이다.

I/O에 관련된 작업에는 Schedulers.io( )를 사용하고 계산 목적에는 Schedulers.computation( )을 고려해야 하는 주된 이유는 computational( ) 스레드가 프로세서를 더

잘 활용하며 사용 가능한 CPU 코어보다 더 많은 스레드를 생성하지 않고 스레드를 재사용하기 때문이다. Schedulers.io()는 무제한 스레드를 제공하고 있는데 io() 블록에서 10,000개의 계산 작업을 병렬로 예약하는 경우 10,000개의 작업은 각각 자체 스레드를 가지게 되므로 CPU를 놓고 서로 경쟁하게 된다. 이는 컨텍스트 전환 비용을 발생시킨다.

Schedulers.newThread()

Schedulers.newThread()는 제공된 각 작업에 대해 새 스레드를 만드는 스케줄러를 제공한다. 언뜻 보기에는 Schedulers.io()와 비슷하게 보일 수 있지만 실제로 큰 차이가 있다.

Schedulers.io()는 스레드 풀을 사용하고 새로운 작업을 할당받을 때마다 먼저 스레드 풀을 조사해 유휴 스레드가 해당 작업을 실행할 수 있는지 확인한다. 작업을 시작하기 위해 기존의 스레드를 사용할 수 없으면 새로운 스레드를 생성한다.

그러나 Schedulers.newThread()는 스레드 풀을 사용하지 않는다. 대신, 모든 요청에 대해 새로운 스레드를 생성하고 그 사실을 잊어버린다.

대부분의 경우 Schedulers.computation()을 사용하고, 그렇지 않은 경우 Schedulers.io()를 고려해야 하며 Schedulers.newThread()는 사용하지 않는 것이 좋다. 스레드는 매우 비싼 자원이므로 새 스레드를 가능한 많이 만들지 않도록 노력해야 한다.

Schedulers.single()

Schedulers.single()는 하나의 스레드만 포함하는 스케줄러를 제공하고 모든 호출에 대해 단일 인스턴스를 반환한다. 혼란스러운가? 반드시 순차적으로 작업을 실행해야 하는 상황을 생각해보자. Schedulers.single()은 그런 경우에 가장 유용한 옵션이다. 하나의 스레드만 제공하므로 여기에 대기 중인 모든 작업은 순차적으로 실행될 수 있다.

Schedulers.trampoline()

다소 비슷하게 들리겠지만 Schedulers.single( )과 Schedulers.trampoline( ) 두 개의 스케줄러는 모두 순차적으로 실행된다. Schedulers.single( )는 모든 작업이 순차적으로 실행되도록 보장하지만 호출된 스레드와 병렬로 실행될 수 있다(그렇지 않다면 해당 스레드는 Schedulers.single( )에서 발생한 것이다). Schedulers.trampoline( )은 이 부분에서 다르다.

스레드를 원하는 대로 호출하는 Schedulers.single( )과 Schedulers.trampoline( )은 호출된 스레드를 작업 큐에 넣는다.

따라서 호출된 스레드에 이어서 순차적으로 실행된다.

Schedulers.single( ), Schedulers.trampoline( )의 몇 가지 예를 통해 좀 더 살펴보자.

```
fun main(args: Array<String>) {

  async(CommonPool) {
    Observable.range(1, 10)
      .subscribeOn(Schedulers.single())//(1)
      .subscribe {
        runBlocking { delay(200) }
        println("Observable1 Item Received $it")
      }

    Observable.range(21, 10)
      .subscribeOn(Schedulers.single())//(2)
      .subscribe {
        runBlocking { delay(100) }
        println("Observable2 Item Received $it")
      }

    for (i in 1..10) {
      delay(100)
      println("Blocking Thread $i")
    }
  }
}
```

```
  runBlocking { delay(6000) }
}
```

결과는 다음과 같다.

```
"C:\Program Files\Java\jdk1.8.0_131\bin\java" ...
Blocking Thread 1
Observable1 Item Received 1
Blocking Thread 2
Blocking Thread 3
Observable1 Item Received 2
Blocking Thread 4
Blocking Thread 5
Observable1 Item Received 3
Blocking Thread 6
Blocking Thread 7
Observable1 Item Received 4
Blocking Thread 8
Observable1 Item Received 5
Blocking Thread 9
Blocking Thread 10
Observable1 Item Received 6
Observable1 Item Received 7
Observable1 Item Received 8
Observable1 Item Received 9
Observable1 Item Received 10
Observable2 Item Received 21
Observable2 Item Received 22
Observable2 Item Received 23
Observable2 Item Received 24
Observable2 Item Received 25
Observable2 Item Received 26
Observable2 Item Received 27
Observable2 Item Received 28
Observable2 Item Received 29
Observable2 Item Received 30

Process finished with exit code 0
```

결과를 보면 두 개의 구독이 순차적으로 실행되더라도 호출 스레드와 병렬로 실행된다는 사실을 명확하게 보여준다.

이제 Schedulers.trampoline( )을 사용해 동일한 코드를 구현하고 차이점을 확인해보자.

```kotlin
fun main(args: Array<String>) {

    async(CommonPool) {
        Observable.range(1, 10)
            .subscribeOn(Schedulers.trampoline())//(1)
            .subscribe {
                runBlocking { delay(200) }
                println("Observable1 Item Received $it")
            }

        Observable.range(21, 10)
            .subscribeOn(Schedulers.trampoline())//(2)
            .subscribe {
                runBlocking { delay(100) }
                println("Observable2 Item Received $it")
            }

        for (i in 1..10) {
            delay(100)
            println("Blocking Thread $i")
        }
    }

    runBlocking { delay(6000) }
}
```

다음 출력은 스케줄러가 호출 스레드로 순차적으로 실행했음을 보여준다.

```
"C:\Program Files\Java\jdk1.8.0_131\bin\java" ...
Observable1 Item Received 1
Observable1 Item Received 2
Observable1 Item Received 3
Observable1 Item Received 4
Observable1 Item Received 5
Observable1 Item Received 6
Observable1 Item Received 7
Observable1 Item Received 8
Observable1 Item Received 9
Observable1 Item Received 10
Observable2 Item Received 21
Observable2 Item Received 22
Observable2 Item Received 23
Observable2 Item Received 24
Observable2 Item Received 25
Observable2 Item Received 26
Observable2 Item Received 27
Observable2 Item Received 28
Observable2 Item Received 29
Observable2 Item Received 30
Blocking Thread 1
Blocking Thread 2
Blocking Thread 3
Blocking Thread 4
Blocking Thread 5
Blocking Thread 6
Blocking Thread 7
Blocking Thread 8
Blocking Thread 9
Blocking Thread 10

Process finished with exit code 0
```

Schedulers.from

지금까지 RxKotlin에서 사용할 수 있는, 기본으로 미리 정의된 스케줄러들을 살펴봤다. 그러나 애플리케이션을 개발하는 동안 사용자가 정의한 스케줄러를 원할 수도 있다. 이런

250

시나리오를 염두에 두고 ReactiveX는 모든 실행 프로그램을 스케줄러로 변환할 수 있는 Schedulers.from (executor : Executor)을 제공한다.

다음 예제를 살펴보자.

```kotlin
fun main(args: Array<String>) {
  val executor:Executor = Executors.newFixedThreadPool(2)//(1)
  val scheduler:Scheduler = Schedulers.from(executor)//(2)

  Observable.range(1, 10)
    .subscribeOn(scheduler)//(3)
    .subscribe {
      runBlocking { delay(200) }
      println("Observable1 Item Received $it -
      ${Thread.currentThread().name}")
    }

  Observable.range(21, 10)
    .subscribeOn(scheduler)//(4)
    .subscribe {
      runBlocking { delay(100) }
      println("Observable2 Item Received $it -
      ${Thread.currentThread().name}")
    }

  Observable.range(51, 10)
    .subscribeOn(scheduler)//(5)
    .subscribe {
      runBlocking { delay(100) }
      println("Observable3 Item Received $it -
      ${Thread.currentThread().name}")
    }
    runBlocking { delay(10000) }//(6)
}
```

예제에서는 Executor에서 사용자 정의 Scheduler를 만들었다(단순화하기 위해 표준 Thread Pool Executor를 사용했지만 사용자 정의 Executor를 자유롭게 사용할 수 있다).

주석 (1)에서 Executors.newFixedThreadPool( ) 메서드를 사용해 executor를 생성하고 주석 (2)에서 Schedulers.from (executor : Executor)의 도움으로 스케줄러 인스턴스를 생성했다. 주석 (3), (4), (5)에서 스케줄러 인스턴스를 사용했다.

결과는 다음과 같다.

```
"C:\Program Files\Java\jdk1.8.0_131\bin\java" ...
Observable2 Item Received 21 - pool-1-thread-2
Observable1 Item Received 1 - pool-1-thread-1
Observable2 Item Received 22 - pool-1-thread-2
Observable2 Item Received 23 - pool-1-thread-2
Observable1 Item Received 2 - pool-1-thread-1
Observable2 Item Received 24 - pool-1-thread-2
Observable2 Item Received 25 - pool-1-thread-2
Observable1 Item Received 3 - pool-1-thread-1
Observable2 Item Received 26 - pool-1-thread-2
Observable2 Item Received 27 - pool-1-thread-2
Observable1 Item Received 4 - pool-1-thread-1
Observable2 Item Received 28 - pool-1-thread-2
Observable2 Item Received 29 - pool-1-thread-2
Observable1 Item Received 5 - pool-1-thread-1
Observable2 Item Received 30 - pool-1-thread-2
Observable3 Item Received 51 - pool-1-thread-2
Observable1 Item Received 6 - pool-1-thread-1
Observable3 Item Received 52 - pool-1-thread-2
Observable3 Item Received 53 - pool-1-thread-2
Observable1 Item Received 7 - pool-1-thread-1
Observable3 Item Received 54 - pool-1-thread-2
Observable3 Item Received 55 - pool-1-thread-2
Observable1 Item Received 8 - pool-1-thread-1
Observable3 Item Received 56 - pool-1-thread-2
Observable1 Item Received 9 - pool-1-thread-1
Observable3 Item Received 57 - pool-1-thread-2
Observable3 Item Received 58 - pool-1-thread-2
Observable1 Item Received 10 - pool-1-thread-1
Observable3 Item Received 59 - pool-1-thread-2
Observable3 Item Received 60 - pool-1-thread-2

Process finished with exit code 1
```

스케줄러 사용법: subscribeOn, observeOn 연산자

지금까지 스케줄러의 개념, 사용 가능한 스케줄러의 종류, 스케줄러 인스턴스 작성 방법에 대해 알아봤으므로 이번에는 스케줄러의 사용 방법을 알아본다.

기본적으로 스케줄러를 구현하는 데 도움이 되는 두 가지 연산자가 있다. 지금까지는 이 장에서는 스케줄러의 subscribeOn 연산자를 사용했다. 그러나 또 다른 연산자 observeOn 이 있다. 이제 이 두 연산자가 어떻게 작동하는지, 어떻게 다른지 집중적으로 살펴본다.

먼저 subscribeOn 연산자부터 살펴본다.

구독 시 스레드 변경: subscribeOn 연산자

스케줄러 사용 방법을 더 깊이 알아보기 전에 Observable이 어떻게 작동하는지 이해해야 한다. 다음 화면을 살펴보자.

```
"C:\Program Files\Java\jdk1.8.0_131\bin\java" ...
Mapping 1 - main
Received 1 - main
Mapping 2 - main
Received 2 - main
Mapping 3 - main
Received 3 - main
Mapping 4 - main
Received 4 - main
Mapping 5 - main
Received 5 - main
Mapping 6 - main
Received 6 - main
Mapping 7 - main
Received 7 - main
Mapping 8 - main
Received 8 - main
Mapping 9 - main
Received 9 - main
Mapping 10 - main
Received 10 - main

Process finished with exit code 0
```

앞의 그림을 보면 알 수 있겠지만 원천의 아이템을 연산자를 통해 구독자에게 전달하는 책임을 갖고 있는 스레드다. 구독 기간 전체에 걸쳐 단일 스레드일 수도 있고 다른 레벨의 다른 스레드일 수도 있다.

기본적으로 구독을 수행하는 스레드는 달리 지시하지 않는 한 모든 배출을 구독자에게 가져오는 책임을 가진다.

먼저 예제를 살펴보자.

```kotlin
fun main(args: Array<String>) {
  listOf("1","2","3","4","5","6","7","8","9","10")
    .toObservable()
    .map {
      item->
      println("Mapping $item ${Thread.currentThread().name}")
      return@map item.toInt()
    }
    .subscribe {
      item -> println("Received $item
      ${Thread.currentThread().name}")
    }
}
```

간단한 RxKotlin 예제인데 Observable을 생성 후 매핑하고 구독을 수행한다. 유일한 차이점은 map과 subscribe 람다에 스레드 이름을 출력하도록 했다는 것이다.

결과를 살펴보자.

```
"C:\Program Files\Java\jdk1.8.0_131\bin\java" ...
Mapping 1 - RxComputationThreadPool-1
Received 1 - RxComputationThreadPool-1
Mapping 2 - RxComputationThreadPool-1
Received 2 - RxComputationThreadPool-1
Mapping 3 - RxComputationThreadPool-1
Received 3 - RxComputationThreadPool-1
Mapping 4 - RxComputationThreadPool-1
Received 4 - RxComputationThreadPool-1
Mapping 5 - RxComputationThreadPool-1
Received 5 - RxComputationThreadPool-1
Mapping 6 - RxComputationThreadPool-1
Received 6 - RxComputationThreadPool-1
Mapping 7 - RxComputationThreadPool-1
Received 7 - RxComputationThreadPool-1
Mapping 8 - RxComputationThreadPool-1
Received 8 - RxComputationThreadPool-1
Mapping 9 - RxComputationThreadPool-1
Received 9 - RxComputationThreadPool-1
Mapping 10 - RxComputationThreadPool-1
Received 10 - RxComputationThreadPool-1

Process finished with exit code 0
```

출력을 보면 메인 스레드가 전체 구독을 실행하는 것을 확인할 수 있다.

이름에서 알 수 있듯이 subscribeOn 연산자는 구독 스레드를 변경하도록 도와준다. 예제
를 수정하고 살펴보자.

```kotlin
fun main(args: Array<String>) {
  listOf("1","2","3","4","5","6","7","8","9","10")
    .toObservable()
    .map {
      item->
      println("Mapping $item - ${Thread.currentThread().name}")
      return@map item.toInt()
    }
    .subscribeOn(Schedulers.computation())//(1)
```

```
    .subscribe {
      item -> println("Received $item -
      ${Thread.currentThread().name}")
    }

    runBlocking { delay(1000) }
}
```

전체 프로그램은 map과 subscribe 사이의 주석 (1)에서 subscribeOn 연산자를 사용한다는 점을 제외하고는 동일하다. 출력을 확인해보자.

```
"C:\Program Files\Java\jdk1.8.0_131\bin\java" ...
Mapping 1 - RxComputationThreadPool-1
Mapping 2 - RxComputationThreadPool-1
Mapping 3 - RxComputationThreadPool-1
Mapping 4 - RxComputationThreadPool-1
Mapping 5 - RxComputationThreadPool-1
Mapping 6 - RxComputationThreadPool-1
Mapping 7 - RxComputationThreadPool-1
Mapping 8 - RxComputationThreadPool-1
Mapping 9 - RxComputationThreadPool-1
Mapping 10 - RxComputationThreadPool-1
Received 1 - RxCachedThreadScheduler-1
Received 2 - RxCachedThreadScheduler-1
Received 3 - RxCachedThreadScheduler-1
Received 4 - RxCachedThreadScheduler-1
Received 5 - RxCachedThreadScheduler-1
Received 6 - RxCachedThreadScheduler-1
Received 7 - RxCachedThreadScheduler-1
Received 8 - RxCachedThreadScheduler-1
Received 9 - RxCachedThreadScheduler-1
Received 10 - RxCachedThreadScheduler-1

Process finished with exit code 0
```

subscribeOn 연산자는 전체 구독에 대한 스레드를 변경한다. 구독의 흐름 중 원하는 곳 어디에서나 사용할 수 있다. 그것은 전체 스레드를 한 번에 변경한다.

다른 스레드에서 관찰: observeOn 연산자

subscribeOn은 그 자체로 훌륭해 보이지만 어떤 경우에는 적합하지 않을 수 있다. 예를 들어, computation 스레드에서 계산을 수행하고 io 스레드에서는 결과를 표시하도록 할 수 있다. subscribeOn 연산자는 이런 요구 사항을 위해서 동료가 필요하다. 전체 구독에 대해서 스레드를 지정하지만 특정 연산자에 대한 스레드를 지정하려면 도움이 필요하다.

subscribeOn 연산자의 완벽한 동료는 observeOn 연산자다. observeOn 연산자는 그 후에 호출되는 모든 연산자에 스케줄러를 지정한다.

예제를 observeOn으로 수정해 Schedulers.computation()에서 map 연산을 수행하고 Schedulers.io()에서 구독 결과(onNext)를 받는다.

```kotlin
fun main(args: Array<String>) {
  listOf("1","2","3","4","5","6","7","8","9","10")
    .toObservable()
    .observeOn(Schedulers.computation())//(1)
    .map {
      item->
      println("Mapping $item - ${Thread.currentThread().name}")
      return@map item.toInt()
    }
    .observeOn(Schedulers.io())//(2)
    .subscribe {
      item -> println("Received $item -
      ${Thread.currentThread().name}")
    }

    runBlocking { delay(1000) }
}
```

다음 결과를 보면 의도한 대로 동작하는 것을 확인할 수 있다.

```
"C:\Program Files\Java\jdk1.8.0_131\bin\java" ...
Mapping 1 - RxComputationThreadPool-1
Mapping 2 - RxComputationThreadPool-1
Mapping 3 - RxComputationThreadPool-1
Mapping 4 - RxComputationThreadPool-1
Mapping 5 - RxComputationThreadPool-1
Mapping 6 - RxComputationThreadPool-1
Mapping 7 - RxComputationThreadPool-1
Mapping 8 - RxComputationThreadPool-1
Mapping 9 - RxComputationThreadPool-1
Mapping 10 - RxComputationThreadPool-1
Received 1 - RxCachedThreadScheduler-1
Received 2 - RxCachedThreadScheduler-1
Received 3 - RxCachedThreadScheduler-1
Received 4 - RxCachedThreadScheduler-1
Received 5 - RxCachedThreadScheduler-1
Received 6 - RxCachedThreadScheduler-1
Received 7 - RxCachedThreadScheduler-1
Received 8 - RxCachedThreadScheduler-1
Received 9 - RxCachedThreadScheduler-1
Received 10 - RxCachedThreadScheduler-1

Process finished with exit code 0
```

그래서 무슨 일이 일어난 걸까? map 연산자 바로 앞에 observeOn (Schedulers. computation( ))을 호출해 computation 스레드를 지정했고, 결과를 받기 위해 subscribe 전에 observeOn(Schedulers.io( ))를 호출해 io 스레드로 전환했다.

이 프로그램은 컨텍스트 스위치를 수행한다. 스레드 간에 데이터를 교환하고 통신하는 작업을 7줄에서 8줄의 코드만으로 쉽게 구현했다. 이는 추상화된 스케줄러 덕분에 가능했다.

▌ 요약

7장에서는 RxKotlin에서 동시 실행과 병렬 처리, 멀티 스레드를 수행하는 방법에 대해 배웠다. 현대 사용자는 대기하거나 블로킹당하는 것을 싫어하기 때문에 계산 및 UX 작업을 수행하기 위해 끊임없이 스레드를 전환해야 한다. 그렇기 때문에 앱이 주도하는 이 시대에는 멀티 스레드가 필수적이다.

RxKotlin의 스케줄러 활용 방법, 더 나아가 스케줄러가 멀티 스레드의 복잡성을 추상화하는 방법을 배웠다.

동시 실행과 병렬 처리는 현대 애플리케이션의 개발의 필수적인 요소지만 테스트는 아마도 가장 중요한 영역일 것이다. 테스트하지 않은 앱을 제공할 수는 없다. 여기서 애자일에 대해 논의하지는 않지만, 애자일은 제품 개발 시에 매 이터레이션(애자일에서 작업 주기)을 통해 반복적으로 테스트를 수행해야 한다고 말한다.

8장, 'RxKotlin 애플리케이션 테스트'에서는 테스트에 대해 설명한다.

08

RxKotlin
애플리케이션 테스트

이제 이 책의 60% 이상을 봤고, 다양한 개념을 배웠다. 1장에서 리액티브 프로그래밍의 개념부터 시작해 7장에선 동시 실행과 병렬 처리에 관한 개념을 다뤘다. 하지만 관련해 테스트를 도입하지 않고는 애플리케이션 개발을 완료할 수 없다. 테스트는 아마도 애플리케이션 개발 과정에서 가장 중요한 사항일 것이다.

8장에서는 테스트만을 다룬다. 코틀린 자체가 비교적 새로운 기술이기 때문에, 첫 번째 목표는 코틀린에서의 테스트를 배우는 것이다. 그런 다음 RxKotlin에서의 테스트를 알아본다. 8장에서 다루는 내용은 다음과 같다.

- 단위 테스트와 그 중요성
- 코틀린과 Junit, 코틀린 테스트

- RxKotlin에서 테스트
- 블로킹 구독자
- 블로킹 연산자
- `TestObserver`와 `TestSubscriber`

자, 그럼 시작해보자.

단위 테스트와 그 중요성 소개

애플리케이션 개발에는 테스트가 절대적으로 필요하지만 많은 초급 개발자들은 테스트와 관련해 다음과 같은 몇 가지 기본적인 질문을 한다.

- 단위 테스트란 무엇인가? 왜 그것이 개발자의 역할인가?
- 어째서 단위 테스트가 중요한가?
- 프로그램의 각 영역마다 테스트를 작성해야 하나?

이 기본적인 질문에 대답하면서 8장을 시작한다. 바로 RxKotlin을 사용해 테스트를 시작하려면 처음 몇 개의 절을 건너뛰고 'RxKotlin에서 테스트'로 이동하자. 그렇지만 이전에 코틀린으로 테스트를 작성한 적이 있더라도 계속 읽어 보기를 권한다.

단위 테스트 정의부터 시작하겠다. 단위 테스트는 '단위'라고 불리는 소프트웨어(일명 애플리케이션)의 테스트 가능한 가장 작은 개별 구성 요소를 테스트하는 소프트웨어 테스트 단계다. 이 테스트의 목적은 소프트웨어의 각 단위가 예상한 대로 작동하는지 확인하는 것이다.

단위 테스트는 수동으로 수행할 수 있지만 주로 자동화된다. 자동화된 단위 테스트의 유일한 목적은 사람의 실수를 줄이고 그로 인해 야기되는 추가 버그나 오류를 제거하는 것이다. 잘 이해하기 위해 먼저 다음 속담을 떠올려보자.

실수를 하는 것은 인간이다(To err is human).

따라서 단위 테스트를 수동으로 수행하면 추가 오류나 버그가 발생할 가능성이 높아진다. 자동화된 단위 테스트는 인간의 노력을 최소화하기 때문에 이런 위험을 없앨 수 있다.

또한 수행한 테스트를 문서화해야 하며 프로덕트의 다음 증분 빌드마다 테스트를 다시 수행해야 한다. 자동화된 단위 테스트를 통해 테스트를 한 번 작성하면 이후에 언제든지 다시 실행할 수 있으므로 추가 작업이 필요하지 않게 된다. 또한 자동화된 단위 테스트를 통해 문서 작업을 줄일 수 있다.

이것이 왜 개발자의 임무일까? 역으로 묻는다면 개발자가 아닌 누가 자동화된 테스트 코드를 작성할까?

또한 애플리케이션의 각 작은 단위의 테스트를 완료한 후 개발자가 테스터를 이해시키는 것은 불가능하다. 심지어 GUI가 아닌 일부 모듈을 테스트했기 때문에 테스터 또는 다른 사람이 테스트할 유닛을 찾을 수 없을 가능성도 있다. 또한 UI/UX와 직접적인 영향이나 관계가 없는 작은 내부 코드 일부일 수 있다.

요약하면 개발자는 자신의 코드를 더 잘 이해할 수 있으며 코드에서 원하는 내용을 더 잘 알 수 있다. 따라서 개발자가 해당 모듈에 대한 단위 테스트를 작성하는 데 가장 적합한 사람이다.

단위 테스트가 중요한 이유

실생활의 예를 들어 보자. 새로운 모터 또는 장치를 만드는 엔지니어를 상상해보자. 엔지니어는 막판에 모터 전체를 테스트하는 대신 해당 모터의 각 단위를 완성한 뒤에 기능을 테스트한다(최종 모터 전체를 테스트하지만 개발하는 동안은 모터를 반복적이고 점증적으로 테스트함). 이렇게 하는 주된 이유는 그렇게 하지 않으면, 결국에는 문제가 발생했을 때 원인을 확인하는 데 많은 노력이 필요하기 때문이다. 점진적으로 테스트하는 동안에는 문제가 발생해도 바로 원인을 찾아서 해결할 수 있다. 이는 소프트웨어(애플리케이션)에도 동일하게 적용된다.

제품의 각 모듈을 개발할 때 테스트를 많이 할수록 좋은 제품을 생산할 수 있기 때문에 단위 테스트를 주기적으로 반복해서 수행해야 한다. 그리고 애플리케이션의 각 기능 영역 functional section마다 단위 테스트를 작성해야 한다.

 기능 영역(functional section)은 작은 작업 및/또는 함수를 실행하는 각 영역을 의미한다. getter와 setter만으로 이뤄진 POJO 클래스를 테스트하는 것을 건너뛸 수 있지만, POJO 클래스를 사용하는 코드는 테스트해야 한다.

테스트의 중요성을 이해했으므로 코틀린의 JUnit 테스트를 작성해보자.

코틀린에서 JUnit 테스트 작성하기

자바 개발 경험이 있다면 JUnit에 대해 들어 본 적이 있거나 사용해봤을 것이다. 그것은 자바(물론 코틀린도 포함해)를 위한 테스트 프레임워크다.

일반적으로 단위 테스트는 분리된 상태를 유지하기 위해 실제 소스 코드와는 별도의 소스 폴더에 만들어진다. 표준 메이븐/그레이들 규약convention은 실제 코드(자바/코틀린 파일 또는 클래스)에서는 src/main을 사용하지만 테스트 클래스에서는 src/test를 사용한다. 다음 화면은 이 책에서 사용 중인 프로젝트의 구조다.

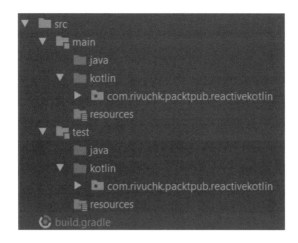

테스트 케이스를 작성하기에 앞서 다음 그레이들 의존성을 추가했다.

```
testCompile 'junit:junit:4.12'
testCompile "org.mockito:mockito-core:1.9.5"
testCompile "org.jetbrains.kotlin:kotlin-test-
    junit:$kotlin_version"
```

의존성으로 모키토Mockito도 추가했는데 곧 다룬다. 자, 이것으로 모든 준비는 완료됐으니
첫 번째 테스트 케이스를 작성해보자. 다음 코드를 참고하자.

```
package com.rivuchk.packtpub.reactivekotlin

import org.junit.Test
import kotlin.test.assertEquals

class TestClass {
  @Test//(1)
  fun `my first test`() {//(2)
    assertEquals(3,1+2)//(3)
  }
}
```

앞의 프로그램을 자세히 살펴보자. 각 JUnit 테스트 케이스는 클래스 내부의 함수로 정의돼야 한다. JUnit 테스트 함수가 포함된 클래스는 테스트 목적으로만 사용해야 하며 다른 용도로 사용해서는 안 된다. 주석 (1)과 같이 테스트 함수는 @Test 주석을 필요로 한다. 이 주석은 JUnit이 테스트를 감지하고 실행하도록 도와준다.

이제 주석 (2)를 유심히 살펴보자. 함수 이름은 my first test`()이다. 맞다, 함수 이름 내에 공백이 있다. 아마도 코틀린에서 테스트 케이스를 작성하는 동안 얻을 수 있는 최고의 장점일 것이다. 코틀린은 함수명에 공백을 포함하도록 허용하는데, 실제 코드에서 모범 사례는 아니지만 테스트를 작성하는 동안은 고마운 기능이다. 테스트 함수를 다른 곳에서 호출할 필요가 없으므로 실제로 읽기 쉬운 테스트명을 사용한다.

주석 (3)에서 실제 테스트를 작성했다. assertEquals 테스트는 예상 값과 실제 값이 동일equal한지 검사한다. 이 테스트의 첫 번째 매개 변수는 예상된 값이고 두 번째 매개 변수는 실제 값이며 예상된 값과 동일해야 한다.

테스트를 실행하면 다음과 같은 결과가 출력된다.

예제를 수정해 실제 매개 변수로 1 + 2 대신 2 + 3을 전달하면 테스트가 실패하고 다음과 같은 결과가 출력된다.

다음과 같이 오류가 발생한 경우 표시되는 메시지를 전달할 수도 있다.

```
class TestClass {
  @Test//(1)
  fun `my first test`() {//(2)
    assertEquals(3,2+3, "Actual value is not equal to the expected
    one.")//(3)
  }
}
```

테스트가 실패하면 메시지가 오류 보고서에 표시된다. 다음 출력을 확인하자.

코드 테스트하기

앞 절에서는 테스트 케이스를 작성하는 방법을 배웠지만 아직 코드를 테스트하지 않았다. 이전 테스트는 명백한 값을 갖고 이뤄졌는데 이것이 테스트 목적이 아니라는 것을 알고 있다. 테스트를 통해 함수, 클래스, 코드 블록이 예상대로 작동하는지 확인해야 한다.

작성한 기존 코드 위에 테스트를 작성해야 한다(TDD Test-Driven Development를 따르지 않는 한 테스트를 해야 한다).

테스트 주도 개발(TDD)은 테스트를 먼저 작성한 후에 테스트 케이스를 통과하는 실제 소스 코드를 작성하는 개발 방법론이다. 테스트 주도 개발은 개발자와 아키텍처들 사이에서 대단히 인기가 있으며, 많은 기업이 개발 프로세스로 TDD를 따른다.

다음은 계산을 위한 몇 가지 메서드를 포함하는 작은 코틀린 파일이다. 이 파일을 대상으로 테스트가 수행된다.

```
package com.rivuchk.packtpub.reactivekotlin.chapter8

fun add(a:Int, b:Int):Int = a+b
fun substract(a:Int, b:Int):Int = a-b
fun mult(a:Int, b:Int):Int = a*b
fun divide(a:Int, b:Int):Int = a/b
```

그리고 다음 클래스에는 테스트 케이스가 포함돼 있다. 코드를 주의 깊게 살펴본 다음 설명할 것이다.

```
package com.rivuchk.packtpub.reactivekotlin.chapter8//(1)
import org.junit.Test
import kotlin.test.*

class TestCalculator {
  @Test
  fun `addition test`() {//(2)
    assertEquals(1 + 2, add(1,2))
  }
  @Test
  fun `substraction test`() {//(3)
    assertEquals(8-5, substract(8,5))
  }
  @Test
  fun `multiplication test`() {//(4)
```

```
    assertEquals(4 * 2, mult(4,2))
  }
  @Test
  fun `division test`() {//(5)
    assertEquals(8 / 2, divide(8,2))
  }
}
```

패키지 선언을 살펴보자. 두 파일 모두 의도적으로 동일한 패키지 이름을 공유하는데, 테스트에서 작업을 수행하기 위해 함수를 import할 필요가 없다.

소스 코드를 간단하게 구성해 코드를 쉽게 이해할 수 있도록 했다. 또한 함수와 동일하게 각 테스트 케이스를 별도로 작성했음을 알 수 있다. 하지만 하나의 테스트 케이스 내에서 여러 테스트 함수를 호출할 수 있다. 혼란스러운가? 하나의 함수나 속성의 다양한 측면을 테스트할 때 테스트 함수(@Test 주석이 있는 함수) 내에서 모든 함수를 그룹화할 수 있어야 한다. 일반적으로 컴파일러는 각 테스트 함수가 수행하는 테스트의 수와 관계없이 테스트 함수와 마주쳤을 때 테스트 결과를 표시한다. 따라서 하나의 테스트 함수 내에서 테스트를 그룹화해도 수행 후에 하나로 표시되니 안심하자. 그러나 분리된 함수 또는 속성의 테스트를 작성하는 경우 모든 테스트에 대해 별도의 보고서를 원할 것이므로 이전 예제와 같이 별도로 작성해야 한다.

다음 결과를 살펴보자.

그러나 지금까지의 각 예제는 assertEquals만을 사용했다. 여기까지만 보고, assertEquals이 사용 가능한 유일한 테스트 함수인지 궁금할 수 있다. 대답은, '절대 그렇지 않다'이다. 코틀린에는 많은 테스트 함수가 있다. 다음은 코틀린의 가장 유용한 테스트 함수를 살펴볼 수 있는 예제들이다. 다음 코드를 참고하자.

```kotlin
package com.rivuchk.packtpub.reactivekotlin.chapter8

import org.junit.Test
import java.util.*
import kotlin.test.*

class TestFunctions {

  @Test
  fun `expected block evaluation`() {
    expect(10,{
      val x=5
      val y=2
      x*y
    })
  }

  @Test
  fun `assert illegal value`() {
    assertNotEquals(-1,Random().nextInt(1))
  }

  @Test
  fun `assert true boolean value`() {
    assertTrue(true)
  }

  @Test
  fun `assert false boolean value`() {
    assertFalse(false)
  }

  @Test
  fun `assert that passed value is null`() {
    assertNull(null)
  }
```

```
  @Test
  fun `assert that passed value is not null`() {
    assertNotNull(null)
  }
}
```

테스트 케이스를 자세히 들여다보기 앞서 다음 화면을 참고하자.

자, 코드를 이해해보자. expected block evalution`()` 테스트부터 알아보자. expect 테스트 함수는 첫 번째 매개 변수로 예상되는 값을, 두 번째는 코드 블록(람다)을 입력받는데 람다를 실행하고 반환값과 기댓값이 같은지 비교한다.

두 번째 테스트 케이스는 assertNotEquals() 테스트 메서드를 사용하는 'assert illegal value'()이다. 이 테스트 메서드는 assertEquals()와 정확히 반대로 동작한다. 두 매개 변수가 동일하면 테스트가 실패한다. assertNotEquals()는 특정 값을 제외한 값을 반환하는 함수를 테스트할 때 특히 유용하다.

assert true boolean value`()`와 assert true boolean value`()` 테스트 케이스에서 각각 assertTrue()와 assertFalse()를 사용했다. 두 테스트 메서드 모두 불리언 값을 매개 변수로 입력받는다. 이름에서 알 수 있듯이 assertTrue()는 값이 true로, assertFalse()는 false가 될 것으로 예상한다.

다음 두 가지 테스트 케이스는 널(null)과 관련된 것이다. 첫 번째는 assert that passed value is null`()`는 전달된 값이 널일 것으로 예측하는 assertNull()을 사용한다. 두 번째는 assertNotNull()로서 정확히 반대로 동작하며 값이 널이 아닐 것으로 예상한다.

테스트 케이스 작성에 대한 실용적인 아이디어를 얻었으므로 RxKotlin에서 테스트를 작성해보자.

▌ RxKotlin에서 테스트

이제 코틀린을 사용한 실전 테스트를 해보았고 RxKotlin도 알고 있으므로 RxKotlin에서 테스트 케이스를 구현하는 방법이 알고싶을 것이다. RxKotlin에서의 테스트는 간단하지 않을 수도 있다. 그 이유는 ReactiveX가 상태보다는 행동을 정의하고 JUnit 및 kotlin-test를 포함한 대부분의 테스트 프레임워크가 상태를 테스트하는 데 적합하기 때문이다.

개발자를 돕기 위해 RxKotlin에는 테스트용 도구가 제공되며 원하는 테스트 프레임워크와 함께 사용할 수 있다. 이 책에서는 JUnit 및 Kotlin 테스트를 사용해 RxKotlin의 테스트를 다룬다.

바로 시작하자.

▌ 구독자 차단

7장의 코드를 떠올려보자. 다른 스레드에서 작동하는 옵저버블 또는 플로어블을 사용할 때마다 메인 스레드가 대기할 수 있도록 delay를 사용했다. 이 시나리오의 완벽한 예는 Observable.interval을 팩토리 메서드로 사용하거나 subscribeOn 연산자를 사용했을 때다.

다음 코드를 확인하자.

```
fun main(args: Array<String>) {
  Observable.range(1,10)
    .subscribeOn(Schedulers.computation())
```

```
        .subscribe {
            item -> println("Received $item")
        }
    runBlocking { delay(10) }
}
```

위 예제에서는 구독을 사용해 Schedulers.computation으로 변경했다. 어떻게 이 옵저버블이 테스트하고 정확히 10번 배출을 하는지 검증해보자.

```
@Test
fun `check emissions count` () {
  val emissionsCount = AtomicInteger()//(1)
  Observable.range(1,10)
    .subscribeOn(Schedulers.computation())
    .blockingSubscribe {//(2)
    _ -> emissionsCount.incrementAndGet()
    }

    assertEquals(10,emissionsCount.get())//(3)
}
```

코드를 더 알아보기 전에 결과부터 살펴보자.

이 코드에는 설명이 필요한 몇 가지 사항이 있다. 첫 번째는 AtomicInteger인데, Int 값을 원자적으로 업데이트할 수 있는 자바의 정수Integer 래퍼 클래스다. AtomicInteger는 Number를 확장해서 숫자를 다루는 도구와 유틸리티를 동일하게 사용할 수 있지만 Integer 클래스를 대체할 수는 없다. 예제의 구독이 computationalScheduler를 사용하기 (결과적으로 여러 스레드를 사용) 때문에 AtomicInteger를 통해 원자성을 보장한다.

주목해야 할 부분은 주석 (2)다. 보통 subscribe대신 blockingSubscribe를 사용했다. subscribe 연산자를 사용해 프로듀서를 구독하는데, 구독이 현재 스레드에 없는 경우 해당 구독이 완료될 때까지 기다리지 않고 즉시 다음 행으로 진행한다. 그래서 delay를 사용해 현재 스레드를 대기하도록 했다. 테스트 내부에서 **dealy**를 사용하는 것은 번거로운 일이다. blockingSubscribe는 구독이 끝날 때까지 (현재 구독이 별도의 스레드에서 발생하더라도) 현재 실행 중인 스레드를 차단하는데 이는 테스트를 작성하는 데 유용하다.

▌ 차단 연산자

blockingSubscribe는 테스트에 유용하지만 언제나 목적을 달성할 수 있는 것은 아니다. 프로듀서의 첫 번째, 마지막 또는 모든 값을 테스트해야 할 수도 있다. 그것을 위해 순수한 명령형imperative 속성을 가지는 데이터를 필요로 한다.

아직 배우지 않은 RxKotlin의 연산자 세트가 이런 시나리오에서 원하는 목표에 부합한다. 차단 연산자는 리액티브 마을과 명령형 마을 사이를 즉각적으로 왕래할 수 있는 다리 역할을 한다. 현재 스레드를 차단하고 결과가 나오기를 기다리는 데 리액티브가 아닌 방식으로 반환한다.

blockingSubscribe와 차단 연산자의 유일한 유사점은 반응형 연산이 다른 스레드에서 수행되는 경우에도 선언된 스레드를 차단한다는 것이다.

이것 이외에 더 이상 유사점은 없다. blockingSubscribe는 데이터를 반응형으로 다루는데 아무것도 반환하지 않는다. 오히려 지정된 구독자(또는 람다)로 푸시한다. 반면 차단 연산자는 비반응형으로 데이터를 반환한다. 다음 목록은 우리가 다룰 차단 연산자들이다.

- blockingFirst()
- blockingGet()
- blockingLast()

- blockingIterable( )
- blockingForEach( )

이것들은 안티 패턴[1]이고 리액티브 프로그래밍의 장점을 축소하기 때문에 상용에서 사용해서는 안 되지만 테스트 용도로는 확실히 활용할 수 있다.

첫 번째 배출된 아이템 가져오기: blockingFirst()

가장 먼저 논의할 블로킹 연산자는 blockingFirst이다. 이 연산자는 첫 번째 항목이 배출될 때까지 호출 스레드를 차단하고 있다가 배출된 아이템을 반환한다. 다음은 정렬을 수행하는 Observable을 테스트해 첫 번째로 배출된 항목이 가장 작은지 확인하는 blockingFirst( )에 대한 이상적인 테스트 케이스다.

다음 코드를 참고하자.

```
@Test
fun `test with blockingFirst`() {
  val observable = listOf(2,10,5,6,9,8,7,1,4,3).toObservable()
    .sorted()
  val firstItem = observable.blockingFirst()
  assertEquals(1,firstItem)
}
```

결과는 다음과 같다.

---

1 비효율적이거나 비생산적인 패턴을 의미한다. - 옮긴이

예제에서는 1에서 10까지의 정렬되지 않은 정수 목록으로 Observable을 생성했으므로 가장 작은 항목은 1이어야 한다. 첫 아이템을 얻을 때까지 blockingFirst() 연산자의 도움으로 스레드를 대기 상태로 만들었다. 그런 다음 assertEquals 테스트 함수를 사용해 첫 번째로 생성된 항목이 1임을 검증한다.

single 또는 maybe에서 단일 아이템 얻기: blockingGet

single이나 maybe를 사용할 때는 blockingGet()을 제외한 아무 차단 연산자나 사용할 수 없다. 그 이유는 아주 간단한데 두 모나드가 모두 하나의 아이템만 포함할 수 있기 때문이다.

마지막 테스트 케이스를 수정해 두 개의 새로운 테스트 케이스를 추가한다.

```
@Test
fun `test Single with blockingGet`() {
  val observable = listOf(2,10,5,6,9,8,7,1,4,3).toObservable()
    .sorted()

  val firstElement:Single<Int> = observable.first(0)

  val firstItem = firstElement.blockingGet()
  assertEquals(1,firstItem)
}

@Test
fun `test Maybe with blockingGet`() {
  val observable = listOf(2,10,5,6,9,8,7,1,4,3).toObservable()
    .sorted()

  val firstElement:Maybe<Int> = observable.firstElement()

  val firstItem = firstElement.blockingGet()
    assertEquals(1,firstItem)
}
```

첫 번째 테스트 케이스에서는 observable.first()를 기본값과 함께 사용했으며, 이 연산자는 Single을 반환한다. 두 번째 연산자에서 observable.firstElement()를 사용했는데 이 연산자는 Maybe를 반환한다. 두 테스트 케이스에서 blockingGet을 사용해 첫 번째 Int 요소를 가져온 후 테스트 함수를 실행했다.

결과는 다음 화면을 참고하자.

마지막 아이템 얻기: blockingLast

blockingFirst가 있기 때문에 blockingLast도 물론 존재한다. 예상대로, 스레드가 배출할 때 마지막으로 처리된 아이템을 반환한다. 다음은 예제다.

```
@Test
fun `test with blockingLast`() {
  val observable = listOf(2,10,5,6,9,8,7,1,4,3).toObservable()
    .sorted()

  val firstItem = observable.blockingLast()
  assertEquals(10,firstItem)
}
```

예상한 대로 마지막 배출 아이템이 10인지 확인한다. 다음은 테스트 결과다.

모든 배출을 이터러블로 가져오기: blockingIterable 연산자

지금까지 각각 첫 번째로 배출된 아이템과, 마지막으로 배출된 아이템을 가져왔다. 그러나 테스트를 위해 배출된 모든 아이템을 원한다면 어떨까? blockingIterable 연산자를 사용하면 목적을 달성할 수 있다. blockingIterable 연산자는 흥미로운 방식으로 동작하는데 Iterable이 배출을 전달하고 다음 배출을 사용할 수 있을 때까지 반복하는 스레드를 계속 차단한다.

이 연산자는 Iterator가 소비하기 전까지 사용되지 않은 값을 큐에 넣는다. 이 경우 OutOfMemory 예외가 발생할 수 있다.

다음은 전체 리스트를 얻은 다음, 반환된 Iterable을 List로 변환한 뒤 원천의 값에서 정렬됐는지 확인하는 예제다.

다음 코드를 참고하자.

```
@Test
fun `test with blockingIterable`() {
  val list = listOf(2,10,5,6,9,8,7,1,4,3)

  val observable = list.toObservable()
    .sorted()

  val iterable = observable.blockingIterable()
  assertEquals(list.sorted(),iterable.toList())
}
```

배출이 정렬됐다면 iterable을 List로 변환했을 때 list.sorted와 동일할 것이다.

결과는 다음 화면을 참고하자.

모든 배출을 순회하기: blockingForEach

모든 배출을 순회하고 싶다면 blockingForEach를 사용하는 것이 더 좋다. blockingForEach 은 배출을 대기열에 넣지 않는 특성 때문에 blockingIterable보다 낫다. 오히려 호출 스레 드를 차단하고 각 배출이 처리될 때까지 기다렸다가 스레드를 진행한다.

다음 예제에서는 정수 리스트에서 옵저버블을 만들었다. 그런 다음 짝수만을 필터링한 후 에 blockingForEach 내에서 수신된 모든 수가 짝수인지 여부를 검증한다.

```
@Test
fun `test with blockingForEach`() {
  val list =
  listOf(2,10,5,6,9,8,7,1,4,3,12,20,15,16,19,18,17,11,14,13)

  val observable = list.toObservable()
    .filter { item -> item%2==0 }

  observable.forEach {
    item->
    assertTrue { item%2==0 }
  }
}
```

테스트 결과는 다음과 같다.

지금까지 가장 유용한 차단 연산자들을 다뤘는데 이는 단순한 단언문assertion[2]에 유용하며 코드를 효과적으로 차단해 테스트를 수행할 수 있도록 한다. 그러나 차단 코드는 상용 환경에서 사용할 수 없다. 테스트를 위해 차단 코드를 사용하는 것이 좋은 선택 같지만 실제로는 그렇지 않다. 테스트로부터 얻을 수 있는 장점을 빼앗아 갈 수 있다. 어떻게 그렇게 되냐고? 여러 옵저버블 또는 플로어블이 애플리케이션에서 동시에 실행되고 있는데 차단 코드를 넣으면 전체 동작이 변경되기 때문에 단위 테스트의 이점을 활용할 수 없게 된다.

그렇다면 해결 방법은 무엇인가? 다음을 확인하자.

▌ TestObserver와 TestSubscriber 소개

지금까지 8장을 읽으면서 테스트를 수행할 수 있는 유일한 방법은 blockingSubscribe나 차단 연산자를 사용해 코드를 차단하는 것이라고 생각할 수도 있다. 그러나 그것은 사실이 아니다. 사실 더 포괄적으로 반응형으로 코드를 작성할 수 있는, 좀 더 정확히 말하면 반응형으로 테스트를 진행할 수 있는 방법이 있다.

구독자는 onError와 onComplete가 있으며 onNext와 함께 테스트를 필요로 한다. 그러나 항상 차단만으로는 가능하지 않다. 몇몇 경우에는 차단이 필요한 것이 사실이지만, 모든 테스트를 차단으로 처리할 수는 없으며 반응형으로 관리돼야 한다.

---

2 단언문(assertion)은 테스트의 결과가 예상되는 값과 일치하는지 검증하는 작업을 일컫는 말이다.

따라서 여기에 개발자의 테스트를 손쉽게 만들어 주는 TestObserver와 TestSubscriber
가 있다.

Subscriber 및 Observer와 마찬가지로 Flowables와 함께 TestSubscriber를 사용하고,
Observables와 함께 TestObserver를 사용할 수 있는데 그 점을 제외하고는 모두 비슷
하다.

이제 다음 예제를 확인해보자.

```
@Test
fun `test with TestObserver`() {
  val list =
  listOf(2,10,5,6,9,8,7,1,4,3,12,20,15,16,19,18,17,11,14,13)

  val observable = list.toObservable().sorted()

  val testObserver = TestObserver<Int>()
  observable.subscribe(testObserver)//(1)

  testObserver.assertSubscribed()//(2)

  testObserver.awaitTerminalEvent()//(3)
  testObserver.assertNoErrors()//(4)
  testObserver.assertComplete()//(5)
  testObserver.assertValueCount(20)//(6)
  testObserver.assertValues
 (1,2,3,4,5,6,7,8,9,10,11,12,13,14,15,16,17,18,19,20)//(7)
}
@Test
fun `test with TestSubscriber`() {
  val list =
  listOf(2,10,5,6,9,8,7,1,4,3,12,20,15,16,19,18,17,11,14,13)

  val flowable = list.toFlowable().sorted()
```

```
    val testSubscriber = TestSubscriber<Int>( )

    flowable.subscribe(testSubscriber)//(1)

    testSubscriber.assertSubscribed( )//(2)

    testSubscriber.awaitTerminalEvent( )//(3)

    testSubscriber.assertNoErrors( )//(4)
    testSubscriber.assertComplete( )//(5)
    testSubscriber.assertValueCount(20)//(6)
    testSubscriber.assertValues
  (1,2,3,4,5,6,7,8,9,10,11,12,13,14,15,16,17,18,19,20)//(7)
}
```

TestObserver와 TestSubscriber를 사용해 동일한 테스트를 실행했다. 다음 테스트 결과
는 명백하게 성공한 것을 볼 수 있다.

이제 테스트 케이스를 이해해보자. 주석 (1)에서 Observable/Flowable을 구독하고 있다.
주석 (2)에서 구독이 성공적이었는지를 assertSubscribed( ) 테스트를 통해 검증했다. 주
석 (3)에서 awaitTerminalEvent( ) 메서드를 사용해 Observable/Flowable이 실행을 완
료할 때까지 스레드를 차단한다. 이 최종(터미널) 이벤트는 onComplete 또는 onError 일
수 있다. 주석 (4)와 (5)에서 옵저버블 및/또는 플로어블이 오류없이 성공적으로 완료됐
는지 테스트한다. assertNoErrors( )가 구독 중에 오류가 발생하지 않았는지를 테스트하
고 assertComplete( )를 통해 프로듀서가 성공적으로 완료됐는지도 테스트한다. 주석 (6)
에서 수신한 전체 배출이 20개(목록에 20개 항목이 있음)인지 assertValuesCount( )로 테스

트한다. 주석 (6)에서는 assertValues( )로 각 배출의 예상 값과 실제 값을 순서대로 테스트한다.

꽤 멋지지 않은가? 다음에 보여줄 기능은 아마 더 멋있을 것이다.

▌ TestScheduler 이해

Observable.interval( )/Flowable.interval( ) 팩토리 메서드로 생성된 옵저버블이나 플로어블을 떠올려보자. 이들이 5분이라는 간격을 갖고 최소 100개의 배출을 테스트 한다면 오랜 시간이 걸릴 것이다(500분 = 8.3시간, 즉 테스트 하나를 끝내는 데 한 사람의 하루 작업 시간을 온전히 다 소비해야 함). 간격이 더 길어지고 더욱 많은 량의 배출을 가지는 프로듀서가 있다면 한 사람의 인생만큼 시간이 걸릴 것이다. 그러게 되면 언제 제품을 출시할 수 있을까?

TestScheduler는 이런 상황에서 당신을 구원하기 위해 있다. 시간 기반 프로듀서를 대상으로 효과적으로 시간을 시뮬레이션할 수 있기 때문에 적절한 시간 만큼 시간을 앞으로 돌려 단언을 수행할 수 있다.

다음은 그에 해당하는 구현 예제다.

```
@Test
fun `test by fast forwarding time`() {
  val testScheduler = TestScheduler()

  val observable =
  Observable.interval(5,TimeUnit.MINUTES,testScheduler)
  val testObserver = TestObserver<Long>()

  observable.subscribe(testObserver)
  testObserver.assertSubscribed()
  testObserver.assertValueCount(0)//(1)
```

```
testScheduler.advanceTimeBy(100,TimeUnit.MINUTES)//(2)
testObserver.assertValueCount(20)//(3)

testScheduler.advanceTimeBy(400,TimeUnit.MINUTES)//(4)
testObserver.assertValueCount(100)//(5)
}
```

에제에서는 Observable.interval을 사용해 5분 간격으로 배출하는 Observable을 만들고 Scheduler로 TestScheduler를 생성했다.

주석 (1)에서, 배출물이 하나도 존재해서는 안 되며(최초 배출까지 5분이 남았으므로) assertValuesCount (0)로 그것을 테스트하고 있다.

그런 다음 주석 (2)에 100분을 빨리 감기한 뒤 주석 (3)에서 20개의 배출을 받았는지 여부를 테스트했다. TestScheduler는 advanceTimeBy 메서드를 제공하는데 이것은 timesTime, unit을 매개 변수로 사용해 시뮬레이션한다.

그 뒤 주석 (4)에서 다시 한번 400분의 시간을 빨리 감기하고, 주석 (5)에서 총 100건의 배출을 받았는지 테스트했다.

예상한 대로 테스트는 통과한다.

▌ 요약

8장에서는 코틀린에서의 테스트에 대해 배웠다. 테스트를 통해 얻을 수 있는 이점부터 JUnit, Kotlin-test를 사용한 코틀린의 테스트에 대해 알아봤다.

코틀린에서 경험을 쌓은 후에 RxKotlin의 테스트로 점차 옮겨가면서 관련된 몇 가지 테스트 관련 기술과 RxKotlin이 제공하는 매우 편리한 테스트 도구에 대해 배웠다.

RxKotlin에 대한 많이 알게 된만큼 9장, '자원 관리와 RxKotlin 확장'에서는 몇 가지 고급 주제에 대해 논의한다. 할당된 메모리를 해제하고 메모리 누수를 방지하는 방법과 같은 리소스 관리에 대해 설명한다. 또한 미리 정의된 연산자와 마찬가지로 RxKotlin 로직에서 체인으로 연결할 수 있는 사용자 지정 연산자를 만드는 방법에 대해 배운다.

바로 9장을 시작해보자. 지금부터는 작성한 코드는 모두 테스트하는 것을 잊지 말자.

09

자원 관리와
RxKotlin 확장

지금까지 옵저버블, 플로어블, 서브젝트, 처리기, 연산자, 프로듀서 결합, 테스트, 기타 많은 것들에 대해 배웠다. 이것으로 애플리케이션을 위한 코딩을 시작하는 데 필요한 지식을 대부분 배웠다. 살펴볼 나머지 주제는 자원을 생성, 사용하고 정리하는 자원 관리 기술에 대한 내용이다. 또한 도전 정신이 투철한 개발자라면 모든 것을 스스로 정의할 수 있길 원할 것이다. 지금까지는 사전에 정의된 방식으로 연산자를 사용했다. 창의적인 방법은 적용하지 않고 연산자를 사용자 정의하지 않았다. 따라서 이 장에서는 자원 관리와 사용자 정의 연산자를 통해 RxKotlin을 확장하는 방법에 집중한다.

9장에서 다루는 내용은 다음과 같다.

- `using` 메서드로 리소스 관리

- lift 연산자로 사용자 정의 연산자 만들기
- compose 연산자로 사용자 정의 변환기(transformer, 변환 연산자) 작성

우선, 자원 관리에 대해 다뤄보자.

▌ 자원 관리

자원 관리는 무엇을 의미하고 왜 신경 써야 할까? 자바, 코틀린, 자바스크립트 또는 다른 언어로 애플리케이션을 개발한 경험이 있다면 여러 가지 자원을 사용해야 하는 경우가 종종 있는데, 그것들을 사용하고 나서 반드시 종료시켜야 한다.

자원 관리에 익숙하지 않다면 먼저 개념에 익숙해지자. 자원의 정의부터 알아보자.

자원이란 무엇일까? 애플리케이션을 개발할 때 종종 HTTP 연결을 통해 API나 데이터베이스에 접근하거나, 파일을 읽고 쓰거나, I/O 포트 · 소켓 · 장치에 접근해야 할 수도 있다. 이 모든 것들은 일반적으로 자원으로 간주된다.

왜 그것들을 관리하고 종료시켜야 하나? 리소스에 접근할 때, 특히 쓰기 작업을 할 때마다 시스템에서 락을 설정하고 다른 프로그램에 대한 접근을 차단한다. 작업이 완료됐을 때 자원을 해제하거나 닫지 않으면 시스템 성능이 저하되고 교착 상태가 발생할 수 있다. 시스템이 자원에 락을 설정하지 않더라도 자원을 해제하거나 종료하기 전까지는 열려 있을 수 있는데 이는 성능을 저하시킨다.

따라서 자원 관련 작업을 마칠 때마다 자원을 종료시키거나 해제해야 한다.

일반적으로 JVM에서는 클래스를 통해 자원에 접근한다. 종종 그 클래스는 Closable 인터페이스를 구현하는데 close 메서드를 호출해 자원을 쉽게 해제할 수 있다. 이는 명령형 프로그래밍에서는 매우 쉽지만 리액티브 프로그래밍에서는 어떻게 해야 하는지 궁금할 것이다.

명령형 프로그래밍과 리액티브 프로그래밍 스타일을 섞어서 리소스를 전역 속성으로 만들고 subscribe 메서드 내에서 그것을 사용 후 처리할 생각일 것이다. 이는 5장에서 살펴봤다. 안타깝게도 이는 잘못된 접근이다. 5장에서는 코드를 이해하기 위해 쉽게 하려고 복잡한 작업은 피했지만 이번에는 올바른 방법을 배워야 한다.

간단하게 설명하기 위해서 Closable 인터페이스를 구현하는 더미 리소스를 생성해볼 것이다. 긴장감을 덜어내고 바로 다음 예제를 살펴보자.

```
class Resource():Closeable {
  init {
    println("Resource Created")
  }

  val data:String = "Hello World"

  override fun close() {
    println("Resource Closed")
  }
}
```

예제에서는 Closeable을 구현하는 Resource 클래스를 생성했는데 이것은 일반적인 자바 리소스 클래스를 모방한다. 또한 이 클래스 내에 data라는 val 속성을 만들었는데 이 속성은 Resource에서 가져온 데이터를 모킹하는 데 사용된다.

지, 그럼 어떻게 리액티브 체인에서 이것을 사용할까? RxKotlin은 일회용 자원을 다루는 매우 편리한 방법을 제공한다. 일회성 자원을 손쉽게 사용하기 위해 RxKotlin은 using 연산자를 제공한다.

using 연산자를 사용하면 옵저버블의 수명 기간에만 존재하는 자원을 생성할 수 있으며 옵저버블이 완료되는 즉시 종료된다.

다음 그림은 using 연산자로 생성된 Observable과 이에 첨부된 리소스의 관계를 설명한 ReactiveX 문서다(http://reactx.io/documentation/operators/using.html).

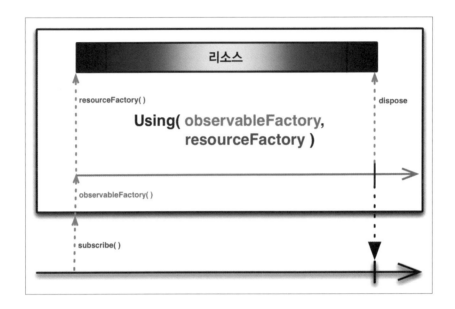

위 이미지를 보면 리소스는 옵저버블의 라이프 사이클 동안만 활성화돼 있는 것을 알 수 있다. 둘은 완벽한 파트너처럼 보인다. 그렇지 않은가?

using 연산자의 정의는 다음과 같다.

```
fun <T, D> using(resourceSupplier: Callable<out D>, sourceSupplier:
Function<in D, out ObservableSource<out T>>,
  disposer: Consumer<in D>): Observable<T> {
    return using(resourceSupplier, sourceSupplier, disposer, true)
  }
```

혼란스러워 보이지만 나눠서 보면 이해하기 쉽다. using 메서드는 리소스를 생성하고 반환하는 Callable 인스턴스를 입력받는다(그것을 위해 out D를 사용). 마지막은 리소스를 해제하거나 닫기 위한 것이다. using 연산자는 Resource 인스턴스를 만들기 앞서 첫 번째 람다를 호출한다. 그런 다음 구독할 수 있는 Observable을 만들고 반환하기 위해 Resource 인스턴스를 두 번째 람다로 전달한다. 마지막으로 Observable이 onComplete 이 벤트를 호출하면 세 번째 람다를 호출해 리소스를 종료시킨다.

지금쯤 예제를 많이 기대하고 있을 것이다.

```
fun main(args: Array<String>) {
  Observable.using({//(1)
    Resource()
  },{//(2)
    resource:Resource->
    Observable.just(resource)
  },{//(3)
    resource:Resource->
    resource.close()
  }).subscribe {
    println("Resource Data ${it.data}")
  }
}
```

이전 예제에서 using 연산자에 세 개의 람다를 전달했다. 첫 번째 람다(주석 1)에서 Resource의 인스턴스를 생성하고 반환했다(람다에서는 마지막 문장이 반환문으로 작동함으로 따로 작성할 필요가 없다). 두 번째 람다는 리소스를 매개 변수로 취하고 그로부터 Observable 을 생성해 반환한다.

세 번째 람다는 다시 리소스를 매개 변수로 사용하고 그것을 종료한다.

using 연산자는 RxKotlin 체인에서 사용할 수 있도록 두 번째 람다에서 생성한 옵저버블 을 반환한다.

다음은 그 결과다.

```
"C:\Program Files\Java\jdk1.8.0_131\bin\java" ...
Resource Created
Resource Data Hello World
Resource Closed

Process finished with exit code 0
```

확인한 것처럼 리소스 관리가 쉬워졌다. 또한 using 연산자에 생성하길 원하는 만큼의 리소스를 전달할 수 있다. 이해하기 쉽도록 Closable 인터페이스를 구현했지만 필수적이지 않다. 또한 쉽게 리소스 배열을 생성하고 전달할 수 있다.

▌ 자신만의 연산자 작성하기

지금까지 많은 연산자를 사용했지만 그것들로 모든 요구를 충족시킬 수 있다고 확신하는가? 아니면 직면하는 요구 사항에 맞는 연산자를 항상 찾을 수 있다고 생각하는가? 둘 다 불가능하다. 때로는 필요에 따라 자신만의 연산자를 생성해야 할 수도 있다.

RxKotlin은 항상 개발자의 삶을 편하게 만들어 주기 위해 자신만의 연산자를 생성하기 위한 lift 연산자를 갖고 있다. lift 연산자는 ObservableOperator의 인스턴스를 취하는데, 따라서 자신만의 연산자를 만들려면 해당 인터페이스를 구현해야 한다.

뭔가를 배우는 가장 좋은 방법은 직접 해보는 것이다. 모든 배출에 일련 번호를 추가하는 자신만의 연산자를 만들어 보는 것은 어떨까? 다음 요구 사항 목록에 따라 작성을 시작해보자.

- 연산자는 첫 번째 요소로 일련 번호가 추가된 페어pair를 배출해야 한다. 페어의 두 번째 요소는 실제 배출 값이어야 한다.
- 연산자는 포괄적이어야 하고 모든 유형의 옵저버블과 작동해야 한다.
- 다른 연산자와 마찬가지로 다른 연산자와 동시에 동작해야 한다.

292

위 목록은 기본적인 요구 사항인데 카운트를 위해 `AtomicInteger`를 사용해야 한다(배출량을 계산하는데 그 숫자를 순차적으로 전달한다). 따라서 연산자는 모든 `Scheduler`와 원활하게 작업할 수 있다.

모든 사용자 정의 연산자는 다음과 같은 `ObservableOperator` 인터페이스를 구현해야 한다.

```
interface ObservableOperator<Downstream, Upstream> {
  /**
   * 자식 옵저버에게 함수를 적용해 새로운 옵저버를 반환한다.
   * @param observer the child Observer instance
   * @return the parent Observer instance
   * @throws Exception on failure
   */
  @NonNull
  @Throws(Exception::class)
  fun apply(@NonNull observer: Observer<in Downstream>):
  Observer<in Upstream>;
}
```

제네릭 유형으로 `Downstream`, `Upstream`이 정의됐다. `Downstream`은 연산자의 다운스트림에 전달될 유형을 지정하고 `Upstream`은 연산자가 업스트림으로부터 수신할 유형을 지정한다.

`apply` 함수에는 배출을 다운스트림으로 전달하는 데 사용해야 하는 `Observer`라는 매개변수를 가지며 업스트림 배출을 수신하는 데 사용할 다른 `Observer`를 반환해야 한다.

이론은 이것으로 됐다. 다음은 `AddSerialNumber` 연산자의 정의인데, 주의 깊게 살펴보자.

```
class AddSerialNumber<T> : ObservableOperator<Pair<Int,T>,T> {
  val counter:AtomicInteger = AtomicInteger()

  override fun apply(observer: Observer<in Pair<Int, T>>):
```

```
Observer<in T> {
    return object : Observer<T> {
        override fun onComplete() {
            observer.onComplete()
        }

        override fun onSubscribe(d: Disposable) {
            observer.onSubscribe(d)
        }

        override fun onError(e: Throwable) {
            observer.onError(e)
        }

        override fun onNext(t: T) {
            observer.onNext(Pair(counter.incrementAndGet(),t))
        }

    }
  }
}
```

첫 번째 기능인 AddSerialNumber 클래스의 정의부터 설명한다. 이것은 Observable Operator 인터페이스를 구현한다. 요구 사항에 따라 클래스를 제네릭으로 정의했는데, 즉 Upstream 유형을 generic T로 지정했다.

AtomicInteger를 클래스의 val 속성으로 정의했는데 이 속성은 init 블록 내에서 초기화 돼야 한다. 클래스 내부에서 속성을 선언하고 정의했기 때문에 클래스 인스턴스를 생성하는 동안 init 내에서 자동으로 초기화된다. 해당 AtomicInteger 카운터는 각 배출에서 증가하며 배출 값을 일련번호로 반환해야 한다.

앞에서 설명한 대로 apply 메서드 내에서 업스트림을 수신하는 데 사용되는 옵저버 인스턴스를 만들고 반환했다. 기본적으로 모든 연산자는 이벤트를 수신해야 하는 upstream 옵저버를 전달한다.

어떤 이벤트를 수신할 때마다 옵저버 내부에서 그것을 다운스트림 옵저버(그것이 매개 변수로 받아 들여지는 곳)로 전달했다.

업스트림 옵저버의 onNext 이벤트에서 카운터를 증가시키고, Pair 인스턴스의 첫 번째 요소로 추가했다. 그 뒤에 onNext의 매개 변수로 수신한 항목을 Pair 두 번째 값으로 추가한다. 마지막으로 그것을 observer.onNext (Pair (counter.incrementAndGet( ), t)) 다운스트림으로 전달한다.

그래서 다음은 무엇을 할까? 연산자로 사용할 수 있는 클래스를 만들었지만 어떻게 사용해야 할까? 아주 쉽다. 다음 코드를 확인하자.

```
fun main(args: Array<String>) {
  Observable.range(10,20)
   .lift(AddSerialNumber<Int>())
    .subscribeBy (
      onNext = {
        println("Next $it")
      },
      onError = {
        it.printStackTrace()
      },
      onComplete = {
        println("Completed")
      }
    )
}
```

연산자의 인스턴스를 만들어 lift 연산자에 전달하는데, 그게 전부다. 이것으로 첫 번째 연산자를 생성했다.

다음 출력을 확인하자.

```
"C:\Program Files\Java\jdk1.8.0_131\bin\java" ...
Next (1, 10)
Next (2, 11)
Next (3, 12)
Next (4, 13)
Next (5, 14)
Next (6, 15)
Next (7, 16)
Next (8, 17)
Next (9, 18)
Next (10, 19)
Next (11, 20)
Next (12, 21)
Next (13, 22)
Next (14, 23)
Next (15, 24)
Next (16, 25)
Next (17, 26)
Next (18, 27)
Next (19, 28)
Next (20, 29)
Completed

Process finished with exit code 0
```

첫 번째 연산자를 만들어봤는데 솔직히 말하면 매우 쉬웠다. 처음에는 조금 혼란스러워 보였을 수도 있지만 조금씩 진행할수록 더 쉬워졌다.

알다시피 `ObservableOperator` 인터페이스에는 하나의 메서드만 있으므로 클래스 선언과 모든 것을 람다로 바꿀 수 있다. 다음 코드를 확인하자.

```kotlin
fun main(args: Array<String>) {
  listOf("Reactive","Programming","in","Kotlin",
  "by Rivu Chakraborty","Packt")
    .toObservable()
    .lift<Pair<Int,String>> {
```

```
      observer ->
      val counter = AtomicInteger()
      object :Observer<String> {
        override fun onSubscribe(d: Disposable) {
          observer.onSubscribe(d)
        }

        override fun onNext(t: String) {
          observer.onNext(Pair(counter.incrementAndGet(), t))
        }

        override fun onComplete() {
          observer.onComplete()
        }

        override fun onError(e: Throwable) {
          observer.onError(e)
        }
      }
  }
  .subscribeBy (
    onNext = {
      println("Next $it")
    },
    onError = {
        it.printStackTrace()
    },
    onComplete = {
      println("Completed")
    }
  )
}
```

이 예제에서는 옵저버블을 생성하기 위해 Int 레인지^{range}대신 문자열 목록을 사용했다.

결과는 다음과 같다.

```
"C:\Program Files\Java\jdk1.8.0_131\bin\java" ...
Next (1, Reactive)
Next (2, Programming)
Next (3, in)
Next (4, Kotlin)
Next (5, by Rivu Chakraborty)
Next (6, Packt)
Completed

Process finished with exit code 0
```

이 프로그램은 람다를 사용하는 것과 Pair <Int, String>를 다운스트림 옵저버의 유형으로 사용한다는 점을 제외하면 이전 예제와 거의 유사하다.

자신만의 연산자를 생성할 수 있게 됐으니, 변환자transformer를 만드는 방법을 알아보자. 영화 트랜스포머 시리즈의 오토봇이 아니라 RxKotlin의 트랜스포머를 말하는 것이다. 변환자가 무엇인지 알아보자.

변환자로 연산자 합성

사용자 지정 연산자를 만드는 방법을 배웠고, 이제 여러 연산자를 결합해 새 연산자를 만들려는 상황을 생각해보자. 예를 들어, 모든 계산을 계산 스레드로 푸시할 수 있도록 subscribeOn, observeOn 연산자의 기능을 결합하고 결과를 수신할 준비가 되면 주 스레드에서 수신할 수 있다.

아래의 예제처럼 두 연산자를 차례로 체인에 추가해 두 연산자의 이점을 얻을 수 있다.

```kotlin
fun main(args: Array<String>) {
  Observable.range(1,10)
    .map {
      println("map - ${Thread.currentThread().name} $it")
```

```
    it
  }
  .subscribeOn(Schedulers.computation())
  .observeOn(Schedulers.io())
  .subscribe {
    println("onNext - ${Thread.currentThread().name} $it")
  }

  runBlocking { delay(100) }
}
```

결과를 이미 눈치챘겠지만 명확하게 하기 위해 다음 화면을 확인하자.

```
"C:\Program Files\Java\jdk1.8.0_131\bin\java" ...
map - RxComputationThreadPool-1 1
map - RxComputationThreadPool-1 2
map - RxComputationThreadPool-1 3
map - RxComputationThreadPool-1 4
map - RxComputationThreadPool-1 5
map - RxComputationThreadPool-1 6
map - RxComputationThreadPool-1 7
map - RxComputationThreadPool-1 8
map - RxComputationThreadPool-1 9
map - RxComputationThreadPool-1 10
onNext - RxCachedThreadScheduler-1 1
onNext - RxCachedThreadScheduler-1 2
onNext - RxCachedThreadScheduler-1 3
onNext - RxCachedThreadScheduler-1 4
onNext - RxCachedThreadScheduler-1 5
onNext - RxCachedThreadScheduler-1 6
onNext - RxCachedThreadScheduler-1 7
onNext - RxCachedThreadScheduler-1 8
onNext - RxCachedThreadScheduler-1 9
onNext - RxCachedThreadScheduler-1 10

Process finished with exit code 0
```

이제 프로젝트 전반에 걸쳐 subscribeOn과 observeOn 연산자가 조합돼 있으므로 바로 가기가 필요하다. subscribeOn과 observeOn를 위해 두 스케줄러를 전달하는 자신만의 연산자가 필요한데, 모든 것이 제대로 작동해야 한다.

RxKotlin은 Transformer 인터페이스를 제공한다(두 가지 ObservableTransformer와 FlowableTransformer는 Transformer 인터페이스다). Operator 인터페이스와 마찬가지로 하나의 메서드(apply)만 있다. 여기서 유일한 차이점은 Observers 대신에 Observable이 있다는 것이다. 따라서 개별 배출 및 해당 아이템에서 작업하는 대신 원천에서 직접 작업해야 한다.

다음은 ObservableTransformer 인터페이스의 명세이다.

```
interface ObservableTransformer<Upstream, Downstream> {
    /**
    * 업스트림 옵저버블에 함수를 적용하고 선택적인 엘리먼트 타입의 ObservableSource를 반환한다.
    * @param upstream the upstream Observable instance
    * @return the transformed ObservableSource instance
    */
    @NonNull
    fun apply(@NonNull upstream: Observable<Upstream>):
    ObservableSource<Downstream>
}
```

인터페이스 명세는 거의 동일하다. ObservableOperator의 apply 메서드와는 달리, 여기에서의 apply 메서드는 업스트림 옵저버블을 수신하고 다운스트림으로 전달돼야 하는 옵저버블을 반환한다.

따라서 우리의 주제로 돌아가보면 다음 코드 블록이 요구 사항을 충족시켜야 한다.

```
fun main(args: Array<String>) {
  Observable.range(1,10)
    .map {
```

```
      println("map - ${Thread.currentThread().name} $it")
      it
    }
    .compose(SchedulerManager(Schedulers.computation(),
      Schedulers.io()))
      .subscribe {
        println("onNext - ${Thread.currentThread().name} $it")
      }

      runBlocking { delay(100) }
}

class SchedulerManager<T>(val subscribeScheduler:Scheduler,
val    observeScheduler:Scheduler):ObservableTransformer<T,T> {
  override fun apply(upstream: Observable<T>):
  ObservableSource<T> {
    return upstream.subscribeOn(subscribeScheduler)
      .observeOn(observeScheduler)
    }
}
```

앞의 예제에서는 요구 사항을 위해 SchedulerManager를 생성했다. 이 클래스는 두 개의 Scheduler를 매개 변수로 사용하는데 첫 번째 것은 subscribeOn 연산자에 전달되고 두 번째 것은 observeOn 연산자에 전달된다.

apply 메서드 내에서 두 연산자를 적용한 다음 Observable Upstream을 반환했다.

출력 화면은 생략했는데, 이전과 동일하다.

lift 연산자와 마찬가지로 compose 연산자는 람다를 사용해 구현할 수도 있다. Observable <Int>를 Observable <List>로 변환하는 예를 들어본다. 다음 코드를 참고하자.

```
fun main(args: Array<String>) {
  Observable.range(1,10)
    .compose<List<Int>> {
```

```
        upstream: Observable<Int> ->
        upstream.toList().toObservable()
    }
    .first(listOf())
    .subscribeBy {
        println(it)
    }
}
```

예제에서는 upstream.toList().toObservable()을 사용했는데 Observable$toList() 연산자가 Observable<T>를 Single<List<T>>로 변환시킨다. 그래서 toObservable() 연산자로 다시 옵저버블로 변환해야 한다.

다음은 출력 결과다.

```
"C:\Program Files\Java\jdk1.8.0_131\bin\java" ...
[1, 2, 3, 4, 5, 6, 7, 8, 9, 10]

Process finished with exit code 0
```

RxKotlin에서 여러 연산자를 조합해 새로운 연산자를 만드는 것은 매우 쉽다. 약간의 확장 기능을 사용해 상황이 더욱 흥미롭게 바뀌는지 알아보자.

▌ 요약

9장에서는 RxKotlin의 리소스 관리 및 사용자 정의 연산을 간단히 소개했다. 리소스를 작성, 사용, 처리하는 방법과 사용자 정의 연산자를 만드는 방법을 배웠다. 그리고 여러 연산자를 조합해 원하는 연산자를 만드는 방법을 배웠다.

여기까지가 RxKotlin의 기본을 다루는 마지막 장이다. 다음 장부터는 우리가 얻은 지식을 실제 시나리오와 프로젝트에 적용해본다.

앱이 중심이 되는 오늘날 가장 중요한 요구 사항은 API 작성이다. 10장에서는 스프링에서 코틀린을 사용하기 위한 학습을 시작하고 프로젝트에 사용할 API를 직접 개발해본다.

10

코틀린 개발자를 위한 스프링 웹 프로그래밍 소개

코틀린은 강력한 언어이고 스프링 프레임워크와 함께 사용할 때 그 힘은 더욱 커진다. 이 시점까지는 리액티브 프로그래밍의 개념과 이런 개념을 코틀린에 적용하는 방법을 배웠다. 지금까지 콘솔을 통해 상호 작용하는 코드를 개발했지만 전문 앱 개발 중에는 그렇게 하지 않는다. 실제로는 모바일 기기에서 실행될 앱, 또는 REST API를 제공하는 웹 애플리케이션을 개발할 것이다. 적어도 이것들은 가장 일반적으로 구축되는 전문 소프트웨어 솔루션이다.

그렇다면 어떻게 구축할 수 있을까? RESTful 웹 API 및 안드로이드 앱을 만드는 방법은 무엇일까? 알아보자. 10장부터 12장까지는 REST API 및 안드로이드 앱을 개발하는 데 중점을 두고 있으며 무엇보다 리액티브로 만든다. 스프링은 너무나 광범위해서 한 개의 장에서 모두 다룰 수는 없기 때문에 두 개의 장에 걸쳐 설명한다.

10장에서는 스프링을 소개하는데, 끝마칠 즈음이 되면 스프링에서 코틀린을 사용해 REST API를 작성하는 데 익숙해질 것이다. 10장에서는 스프링의 개념과 아이디어에 집중하고 싶기 때문에 리액티브 관련 코드를 추가하지 않는다. 먼저 스프링 자체에 대한 개념과 지식을 파악한 뒤에 리액티브하게 변경한다.

10장에서 다루는 내용은 다음과 같다.

- 스프링의 역사와 기원 소개
- 스프링 IOC와 의존성 주입 소개
- 관점Aspect 지향 프로그래밍 소개
- 스프링 부트를 사용해 REST API 작성

더이상 기다릴 이유가 없다. 바로 스프링과 친해져보자.

스프링, 스프링의 역사와 기원

스프링은 무엇인가? 이 질문에 짧게 대답할 수는 없다. 한두 문장으로 스프링을 정의하는 것은 매우 어렵다. 많은 사람이 스프링을 하나의 프레임워크라고 말하지만 이는 프레임워크의 프레임워크라고도 불리우는 스프링을 낮잡아 보는 말이다. 스프링은 의존성 주입DI, Dependency Injection, IoCInversion of Control(제어의 역전), AOPAspect-oriented Programming 같은 다양한 도구를 제공한다.

거의 모든 유형의 자바 또는 코틀린 JVM 애플리케이션에서 스프링을 사용할 수 있지만 자바EE 플랫폼상에서 웹 애플리케이션을 개발할 때 가장 유용하다. 스프링의 세부 항목으로 이동하기 전에 스프링의 기원과 지금까지의 진화 방법부터 이해해야 한다.

스프링의 역사와 기원

자바가 등장한 지 20년이 넘었다(약 22년). 엔터프라이즈 애플리케이션 개발을 위해 자바는 규모가 크고 꽤나 복잡했던 몇 가지 기술을 도입했다.

2003년 로드 존슨Rod Johnson은 규모가 크고 복잡한 엔터프라이즈 자바 테크놀로지스Enterprise Java Technologies와 EJB의 대안으로 스프링을 만들어 자바를 통한 엔터프라이즈 애플리케이션 개발을 쉽게 만들었다. 가볍고 유연하며 사용하기 쉽기 때문에 스프링은 곧 인기를 얻었다. 시간이 지남에 따라 EJB와 자바 엔터프라이즈 에디션J2EE은 스프링과 같은 POJO 지향 프로그래밍 모델을 지원하도록 진화했다. 그것뿐만이 아니라 EJB는 스프링에서 영감을 얻어서 AOP, DI, IoC를 제공하기 시작했다.

그러나 스프링은 결코 되돌아보지 않았다. EJB와 자바 EE가 스프링에서 영감을 얻은 아이디어를 포함시켜 나갈 때 스프링은 빅데이터, 클라우드 컴퓨팅, 모바일 앱 개발, 심지어는 리액티브 프로그래밍 같은 비전통적이며 미지의 기술 영역을 탐구해 EJB와 자바 EE를 멀리 따돌렸다.

2017년 1월에 스프링은 코틀린 지원을 발표함으로써 모든 사람을 놀라게 했고(그렇다. 구글보다 먼저 코틀린 지원을 발표했다), 몇 가지 코틀린 API를 출시했다. 그리고 코틀린과 스프링 프레임워크는 결합됐을 때 더욱 강력해졌다. 스프링이 코틀린 지원을 추가하는 이유는 다음과 같다.

> 코틀린의 핵심 강점 중 하나는 자바로 작성된 라이브러리와의 상호 운용성이 매우 뛰어나다는 점이다. 훨씬 더 나아가 다음 스프링 애플리케이션을 개발할 때 완전히 자연스러운 코틀린 코드를 작성할 수 있다. 코틀린 애플리케이션이 함수형 웹이나 빈 등록 API처럼 활용할 수 있는, 자바 8을 위한 스프링 프레임워크 지원 이외에도 코틀린 전용 기능이 제공된다. 이는 새로운 수준의 생산성에 도달할 수 있도록 돕는다.
>
> 이것이 스프링 프레임워크 5.0에서 코틀린 전용 지원을 도입한 이유다.
>
> 피보탈 스프링 팀 https://spring.io/blog/2017/01/04/introducing-kotlin-support-in-spring-framework-5-0

먼저 스프링 프로젝트를 생성하고 설정한다.

▎ 의존성 주입과 IoC

IoC^Inversion of Control(제어의 역전)는 객체 결합이 런타임에 어셈블러 객체에 의해 바인딩되는 프로그래밍 기법이며 일반적으로 정적 분석을 사용해 컴파일할 때는 알 수 없는 프로그래밍 기법이다. IoC는 의존성 주입을 통해 이루어질 수 있다. 간단히 IoC가 개념이고 의존성 주입은 구현이라고 말할 수 있다. 이제 의존성 주입이란 무엇인지 알아보자.

의존성 주입은 하나의 컴포넌트가 구체화되는 시간 동안 다른 컴포넌트에 대한 종속성을 제공하는 기술이다. 정의를 명확하게 하기 위해 예를 들어 설명한다. 다음 인터페이스를 참고하자.

```kotlin
interface Employee {
  fun executeTask()
}
interface Task {
  fun execute()
}
```

이 인터페이스의 일반적인 구현은 다음과 같다.

Employee 클래스는 다음과 같다.

```kotlin
class RandomEmployee: Employee {
  val task = RandomTask()
  override fun executeTask() {
    task.execute()
  }
}
```

Task 인터페이스는 다음과 같이 구현된다.

```kotlin
class RandomTask : Task {
  override fun execute() {
    println("Executing Random Task")
  }
}
```

그리고 main 메서드에서 RandomEmployee의 인스턴스를 생성하고 사용한다.

```kotlin
fun main(args: Array<String>) {
  RandomEmployee().executeTask()
}
```

RandomTask 클래스는 인터페이스 Task를 구현하는 간단한 클래스이며, execute라는 함수가 있다. 반면에 RandomEmployee 클래스는 Task 클래스에 의존한다. 의존한다는 것은 무슨 뜻인가? 의존함에 따라 Employee 클래스의 인스턴스 출력은 Task 클래스에 종속된다. 다음 출력을 살펴보자.

```
"C:\Program Files\Java\jdk1.8.0_131\bin\java" ...
Executing Random Task

Process finished with exit code 0
```

앞의 프로그램은 잘 작동하는데 이는 대학교 교재에 맞는 프로그램이다. 대학이나 연구소에서 처음으로 코딩을 배웠을 때, 생성자 내부에서 변수 및/또는 속성을 초기화하는 방법을 배웠다.

앞서 배웠던 것을 기억해보자. 지금까지 작성한 모든 것을 테스트해야 한다. 이제 코드를 다시 한번 살펴보자. 이 코드를 테스트할 수 있을까? 또는 유지 보수가 가능할까? 올바른 Employee 클래스에 올바른 Task가 주어짐을 어떻게 확인할까? 이것은 밀접하게 결합된 코드다.

결합은 항상 간결해야 한다. 결합 없이 많은 일을 할 수 없는 것은 사실이다. 반면에 밀접하게 결합된 코드는 테스트와 유지 보수를 힘들게 만든다.

의존성 주입은 객체의 생성 시점에 의존성을 생성하는 대신 종속성을 가진 객체를 일부를 서드파티 클래스를 통해 제공한다. 해당 서드파티 클래스는 시스템의 각 객체와도 협업한다. 다음 다이어그램은 의존성 삽입의 일반적인 개념을 보여준다.

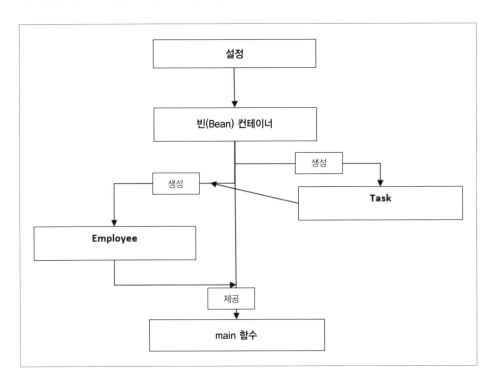

이 이미지는 의존성 주입 흐름을 정확하게 나타내고 있다. 빈 컨테이너를 만들고 구동시킬 수 있는 설정(Config) 클래스(스프링은 XML 또는 Config 클래스를 통한 설정을 지원한다)가 있다. 그 빈 컨테이너는 빈이나 POJO의 생성을 제어하고 필요시 전달한다.

혼란스러운가? 실용적인 코드 작성을 통해 앞의 개념을 구현해보자. 다음과 같은 Employee 인터페이스의 구현부터 시작한다.

```kotlin
class SoftwareDeveloper(val task: ProgrammingTask) : Employee {
  override fun executeTask() {
    task.execute()
  }
}
```

SoftwareDeveloper 클래스는 ProgrammingTask를 실행하기만 한다. 이제 다음 XML설정을 확인하자.

```xml
<?xml version="1.0" encoding="UTF-8"?>
<beans xmlns="http://www.springframework.org/schema/beans"
   xmlns:xsi="http://www.w3.org/2001/XMLSchema-instance"
   xsi:schemaLocation="http://www.springframework.org/schema/beans
   http://www.springframework.org/schema/beans/spring-beans.xsd">

  <bean id="employee"
    class="com.rivuchk.reactivekotlin.springdi.SoftwareDeveloper">
  <constructor-arg ref="task"/>
  </bean>

  <bean id="task" class="com.rivuchk.reactivekotlin.
  springdi.ProgrammingTask"/>

</beans>
```

Task 클래스의 새로운 구현인 ProgrammingTask 클래스는 다음과 같다.

```kotlin
class ProgrammingTask: Task {
  override fun execute() {
    println("Writing Programms")
  }
}
```

설정 파일은 /src/main/resources/META-INF/employee.xml에 위치한다. 이제 config. 파일을 이해해보자. 각 빈은 bean 태그를 통해 선언됐다. 그리고 constructor-arg 태그를 사용해 해당 빈이 생성자 인자가 있음을 명시했다.

빈에 constructor-arg ref를 통해 다른 객체를 전달하고 싶다면 해당 참조도 마찬가지로 빈이어야 한다. 그렇지 않으면 constructor-arg value를 사용할 수도 있는데 이는 뒤에서 더 알아본다.

수정된 main 함수는 다음과 같다.

```kotlin
fun main(args: Array<String>) {
  val context = ClassPathXmlApplicationContext(
    "META-INF/spring/employee.xml")//(1) val employee =
    context.getBean(Employee::class.java)//(2)
    employee.executeTask()
    context.close()//(3)
}
```

이전 프로그램에 대해 상세히 알아보기에 앞서 다음 결과부터 확인하자.

```
"C:\Program Files\Java\jdk1.8.0_131
Nov 19, 2017 11:19:49 PM org.spring
INFO: Refreshing org.springframewor
Nov 19, 2017 11:19:49 PM org.spring
INFO: Loading XML bean definitions
Nov 19, 2017 11:19:50 PM org.spring
INFO: Closing org.springframework.c
Writing Programms

Process finished with exit code 0
```

처음 몇 줄의 빨간색 출력은 스프링 프레임워크의 로그다. 그런 다음 출력되는 Writing Programms로 프로그램을 인식할 수 있다.

자, 그럼 프로그램을 살펴보자. ClassPathXmlApplicationContext는 그림에서 언급한 빈 컨테이너다. XML 파일에 언급된 모든 빈을 생성하고 보관하며 요청 시 이를 제공한다.

ClassPathXmlApplicationContext의 생성자에 전달된 String은 XML 구성 파일의 상대 경로다.

주석 (2)에서는 context.getBean( )을 사용해 Employee 인스턴스를 가져왔다. 이 함수는 클래스 이름을 매개 변수로 사용하고 XML 구성을 기반으로 해당 클래스의 인스턴스를 생성한다.

주석 (3)에서 context를 종료했다. 빈 컨테이너로서의 context는 항상 메모리를 차단한 채로 사용자를 위한 구성을 실행한다. 메모리를 정리하기 위해서는 context를 종료해야 한다.

이제 XML 설정 파일을 통한 의존성 주입에 대한 개념을 얻었으므로 주석 기반 설정 클래스로 이동해 어떻게 작동하는지 살펴본다.

스프링 주석 기반 설정

XML 이외에도 빈으로 사용되지 않는 POJO 클래스의 주석을 통해 스프링 설정을 정의할 수 있다. 이전 영역에서는 종업원과 업무에 관련한 예제를 살펴봤다. 이제 유사한 학생, 과제와 관련된 예제를 살펴본다. 그러나 이번에는 인터페이스를 사용하지 않고 직접 클래스를 사용한다.

다음은 생성자로 람다를 입력받는 Assignment 클래스다.

```kotlin
class Assignment(val task:(String)->Unit) {
  fun performAssignment(assignmentDtl:String) {
    task(assignmentDtl)
  }
}
```

람다 task를 인자로 받아서 performAssignment() 메서드에서 실행한다.

다음은 과제(Assignment)를 인자로서 받는 학생(Student) 클래스다.

```kotlin
class Student(val assignment: Assignment) {
  fun completeAssignment(assignmentDtl:String) {
    assignment.performAssignment(assignmentDtl)
  }
}
```

자, 그래서 학생은 과제에 종속돼 있고 과제는 람다로 정의된 태스크에 의존한다. 다음 그림은 이 예제의 의존성 흐름이다.

이와 같은 의존성 흐름을 어떻게 코드로 표현할까? 주석을 통한 설정을 사용하면 쉽다. 다음은 우리가 사용하는 Configuration 클래스다.

```kotlin
@Configuration
class Configuration {

  @Bean
  fun student() = Student(assignment())

  @Bean
  fun assignment()
    = Assignment { assignmentDtl -> println
    ("Performing Assignment $assignmentDtl") }
}
```

간단하고 이해하기 쉽지 않은가? 클래스는 @Configuration 주석이 붙어 있고 각각 Student와 Assignment 빈을 반환하는 함수는 @Bean 주석이 붙어 있다.

그럼 이제 이 클래스를 어떻게 사용해야 할까? 이전과 같이 간단하다. 다음 main 함수를 살펴보자.

```kotlin
fun main(args: Array<String>) {
  val context = AnnotationConfigApplicationContext
  (Configuration::class.java)
  val student = context.getBean(Student::class.java)
  student.completeAssignment("One")
  student.completeAssignment("Two")
  student.completeAssignment("Three")

  context.close()
}
```

ClassPathXmlApplicationContext 대신 AnnotationConfigApplicationContext를 사용하고 Configuration 클래스를 전달했다. 나머지 프로그램은 동일하다.

다음은 프로그램의 출력이다.

```
"C:\Program Files\Java\jdk1.8.0_131\
Nov 20, 2017 6:06:40 AM org.springfra
INFO: Refreshing org.springframework.
Performing Assignment One
Performing Assignment Two
Performing Assignment Three
Nov 20, 2017 6:06:42 AM org.springfra
INFO: Closing org.springframework.cor

Process finished with exit code 0
```

주석 설정을 사용한 프로그램의 결과 축약 버전

지금까지 스프링을 사용한 의존성 주입을 배웠다. 정말 쉽지 않은가? 실제로 스프링 프레임워크는 모든 것을 쉽게 만들어주는데 POJO 클래스의 메서드를 호출하는 것처럼 쉽게 사용할 수 있다. 스프링은 진심으로 POJO의 장점을 이용한다.

의존성 주입을 다뤄봤으니 이제 관점 지향 프로그래밍으로 넘어가자.

▌ 스프링: AOP

스프링을 사용해 어떻게 AOP를 구현하는지 배우기에 앞서 먼저 AOP가 무엇인지 배워야 한다. AOP의 정의는 여러 영역을 가로지르는cross-cutting 관심사를 분리해서 이식성을 높이는 것을 목적으로 하는 프로그래밍 패러다임이다. 기존 코드에 동작(어드바이스)을 더해서 기존 코드를 수정하지 않고 목적을 달성한다.

그렇다면 여러 영역을 가로지르는 관심사란 무엇일까? 알아보자.

실제 프로젝트에서는 다양한 컴포넌트들이 자신만의 역할을 한다. 예를 들어 이전 예제를 갖고 설명해보면 학생 클래스는 그 자체로 컴포넌트이고 유사한 교직원 컴포넌트가 존재해 학생들의 성과를 평가하는 기능을 가질 수도 있다. 프로그램에 교직원 컴포넌트를 추가하자.

Faculty 클래스는 학생을 평가하는 메서드만 갖고, 간단해야 한다. 다음을 참고하자.

```
class Faculty {
  fun evaluateAssignment() {
    val marks = Random().nextInt(10)
    println("This assignment is evaluated and given $marks points")
  }
}
```

그럼 이제 어떻게 교직원이 학생을 평가해야 할까? 교직원은 어떻게든 학생이 과제를 완성했는지 여부를 알아야만 한다. 이 비즈니스 로직의 일반적인 구현은 다음과 같이 Student 클래스를 변경해야 한다.

```
class Student(val assignment: Assignment,
  val faculty: Faculty) {
    fun completeAssignment(assignmentDtl:String) {
      assignment.performAssignment(assignmentDtl)
      faculty.evaluateAssignment()
    }
  }
```

Faculty 인스턴스가 Student 인스턴스로 전달되고 학생이 과제를 마치고 나면 교원으로 해금 과제를 평가한다. 그러나 다시 한번 생각해보자. 이것이 적절한 구현인가? 어째서 학생이 교직원에게 평가를 지시해야만 할까? 교직원의 역할이 학생을 평가하는 것이라면 그것은 어떻게든 통지를 받아야만 한다.

이것이 바로 여러 영역을 가로지르는 주제에 대한 예제다. 교직원과 학생은 프로그램의 서로 다른 컴포넌트다. 과제를 평가하는 시점에 교직원과 학생은 직접적으로 상호 작용해서는 안 된다.

AOP로 동일한 것을 구현해보자. 그래서 Student 클래스는 원래 상태로 돌아가게 된다.

```kotlin
open class Student(public val assignment: Assignment) {
  open public fun completeAssignment(assignmentDtl:String) {
    assignment.performAssignment(assignmentDtl)
  }
}
```

이전 영역의 Student 클래스와 차이점을 발견했는가? 그렇다, 클래스 정의와 모든 속성과 함수에 open 키워드를 추가했다. 그 이유는 AOP를 구현하기 위해 스프링이 빈을 서브클래스로 만들고 메서드를 오버라이드하기 때문이다(속성의 게터 함수를 포함). 그러나 코틀린에서는 모든 것이 명시적으로 open으로 지정하기 전까지 final이기 때문에 스프링 AOP가 제대로 동작할 수 없다. 그래서 스프링이 동작하도록 만들기 위해 모든 속성과 메서드를 open으로 설정했다.

main 메서드는 XML 기반의 속성을 다시 사용한다는 점 외에는 유사할 것이다. 다음 예제를 살펴보자.

```kotlin
fun main(args: Array<String>) {
  val context = ClassPathXmlApplicationContext(
        "META-INF/spring/student_faculty.xml"
  )
  val student = context.getBean(Student::class.java)
  student.completeAssignment("One")
  student.completeAssignment("Two")
  student.completeAssignment("Three")

  context.close()
}
```

새로운 내용이 추가되는 것은 설정 파일뿐이다. 설명하기에 앞서 다음 설정 파일을 먼저 살펴보자.

```xml
<?xml version="1.0" encoding="UTF-8"?>
<beans xmlns="http://www.springframework.org/schema/beans"
    xmlns:xsi="http://www.w3.org/2001/XMLSchema-instance"
    xmlns:aop="http://www.springframework.org/schema/aop"
    xsi:schemaLocation="http://www.springframework.org/schema/beans
    http://www.springframework.org/schema/beans/spring-beans.xsd
    http://www.springframework.org/schema/aop/spring-aop.xsd">

<bean id="student" class="com.rivuchk.reactivekotlin.
  springdi.aop_student_assignment.Student">
  <constructor-arg ref="assignment"/>
</bean>

<bean id="assignment" class="com.rivuchk.reactivekotlin.springdi.
  aop_student_assignment.Assignment" />

<bean id="faculty"
class="com.rivuchk.reactivekotlin.springdi.aop_student_assignment.
Faculty" /><!--1-->    <aop:config><!--2-->            <aop:aspect
ref="faculty"><!--3-->              <aop:pointcut
id="assignment_complete"
expression="execution(* *.completeAssignment(..))"/><!--4-->
<aop:after                 pointcut-ref="assignment_complete"
method="evaluateAssignment" /><!--5-->
</aop:aspect>
</aop:config>

</beans>
```

이제 설정에 대해 설명한다. 주석 (1)에 새로운 빈으로 **faculty**를 선언했다. 하지만 실제로는 새로운 것이 아니며 이미 예상하고 있었을 것이다. 이것은 다음 몇 줄을 설명하기 위해 언급했다.

주석 (2)에서 AOP 구성이 시작됨을 선언했다. 주석 (3)에서 Faculty 클래스에 통지가 가야하는 클래스이기 때문에 이 AOP가 Faculty 클래스에 관한 것임을 명시했다.

주석 (4)에서 pointcut을 선언했는데 이는 메서드의 책갈피와 유사하기 때문에 해당 메서드가 호출될 때마다 클래스에 전달돼야 한다. id 필드는 해당 pointcut의 id를 나타내므로 코드에서 참조할 수 있다. expression 필드는 pointcut을 생성해야 하는 표현식을 나타낸다. 여기에서 실행 표현식을 사용해 pointcut은 completeAssignment 메서드를 실행한다고 명시했다.

주석 (5)에서 Faculty 클래스에서 pointcut 표현식이 실행된 후에 호출돼야 하는 메서드를 선언했다. aop : before를 사용해 pointcut 이전에 실행할 메서드를 선언할 수도 있다.

이제 출력을 살펴보자.

```
"C:\Program Files\Java\jdk1.8.0_131\bin\java" ...
Nov 21, 2017 7:57:05 AM org.springframework.contex
INFO: Refreshing org.springframework.context.suppo
Nov 21, 2017 7:57:05 AM org.springframework.beans.
INFO: Loading XML bean definitions from class path
Nov 21, 2017 7:57:07 AM org.springframework.aop.fr
INFO: Final method [public final com.rivuchk.react
Performing Assignment One
This assignment is evaluated and given 5 points
Performing Assignment Two
This assignment is evaluated and given 0 points
Performing Assignment Three
This assignment is evaluated and given 9 points
Nov 21, 2017 7:57:08 AM org.springframework.contex
INFO: Closing org.springframework.context.support.

Process finished with exit code 0
```

스프링 AOP를 사용한 의존성 주입의 축약된 결과

교직원의 evaluateAssignment 메서드가 completeAssignment 메서드가 호출될 때마다 호출되는 것을 확인할 수 있는데, 이는 모두 코드 없이 설정만으로 가능했다.

▐ 스프링 부트 소개

이쯤이면 스프링, 특히 스프링 DI와 AOP에 익숙해졌을 것이다. 스프링 부트는 개발자의 삶을 더 편하게 만들어준다. 지금까지 POJO 클래스와 스프링 설정을 사용해 다양한 작업을 수행하는 방법을 살펴봤다. 이 구성을 최소화할 수 있다고 말하면 어떨까? 충격을 받지는 않을까? 그렇다면 마음의 준비를 하자. 그것은 사실이다. 스프링 부트를 사용하면 설정을 최소화하고 몇 단계만 거쳐서 코드를 바로 준비할 수 있다.

그렇다면 스프링 부트는 무엇인가? 스프링 프레임워크에서 RAD^{Rapid application development} 기능을 제공하는 Spring 모듈이다. 새로운 Spring 애플리케이션의 부트 스트랩 과정과 개발을 단순화하도록 설계됐다. 이 프레임워크는 설정의 독창적인 접근 방식을 채택해 개발자가 보일러 플레이트 코드를 작성할 필요 없도록 만들어 개발 시간을 더욱 단축시킨다.

자, 그럼 시작해보자. 인텔리제이 IDEA 얼티밋 에디션을 사용하고 있다면 다음 단계를 통해 스프링 부트 애플리케이션을 생성할 수 있다.

1. New Project를 생성한다.

2. 다음 화면을 참고해 New Project 대화상자에서 Spring Initializer를 선택하고 Project SDK를 정의한 뒤 Next를 클릭한다.

3. 다음 화면에서 Group, Artifact, Type(그레이들 또는 메이븐), Language(자바 또는 코틀린), Packaging(Jar/War), 자바 버전, Name, 그리고 프로젝트의 루트 패키지를 입력한다.

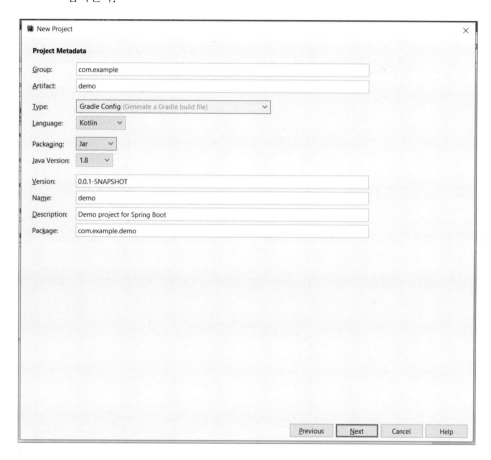

4. 다음 화면에서는 다양한 스프링 의존성을 선택 가능하다. 스프링 부트 2.0.0 M6 또는 그 이상의 버전을 선택하자. AOP와 DI를 위해서는 다음 화면처럼 Core 아래에 Aspects를 선택하자.

5. 프로젝트명과 위치를 지정한 후 Finish를 클릭한다.

꽤 쉽지 않은가? 인텔리제이 IDEA 얼티밋 에디션이 없어도 화내지 말라. 스프링 부트는 모두를 위한 것이기 때문에 다음 단계를 따라 하면 어떤 IDE를 쓰든 관계없이 스프링 부트 프로젝트를 생성해볼 수 있다.

1. start.spring.io/로 이동한다.
2. 인텔리제이 IDEA와 유사하게 다음 상세 내용을 입력한다.

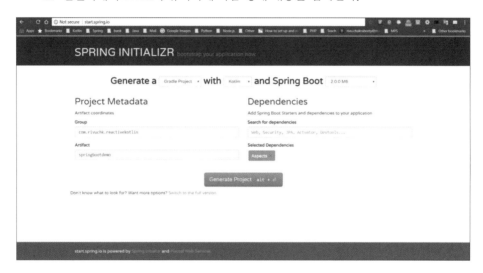

3. Generate Project를 클릭하자. 로컬 장비로 파일이 다운로드될 것이다.

간단하지 않은가? 스프링을 사용해 API를 작성해보자.

▌스프링 부트를 사용해 Rest API 만들기

지금까지 스프링과 스프링 부트의 장점을 봤다. 더이상 지체할 것 없이 바로 사용해보자. Todo 객체를 반환할 RESTful 웹 서비스를 생성한다. 11장에서 더욱 향상시킬 것이며, 여기서는 데이터베이스에서 Todo를 추가하거나 목록을 가져올 것이다. 스프링과 함께 JPA 하이버네이트를 사용한다.

예제를 마치고 나면 다음과 같은 결과를 얻을 수 있다.

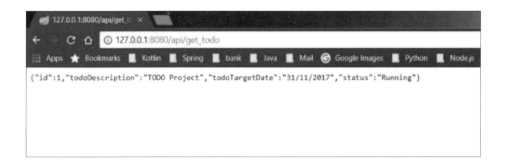

새로운 프로젝트를 만들어 보자. http://start.spring.io/나 인텔리제이 IDEA를 사용해
새 프로젝트를 만들 수 있다.

새 프로젝트를 만들면 Application 클래스를 확인할 수 있다. 너무 신경 쓰지 않아도 좋
다. 이는 거의 모든 스프링 부트 애플리케이션에 있다. 다음과 같이 Todo의 새 클래스를
생성한다.

```
data class Todo (
    var id:Int = 0,
    var todoDescription:String,
    var todoTargetDate:String,
    var status:String
)
```

REST API를 사용하려면 API 엔드포인트인 RestController를 만들어야 한다. 여기
RestController가 있다.

```
@RestController@RequestMapping("/api")
class TodoController {
  @RequestMapping("/get_todo")
  fun getTodo() = Todo(1,"TODO Project","31/11/2017","Running")
}
```

이 작은 클래스를 신중하게 살펴보자. 먼저 클래스에 @RestController 및 @RequestMapping 주석을 추가했는데 그 목적은 단순하다. @RestController는 이 클래스가 Controller로 작동한다는 것을 나타낸다. 즉 모든 API 요청은 이 클래스를 통과해야 하며 @Reques tMapping("/ api")은 이 클래스의 URL은 기본 URL 뒤에 /api 접미사가 추가된다는 의미다(화면의 URL은 http://127.0.0.1:8080/api/get_todo이다).

원한다면 클래스의 두 번째 주석을 건너뛸 수 있다.

그런 다음 getTodo( ) 함수가 있는데 @RequestMapping 애노테이션은 엔드 포인트를 정의할 때 이 메서드에 필요하다. 이 메서드도 간단한데, 정적으로 생성된 Todo의 새로운 객체를 반환한다.

더 많은 것을 기대하고 있었나? 실망시켜서 미안하지만 이것으로 API가 완료됐다. 프로젝트를 실행하고 http://127.0.0.1:8080/api/get_todo를 호출해보면 다음 JSON 응답을 받을 수 있다.

```
{ "id": 1, "todoDescription": "TODO
Project ","todoTargetDate ":"31/11/2017 ","status ":"Running "}
```

충분히 간단하지 않은가?

▍요약

10장에서는 코틀린과 함께 스프링을 소개했다. 그리고 의존성 주입과 관점 지향 프로그래밍에 대해 배웠다. 간단한 POJO 클래스가 스프링 프레임워크의 도움을 받아 큰 힘을 발휘할 수 있는 방법을 배웠다. 이 장에서는 스프링을 사용해 간단한 API를 만드는 방법을 배웠다.

11장에서는 JPA와 하이버네이트의 도움을 받아 MySQL 데이터베이스를 사용해 API를 완전히 동작하는 것으로 향상시키는 데 중점을 둔다. 또한 스프링을 이용한 리액티브 프로그래밍을 구현하는 방법을 배워본다.

다음 장으로 넘어가자. 예제 API가 아직 완성되지 않았다.

11

스프링 JPA와 하이버네이트를 사용한 REST API

10장에서는 손쉽게 REST API를 작성하는 방법을 배웠다. 이는 모두 얼마 되지 않는 코드를 사용해 가능했다. 그것들은 매우 효과적인 REST API였지만 리액티브하지 않았다. 이 책의 주요 관심사는 모든 것을 리액티브로 만드는 방법과 논블로킹 앱 및 API를 만드는 방법을 가르쳐주는 것이다.

그럼, 계속 진행해 REST API를 리액티브로 만들어보자. 스프링을 활용하므로 이 장은 짧을 것이다. 11장에서 다루는 내용은 다음과 같다.

- 스프링 부트와 JPA 하이버네이트
- 리액터Reactor를 사용한 리액티브 프로그래밍

그럼, 스프링 프레임워크부터 시작해보겠다.

스프링 부트, 하이버네이트 JPA를 사용한 REST API

10장에서는 정적인 RESTful API를 만드는 방법을 살펴봤다. 이제 API 요청에 대한 응답으로 데이터베이스 레코드를 조작하는 방법을 배워본다. 이 프로젝트에서는 MySQL을 데이터베이스로 사용한다.

이 프로젝트에서는 JPA를 사용한다. 새 프로젝트를 생성하면서 JPA를 의존성 중 하나로 추가할 수 있다. 또는 다음과 같이 그레이들의 의존성 목록에 추가할 수 있다.

```
compile('org.springframework.boot:spring-boot-starter-data-jpa')
```

 참고: 여기에 버전을 입력할 필요는 없으며 스프링 그레이들 플러그인과 스프링 부트에 의해 자동으로 관리된다.

이제 의존성을 추가했으니 application.properties를 추가해야 한다. 리소스 폴더로 이동해 다음과 같은 내용의 application.properties 파일을 추가한다.

```
## Spring DATASOURCE (DataSourceAutoConfiguration &
DataSourceProperties)
spring.datasource.url = jdbc:mysql://localhost:3306/tododb
spring.datasource.username = root
spring.datasource.password = password


## Hibernate Properties

# SQL dialect를 설정하면 하이버네이트가 대상 데이터베이스를 대상으로 더 나은 쿼리를 생성한다.
SQL for the chosen database
spring.jpa.properties.hibernate.dialect =
org.hibernate.dialect.MySQL5Dialect
```

```
# Hibernate ddl auto (create, create-drop, validate, update)
spring.jpa.hibernate.ddl-auto = update
```

Tododb는 데이터베이스명, root는 사용자명, password는 비밀번호로 각자의 환경에 맞게 알맞은 값을 입력한다. 애플리케이션을 실행하기 전에 속성에 제공한 데이터베이스 이름 (이 경우 tododb)으로 빈 데이터베이스를 생성해야 한다.

Todo 클래스를 약간 수정했다. 다음 코드를 확인하자.

```
@Entity
data class Todo (
  @Id @GeneratedValue(strategy = GenerationType.AUTO)
  var id:Int = 0,

  @get: NotBlank
  var todoDescription:String,

  @get: NotBlank
  var todoTargetDate:String,

  @get: NotBlank
  var status:String
) {
    constructor():this(
    0,"","",""
    )
  }
```

보이는 대로 스프링 데이터에 필요한 애노테이션과 빈 생성자를 추가했다. 이제 애노테이션과 그 목적을 알아본다.

@Entity: 이것은 데이터베이스의 새로운 엔티티를 정의한다. 즉, @Entity로 애노테이션된 모든 클래스에 데이터베이스의 테이블이 생성된다.

@Id: 이 주석은 테이블에 대한 기본 키(또는 여러 개일 경우 복합 기본 키)를 정의한다. @GeneratedValue 주석은 필드 값이 자동 생성돼야 함을 나타낸다. JPA에는 다음과 같이 ID 생성을 위한 세 가지 전략이 있다.

- GenerationType.TABLE: 고유성을 보장하기 위해 기본 키가 테이블을 사용해 생성돼야 함을 의미한다. 즉 단일 열과 행을 가지는 테이블에 next_val 값을 유지하는데, 대상 테이블(엔티티로 작성된 테이블)에 삽입될 때마다 기본 키에 next_val 값을 설정하고 next_val을 증가시킨다.
- GenerationType.SEQUENCE: 기본 키가 기본 데이터베이스 시퀀스로 생성돼야 함을 의미한다.
- GenerationType.IDENTITY: 기본 키가 기본 데이터베이스 ID로 생성돼야 함을 의미한다.
- GenerationType.AUTO: 적절한 생성 전략이 자동으로 선택돼야 함의 나타낸다.

다음 애노테이션은 @get : NotBlank다. 이것은 테이블의 필드가 null이 아니어야 함을 나타낸다.

이것으로 Todo 클래스의 변경을 완료했다. 저장소(Repository) 인터페이스도 생성해야 한다. 다음 인터페이스를 살펴보자.

```
@Repository
interface TodoRepository: JpaRepository<Todo,Int>
```

그렇다, 매우 짧다. @Repository 애노테이션은 이 인터페이스가 프로젝트의 저장소(DAO 클래스)로 사용돼야 함을 나타낸다. 이 인터페이스에서 테이블을 조작하는 메서드를 선언하는 JpaRepository를 구현했다. 이 인터페이스의 첫 번째 제네릭 매개 변수는 Entity이고 두 번째 매개 변수는 ID 필드의 유형이다.

또한 응답 JSON을 구조화하기 위해 ResponseModel이라는 새로운 클래스를 생성했다. 클래스 정의는 다음과 같다.

```
data class ResponseModel (
  val error_code:String,
  val error_message:String,
  val data:List<Todo> = listOf()
) {
    constructor(error_code: String,error_message:
    String,todo: Todo)
    :this(error_code,error_message, listOf(todo))
  }
```

이 응답 모델에는 error_code와 error_message 속성이 포함돼 있는데, 그것들은 다음과 같다. API 요청을 처리하는 동안 오류가 발생하면 error_code는 0이 아닌 값을 갖고 error_message는 오류를 설명하는 메시지를 반환한다. error_message 속성은 일반 메시지도 포함할 수 있다.

data 속성은 응답 JSON으로부터 JSON 배열로 변환될 Todo 목록을 나타낸다. data 속성은 선택적으로 반환되는데 이 응답 모델은 이 프로젝트의 모든 API에 사용되며 해당 API들은 Todo 목록이나 단일 Todo 객체를 반환하지 않을 수도 있기 때문이다(예: 편집, 추가, 삭제 API는 Todo 반환을 필요로 하지 않음).

이 API의 마지막 부분은 controller 클래스다. 정의는 다음과 같다.

```
@RestController
@RequestMapping("/api")
class TodoController(private val todoRepository: TodoRepository) {

  @RequestMapping("/get_todo", method =
  arrayOf(RequestMethod.POST))
  fun getTodos() = ResponseModel("0","", todoRepository.findAll())
```

```kotlin
@RequestMapping("/add_todo", method =
arrayOf(RequestMethod.POST))
fun addTodo(@Valid @RequestBody todo:Todo) =
ResponseEntity.ok().body(ResponseModel
("0","",todoRepository.save(todo)))

@RequestMapping("/edit_todo", method =
arrayOf(RequestMethod.POST))

fun editTodo(@Valid @RequestBody todo:Todo):ResponseModel {
  val optionalTodo = todoRepository.findById(todo.id)
  if(optionalTodo.isPresent) {
      return ResponseModel("0", "Edit
      Successful",todoRepository.save(todo))
  } else {
      return ResponseModel("1", "Invalid Todo ID" )
  }
}
@RequestMapping("/add_todos", method =
arrayOf(RequestMethod.POST))
fun addTodos(@Valid @RequestBody todos:List<Todo>)
    = ResponseEntity.ok().body(ResponseModel
    ("0","",todoRepository.saveAll(todos)))

@RequestMapping("/delete_todo/{id}", method =
arrayOf(RequestMethod.DELETE))
fun deleteTodo(@PathVariable("id") id:Int):ResponseModel {
  val optionalTodo = todoRepository.findById(id)
  if(optionalTodo.isPresent) {
      todoRepository.delete(optionalTodo.get())
      return ResponseModel("0", "Successfully Deleted")
  } else {
      return ResponseModel("1", "Invalid Todo" )
  }
 }
}
```

get_todo 엔드 포인트와 별도로 add_todo, edit_todo, delete_todo, add_todos에 엔드 포인트를 추가했는데 각 API를 자세히 살펴볼 것이다. 그러나 먼저 TodoController 클래스의 생성자에 초점을 맞춘다. 인자로서 스프링 애노테이션에 의해 주입될 TodoRepository가 필요하다. 모든 API에서 todoRepository 속성을 통해 데이터베이스에서 읽고 쓸 수 있다.

이제 get_todo API를 자세히 살펴보자. TodoRepository의 findAll 메서드를 사용해 DB에서 모든 todo를 가져온다. 다음은 해당 API의 JSON 응답이다(이 응답은 데이터베이스의 Todo 테이블의 상태에 따라 달라짐).

```
{
  "error_code": "0",
  "error_message": "",
  "data": [
    {
      "id": 1,
      "todoDescription": "Trial Edit",
      "todoTargetDate": "2018/02/28",
      "status": "due"
    },
    {
      "id": 2,
      "todoDescription": "Added 2",
      "todoTargetDate": "2018/02/28",
      "status": "due"
    },
    {
      "id": 3,
      "todoDescription": "Edited 3",
      "todoTargetDate": "2018/02/28",
      "status": "due"
    },
    {
      "id": 4,
```

```
      "todoDescription": "Added 4",
      "todoTargetDate": "2018/02/28",
      "status": "due"
    },
    {
      "id": 5,
      "todoDescription": "Added 5",
      "todoTargetDate": "2018/02/28",
      "status": "due"
    },
    {
      "id": 7,
      "todoDescription": "Added 7",
      "todoTargetDate": "2018/02/28",
      "status": "due"
    }
  ]
}
```

다음은 add_todo API이다.

```
@RequestMapping("/add_todo", method = arrayOf(RequestMethod.POST))
fun addTodo(@Valid @RequestBody todo:Todo) =
  ResponseEntity.ok().body(ResponseModel
  ("0","",todoRepository.save(todo)))
```

API는 POST 요청으로부터 Todo를 가져와 저장하고 성공했다는 ResponseModel을 반환한다. 다음 포스트맨(Postmna) 화면은 API 응답을 보여준다.

JSON 요청에서 자동 생성되는 ID를 제외한 Todo 항목의 상세 정보를 전송한다.

API의 응답은 다음과 같다.

```
{
  "error_code": "0",
  "error_message": "",
  "data": [
    {
      "id": 8,
      "todoDescription": "Added 8",
      "todoTargetDate": "2018/02/28",
      "status": "due"
    }
  ]
}
```

add_todos API는 add_todo API와 거의 유사한데, 임의 개수의 Todos를 입력받아 데이터 베이스에 추가한다는 점만 다르다.

delete_todo는 예제의 모든 API들과는 조금 다르다. 다음 코드를 자세히 살펴보자.

```kotlin
@RequestMapping("/delete_todo/{id}", method =
arrayOf(RequestMethod.DELETE))
fun deleteTodo(@PathVariable("id") id:Int):ResponseModel {
  val optionalTodo = todoRepository.findById(id)
  if(optionalTodo.isPresent) {
    todoRepository.delete(optionalTodo.get())
    return ResponseModel("0", "Successfully Deleted")
  } else {
    return ResponseModel("1", "Invalid Todo" )
  }
}
```

이 API는 POST 요청 이외의 다른 모든 API에서 DELETE 요청을 처리한다(이유는 간단한데 Todo를 삭제하기 때문이다).

또한 RequestBody 대신 path 변수에서 todo의 ID를 사용한다. 다시 말하지만, 간단히 API에서 사용할 하나의 필드, 즉 삭제할 Todo의 ID만 있으면 되기 때문이다. 따라서 전체 JSON을 요청 본문으로 사용할 필요가 없다. 대신 경로 변수가 이 API에 가장 적합하다.

이 API 요청의 예는 http://localhost:8080/api/delete_todo/7이다. API는 지정된 ID를 가진 Todo가 있는지 확인하고, 있으면 그것을 삭제한다. 그렇지 않으면 오류를 반환한다.

이 API의 이상적인 응답 두 가지는 다음과 같다.

Todo를 찾아서 삭제했다면 다음과 같은 응답을 반환한다.

```json
{
  "error_code": "0",
  "error_message": "Successfully Deleted",
  "data": []
}
```

338

삭제할 Todo를 찾지 못했다면 다음과 같은 응답을 반환한다.

```
{
  "error_code": "1",
  "error_message": "Invalid Todo",
  "data": []
}
```

이제 스프링에 대한 지식을 얻었으므로 스프링의 운영 회사인 피보탈의 4세대 반응형 프로그래밍 라이브러리인 리액터에 대해 알아보자.

▌리액터를 이용한 리액티브 프로그래밍

ReactiveX 프레임워크와 마찬가지로 리액터도 4세대 반응형 프로그래밍 라이브러리이며, 리액터로 논블로킹 리액티브 앱을 작성할 수 있다. ReactiveX와 비교할 때 몇 가지 중요한 차이점을 살펴보자.

- ReactiveX는 여러 플랫폼과 언어(예: 스위프트용 RxSwift, JVM용 RxJava, 코틀린용 RxJotlin, 자바스크립트용 RxJS, C++용 RxCpp 등)를 지원하는 것과는 달리 리액터는 JVM만 지원한다.
- 자바 6 이상을 사용하는 경우 RxJava와 RxKotlin을 사용할 수 있다. 그러나 fldo를 사용하려면 자바 8 이상이 필요하다.
- 리액터와 RxKotlin은 리액터가 수행하는 CompletableFuture, Stream, Duration 같은 자바 8 기능 API와의 직접적인 통합을 제공하지 않는다.
- 안드로이드에서 반응형 프로그래밍을 구현하려는 경우 RxAndroid, RxJava, 또는 RxKotlin(총칭해 ReactiveX) 또는 Vert.X를 사용해야 하고, 동시에 최소 안드로이드 SDK 26 이상을 필요로 하며 그마저도 정식 지원은 아니다. 리액터 프로

젝트는 안드로이드에서 공식적으로 지원되지 않으며 안드로이드 SDK 26 이상에서만 작동한다.

이런 차이점에도 불구하고 리액터 및 ReactiveX API는 매우 유사하다. 리액터를 코틀린 프로젝트에 추가해 시작해보자.

프로젝트에 리액터 추가

그레이들을 사용하는 경우 다음 의존성을 추가하자.

```
compile 'io.projectreactor:reactor-core:3.1.1.RELEASE'
```

메이븐을 사용한다면 다음 의존성을 POM.xml 파일에 추가하자.

```
<dependency>
  <groupId>io.projectreactor</groupId>
  <artifactId>reactor-core</artifactId>
  <version>3.1.1.RELEASE</version>
</dependency>
```

 JAR 파일을 다음 주소에서 바로 다운로드할 수도 있다.

http://central.maven.org/maven2/io/projectreactor/reactor-core/3.1.1.RELEASE/reactor-core-3.1.1.RELEASE.jar

더 다양한 옵션은 다음 주소를 확인하자.

https://mvnrepository.com/artifact/io.projectreactor/reactor- core/3.1.1.RELEASE

리액터 코어를 프로젝트에 추가했으니 리액터의 프로듀서인 플럭스와 모노부터 시작해보자.

플럭스와 모노 이해

언급했듯이, 리액터는 ReactiveX와 같은 또 다른 4세대 리액티브 라이브러리다. 원래 Rx의 경량 버전으로 시작됐다. 그러나 시간이 지남에 따라 ReactiveX와 거의 같은 크기를 가지게 됐다.

또한 Rx와 마찬가지로 프로듀서와 컨슈머 모듈을 보유하고 있다. 플럭스Flux는 Flowable 모노Mono는 Single과 Maybe의 조합으로 사용한다.

플럭스를 설명할 때 Observable이 아니라 Flowable이라고 했다. 아마도 그 이유를 추측할 수 있을 것이다. 모든 리액터 유형은 백프레셔를 지원한다. 기본적으로 모든 리액터 유형은 리액티브 스트림의 Publisher API를 직접 구현한다.

플럭스는 N개의 배출을 전달하고 성공적으로 또는 오류로 종료할 수 있는 리액터 프로듀서다. 마찬가지로 모노를 사용하면 단일 항목을 배출하거나 배출하지 않을 수 있다. 그래서 무엇을 기다리고 있나? 바로 플럭스와 모노를 시작해보자.

다음 예제를 참고하자.

```
fun main(args: Array<String>) {
  val flux = Flux.just("Item 1","Item 2","Item 3")
  flux.subscribe(object:Consumer<String>{
    override fun accept(item: String) {
        println("Got Next $item")
  } })
}
```

결과는 다음과 같다.

```
"C:\Program Files\Java\jdk1.8.0_131\bin\java" ...
[DEBUG] (main) Using Console logging
Got Next Item 1
Got Next Item 2
Got Next Item 3

Process finished with exit code 0
```

프로그램뿐 아니라 출력도 RxKotlin과 매우 유사하다. 그렇지 않은가? 유일한 차이점은 Flowable 대신 Flux를 사용한다는 것이다.

이제 Mono 예제를 살펴본다. 다음을 참고하자.

```kotlin
fun main(args: Array<String>) {
  val consumer = object : Consumer<String> {//(1)
    override fun accept(item: String) {
        println("Got $item")
    }
}

  val emptyMono = Mono.empty<String>()//(2)
  emptyMono
    .log()
    .subscribe(consumer)

  val emptyMono2 = Mono.justOrEmpty<String>(null)//(3)
  emptyMono2
    .log()
    .subscribe(consumer)

  val monoWithData = Mono.justOrEmpty<String>("A String")//(4)
  monoWithData
    .log()
    .subscribe(consumer)

  val monoByExtension = "Another String".toMono()//(5)
```

```
monoByExtension
    .log()
    .subscribe(consumer)
}
```

프로그램을 한 줄씩 설명하기 전에 먼저 각 구독의 log 연산자에 주목하자. 리액터 프레임워크는 로그의 필요성에 대해 알고 있기 때문에 플럭스 또는 모노의 모든 이벤트의 로그를 얻을 수 있도록 연산자를 제공한다.

주석 (1)에서 모든 구독에 사용할 Consumer 인스턴스를 생성했다. 주석 (2)에서 Mono.empty() 팩토리 메서드로 빈 Mono를 생성했다. 이름에서 알 수 있듯이 이 팩토리 메서드는 빈 모노를 생성한다.

주석 (3)에서 Mono.justOrEmpty(); 이 메서드는 전달된 값으로 모노를 생성하거나 null이 전달된 경우 빈 모노를 생성한다.

주석 (4)에서는 동일한 팩토리 메서드를 사용해 모노를 생성하지만, 이번은 String 값을 건네준다.

주석 (5)에서는 toMono 확장 함수의 도움으로 모노를 생성했다. 다음은 프로그램의 출력이다.

```
[DEBUG] (main) Using Console logging
[ INFO] (main) onSubscribe([Fuseable] Operators.EmptySubscription)
[ INFO] (main) request(unbounded)
[ INFO] (main) onComplete()
[ INFO] (main) onSubscribe([Fuseable] Operators.EmptySubscription)
[ INFO] (main) request(unbounded)
[ INFO] (main) onComplete()
[ INFO] (main) | onSubscribe([Synchronous Fuseable] Operators.ScalarSubscription)
[ INFO] (main) | request(unbounded)
[ INFO] (main) | onNext(A String)
Got A String
[ INFO] (main) | onComplete()
[ INFO] (main) | onSubscribe([Synchronous Fuseable] Operators.ScalarSubscription)
[ INFO] (main) | request(unbounded)
[ INFO] (main) | onNext(Another String)
Got Another String
[ INFO] (main) | onComplete()

Process finished with exit code 0
```

이것으로 스프링과 리액터를 사용한 리액티브 프로그래밍에 대해 배웠다. 자신만의 연구를 진행하거나 API를 반응형으로 만들고 싶은가? 그렇다면 WebFlux에 관해 공부할 것을 제안한다.

올레 도쿠카Oleh Dokuka와 이고르 로진스키Igor Lozynskyi가 집필한 『Hands-On Reactive Programming in Spring 5』(Packt, 2018)(https://www.packtpub.com/application-development/hands-reactive-programming-spring-5)도 도움이 될 것이다.

▌ 요약

11장에서는 스프링 JPA, 하이버네이트, 스프링 부트를 사용해 REST API를 빠르게 작성하는 방법을 배웠다. 또한 리액터와 그 사용 방법도 배웠다. 예제 프로젝트를 위해 RESTful API를 만들었는데, 12장에서 안드로이드 앱을 만드는 동안 사용할 것이다.

이 책의 마지막 장인 12장에서는 코틀린과 리액티브 프로그래밍을 사용해 안드로이드 앱을 만드는 방법에 대해 설명한다.

이 책도 거의 끝나 간다. 마지막 한 장이 남아 있다. 빨리 페이지를 넘겨보자.

12

리액티브 코틀린과 안드로이드

코틀린에서의 리액티브 프로그래밍 학습이 거의 끝나간다. 이 책의 마지막, 그렇지만 가장 중요한 장에 이르렀다. 안드로이드는 아마도 코틀린을 위한 가장 큰 플랫폼일 것이다. 최근 구글 I/O 2017에서 구글은 코틀린의 공식 지원을 발표하고, 안드로이드 애플리케이션 개발을 위한 일류 객체로서 추가했다. 현재 코틀린은 자바를 제외하고 안드로이드 애플리케이션 개발을 위해 공식적으로 지원되는 유일한 언어다.

리액티브 프로그래밍은 이미 안드로이드에서 지원되고 있는데, 자주 사용되는 대부분의 안드로이드 라이브러리는 리액티브를 지원한다. 따라서 안드로이드도 반드시 다뤄야 한다.

안드로이드 개발을 처음부터 교육하는 것은 큰 주제이므로 이 책의 범위를 벗어난다. 안드로이드 개발을 처음부터 배우고 싶다면 관련된 많은 책을 참고하기 바란다. 여기서는 안드로이드 애플리케이션 개발에 대한 기본 지식이 있고 RecyclerView, Adapter, Activity, Fragment, CardView, AsyncTask 등을 다룰 수 있다고 가정한다. 위에서 언급된 주제에 익숙하지 않은 사용자라면 프라시요 마인카르^{Prajyot Mainkar}의 『Expert Android Programming』(Packt, 2017)를 읽어보자.

12장이 어떤 내용을 다루고 있는지 궁금한가? 다음 주제 목록을 살펴보자.

- 안드로이드 스튜디오 2.3.3과 3.0에서 코틀린 설정
- 안드로이드와 코틀린을 사용해 ToDoApp 작성하기
- 레트로핏^{Retrofit} 2를 사용한 API 호출
- RxAndroid와 RxKotlin 설정
- RxKotlin과 레트로핏2를 사용하기
- 예제 애플리케이션 개발하기
- RxBinding의 소개

자, 그럼 안드로이드 스튜디오에서 코틀린을 설정해보자.

▍ 안드로이드 스튜디오에서 코틀린 설정

코틀린 사용 여부에 관계없이 안드로이드 개발 시에는 안드로이드 스튜디오 3.0을 사용하는 것이 좋다. 안드로이드 스튜디오 3.0은 버그가 많이 수정됐고, 새로운 기능들과 개선된 그레이들 빌드 시간을 제공하는 안드로이드 스튜디오의 최신 버전이다.

안드로이드 스튜디오 3.0의 경우 코틀린을 사용하기 위해 따로 설정할 필요가 없다. 새 프로젝트를 만드는 동안 코틀린 지원 포함(Include Kotlin support)을 선택하기만 하면 된다. 다음은 참고 화면이다.

위 화면에서 안드로이드 프로젝트 생성(Create Android Project) 대화창의 코틀린 지원 포함 (Include Kotlin support)을 선택했다.

안드로이드 스튜디오 2.3.3이나 그 이전 버전을 사용한다면 다음 단계를 따르자.

1. Android ➤ Settings ➤ Plugins로 이동한다.

2. Kotlin을 검색(다음 화면 참고)한 다음 해당 플러그인을 설치한다.

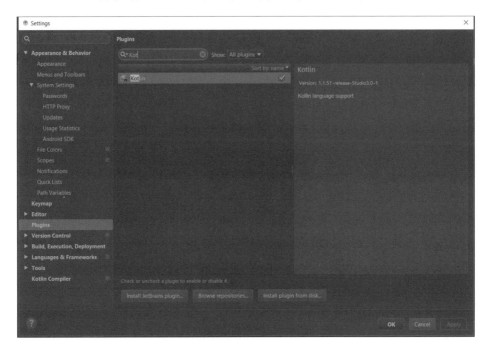

3. 새로운 안드로이드 프로젝트를 생성한다.

4. 프로젝트에서 코틀린 플러그인을 적용하려면 프로젝트 단계의 `build.gradle`을 연 뒤 다음과 같이 수정한다.

```
buildscript {
    ext.kotlin_version = '1.1.51'
    repositories {
        jcenter()
    }
    dependencies {
        classpath 'com.android.tools.build:gradle:3.0.0'
        classpath "org.jetbrains.kotlin:kotlin-gradle-plugin:$kotlin_version"

        // NOTE: Do not place your application dependencies here; they belong
        // in the individual module build.gradle files
    }
}
```

5. 모듈 수준의 build.gradle(또는 app 수준의 build.gradle)을 열고 다음 의존성을 추가한다.

```
compile "org.jetbrains.kotlin:kotlin-stdlib-jre7:$kotlin_version"
```

이제 안드로이드에서 코틀린 코드를 작성할 준비가 됐다.

그러나 코틀린 코드를 작성하기 전에 먼저 build.gradle을 살펴보겠다. 앞서 안드로이드 스튜디오 2.3.3에서 보여준 코드는 3.0에서도 유효하다. 단지 안드로이드 스튜디오 3.0 에서는 자동으로 추가되므로 수동으로 추가할 필요가 없다. 하지만 추가된 코드의 목적 은 무엇일까? 알아보자.

프로젝트 레벨의 build.gradle 파일에서 ext.kotlin_version = "1.1.51"은 kotlin_ version의 이름으로 그레이들 변수를 생성한다. 이 변수는 1.1.51(이 책을 쓸 당시 코틀린의 최신 버전)인 문자열 값을 나타낸다. 이 버전은 프로젝트 및 앱 수준의 build.gradle 파일 의 여러 곳에서 필요하므로 변수를 사용한다. 한 번 선언하고 여러 곳에서 사용하면 일관 성을 유지할 수 있고 사람의 실수를 줄일 수 있다.

그런 다음 동일한 파일(프로젝트 수준의 build.gradle)에 classpath "org.jetbrains.kotlin : kotlin-gradle-plugin : $ kotlin_version"을 추가한다. 이렇게 하면 그레이들이 kotlin-jre를 의존성으로 추가할 때 검색에 필요한 클래스 경로를 정의한다.

앱 수준의 build.gradle 파일에서 implementation "org.jetbrains.kotlin : kotlin-stdlib-jre7 : $ kotlin_version"을 추가한다. 이제 코틀린 코드를 작성해 보겠다. 앞 장에서 설명했듯이 ToDoApp을 작성할 것이다. ToDo 목록, ToDo 생성 화면, ToDo를 편집/삭제하는 세 개의 화면이 있다.

▌ 안드로이드에서 ToDoApp 개발

앞에서 설명했듯이 이 프로젝트는 안드로이드 스튜디오 3.0(안정 버전)을 사용하고 있다. 다음 화면은 예제 프로젝트의 구조를 나타낸다.

이 프로젝트에서는 기능별 패키지package-by features 구조를 사용하고 있는데 나는 확장성 및 유지 보수성 측면에서 안드로이드 개발 시 이 접근 방식을 선호한다. 또한 안드로이드의 기능별 패키지를 사용하는 것이 가장 좋은 방법이지만 자신이 원하는 모델을 선택할 수도 있다. 기능별 패키지에 대한 자세한 내용은 다음 링크를 참고하자.

https://hackernoon.com/package-by-features-not-layers-2d076df1964d

이제 애플리케이션에 사용된 패키지 구조를 살펴보자. 루트 패키지는 com.rivuchk. todoapplication이며, applicationId와 동일한 애플리케이션을 위한 패키지다. 루트 패키지에는 ToDoApp과 BaseActivity의 두 클래스가 있다. ToDoApp 클래스는 android. app.Application을 확장해 Application 클래스를 자체적으로 구현할 수 있다. 그럼, BaseActivity는 무엇일까? BaseActivity는 이 프로젝트에서 작성한 추상 클래스이며 프로젝트의 모든 액티비티는 BaseActivity를 확장해야 한다. 그래서 이 프로젝트의 액티비티 전반에 걸쳐진 무언가를 구현하길 원한다면 이곳에 코드를 작성해 모든 액티비티가 동일하게 구현되도록 할 수 있다.

다음으로 API 호출(레트로핏 사용)에 관련한 클래스 및 파일들을 위한 apis 패키지, 그리고 모델 (POJO) 클래스를 위한 datamodels 패키지가 있다.

CommonFunctions와 Constants(BASE_URL과 같은 상수들을 담고 있는 싱글톤 객체)를 위한 Utils 패키지도 있다.

addtodo, tododetails, todolist는 세 가지 기능별로 구분된 패키지다. todolist 패키지에는 todos 목록을 표시하는 액티비티와 어댑터가 있다. tododetails 패키지에는 todos 목록을 표시하는 액티비티가 있는데 동일한 액티비티를 사용해 편집도 수행한다. addtodo 패키지에는 추가를 위한 액티비티가 위치한다.

액티비티와 레이아웃을 살펴보기 전에 BaseActivity와 ToDoApp 내부를 먼저 살펴보자.
ToDoApp.kt 파일 내부의 코드를 살펴보자.

```
class ToDoApp:Application() {
  override fun onCreate() {
    super.onCreate()
    instance = this
  }

  companion object {
    var instance:ToDoApp? = null
  }
}
```

아주 작은 클래스인데 인스턴스를 제공하는 companion object만 들어 있다. 이 클래스는
12장을 진행해 가면서 커질 것이다. 다음과 같이 프로젝트의 매니페스트 파일에 ToDoApp
을 application 클래스로 선언했다.

```
<application
  android:allowBackup="true"
  android:icon="@mipmap/ic_launcher"
  android:label="@string/app_name" android:roundIcon="@mipmap/ic_launcher_round"
  android:supportsRtl="true"
  android:theme="@style/AppTheme"
  android:name=".ToDoApp">
  ....
</application>
```

BaseActivity도 소규모인데, ToDoApp과 더불어 커질 것이다.

```kotlin
abstract class BaseActivity : AppCompatActivity() {
  final override fun onCreate(savedInstanceState: Bundle?) {
    super.onCreate(savedInstanceState)
    onCreateBaseActivity(savedInstanceState)
  }
  abstract fun onCreateBaseActivity(savedInstanceState: Bundle?)
}
```

지금 BaseActivity는 Activity 클래스의 onCreate 메서드를 숨기고 새로운 추상 메서드 onCreateBaseActivity를 제공한다. 이 클래스는 또한 자식 클래스에서 onCreateBaseActivity를 재정의하도록 해서 모든 액티비티가 onCreate 메서드 내에서 구현해야 하는 것이 있을 경우 BaseActivity의 onCreate 메서드 안에서 구현하고 나머지는 신경 쓰지 않는다.

todolist부터 알아보자. 이 패키지에는 todos 목록을 표시하는 데 필요한 모든 소스가 위치한다. 이전 화면을 살펴보면 패키지에 TodoListActivity 및 ToDoAdapter라는 두 클래스가 존재함을 알 수 있다.

이제 TodoListActivity의 디자인부터 시작해 본다. 생성이 완료된 액티비티는 다음 화면처럼 보일 것이다.

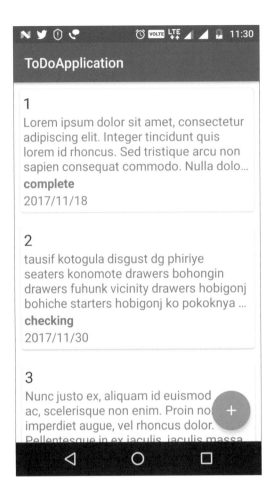

화면에서 확인할 수 있듯이, 이 액티비티를 위한 FloatingActionButton과 RecyclerView
가 필요한데, 이를 위한 XML 레이아웃, example-activity_todo_list.xml은 다음과
같다.

```xml
<?xml version="1.0" encoding="utf-8"?>
<android.support.design.widget.CoordinatorLayout
  xmlns:android="http://schemas.android.com/apk/res/android"
  xmlns:app="http://schemas.android.com/apk/res-auto"
  xmlns:tools="http://schemas.android.com/tools"
```

```
    android:layout_width="match_parent"
    android:layout_height="match_parent"
    tools:context="com.rivuchk.todoapplication.
    todolist.TodoListActivity">

    <android.support.design.widget.AppBarLayout
        android:layout_width="match_parent"
        android:layout_height="wrap_content"
        android:theme="@style/AppTheme.AppBarOverlay">

    <android.support.v7.widget.Toolbar
        android:id="@+id/toolbar"
        android:layout_width="match_parent"
        android:layout_height="?attr/actionBarSize"
        android:background="?attr/colorPrimary"
        app:popupTheme="@style/AppTheme.PopupOverlay" />

    </android.support.design.widget.AppBarLayout>

    <android.support.v7.widget.RecyclerView
        android:id="@+id/rvToDoList"
        android:layout_width="match_parent"
        android:layout_height="match_parent"
        app:layoutManager="LinearLayoutManager"
        android:orientation="vertical"
        app:layout_behavior="@string/appbar_scrolling_view_behavior"/>

    <android.support.design.widget.FloatingActionButton
        android:id="@+id/fabAddTodo"
        android:layout_width="wrap_content"
        android:layout_height="wrap_content"
        android:layout_gravity="bottom|end"
        android:layout_margin="@dimen/fab_margin"
        app:srcCompat="@drawable/ic_add" />

</android.support.design.widget.CoordinatorLayout>
```

레이아웃을 잘 살펴보자. RecyclerView 선언에서 레이아웃 매니저를 LinearLayout Manager로 설정하고 레이아웃을 수직 방향으로 설정했는데 코드에서 레이아웃을 걱정할 필요가 없다.

새로운 todos를 추가하기 위해 FloatingActionButton을 사용했다. AppBarLayout을 사용해 액션바를 추가했다.

다음에 보이는 TodoListActivity의 onCreateBaseActivity 메서드를 살펴보자.

```
lateinit var adapter: ToDoAdapter

private val INTENT_EDIT_TODO: Int = 100

private val INTENT_ADD_TODO: Int = 101

override fun onCreateBaseActivity(savedInstanceState: Bundle?) {
  setContentView(R.layout.activity_todo_list)
  setSupportActionBar(toolbar)

  fabAddTodo.setOnClickListener { _ ->
    startActivityForResult(intentFor<AddTodoActivity>
    (),INTENT_ADD_TODO)
  }

  adapter = ToDoAdapter(this,{
    todoItem->
    startActivityForResult(intentFor<TodoDetailsActivity>
    (Pair(Constants.INTENT_TODOITEM,todoItem)),INTENT_EDIT_TODO)
  })
  rvToDoList.adapter = adapter

  fetchTodoList()
}
```

이전 프로그램에서는 ToDoAdapter 인스턴스를 만들어 rvToDoList의 어댑터로 설정했으며, RecyclerView에서는 todos 목록을 표시한다. ToDoAdapter의 인스턴스를 생성하는 동안 람다를 전달했다. 이 람다는 rvToDoList의 항목을 클릭할 때 호출된다.

또한 onCreateBaseActivity 메서드의 끝에서 fetchTodoList( ) 함수를 호출한다. 이름에서 알 수 있듯이 REST API에서 Todoe 목록을 가져온다. 먼저 정의를 살펴보고 나중에 메서드를 자세히 살펴본다. 지금은 Adapter부터 살펴보자.

```
class ToDoAdapter(
  private val context:Context, //(1)
  val onItemClick:(ToDoModel?)->Unit = {}//(2)
  ):RecyclerView.Adapter<ToDoAdapter.ToDoViewHolder>() {
  private val inflater:LayoutInflater =
  LayoutInflater.from(context)//(3)        private val
  todoList:ArrayList<ToDoModel> = arrayListOf()//(4)        fun
  setDataset(list:List<ToDoModel>) {//(5)
    todoList.clear()
    todoList.addAll(list)
    notifyDataSetChanged()
  }
  override fun getItemCount(): Int = todoList.size

  override fun onBindViewHolder(holder: ToDoViewHolder?,
  position: Int) {
    holder?.bindView(todoList[position])
  }

  override fun onCreateViewHolder
  (parent: ViewGroup?, viewType: Int): ToDoViewHolder {
    return ToDoViewHolder
    (inflater.inflate(R.layout.item_todo,parent,false))
  }

  inner class ToDoViewHolder(itemView:View):
  RecyclerView.ViewHolder(itemView) {
```

```
  fun bindView(todoItem:ToDoModel?) {
    with(itemView) {//(6)
       txtID.text = todoItem?.id?.toString()
       txtDesc.text = todoItem?.todoDescription
       txtStatus.text = todoItem?.status
       txtDate.text = todoItem?.todoTargetDate

       onClick {
         this@ToDoAdapter.onItemClick(todoItem)//(7)
       }
     }
    }
  }
}
```

위의 코드는 ToDoAdapter의 완성된 모습이다. 신중하게 살펴보자. 주석 (1)에서 컨텍스트의 인스턴스를 생성자 매개 변수로 사용했다. 이 컨텍스트를 사용해 Inflater의 인스턴스를 가져왔으며, 이 인스턴스는 onCreateViewHolder 메서드 내부의 레이아웃을 확장하는 데 사용됐다. 그리고 ToDoModel의 빈 ArrayList를 생성했다. 이 목록을 사용해 어댑터 getItemCount() 함수에서 아이템 수를 전달하고 onBindViewHolder 함수 내부에서 이를 ViewHolder 인스턴스로 전달했다.

또한 주석 (2)의 ToDoAdapter-onItemClick의 생성자 내에서 val 매개 변수로 람다를 사용했다. 그 람다는 ToDoModel의 인스턴스를 매개 변수로 입력받고 unit을 반환한다.

언급한 람다를 ToDoViewHolder의 bindView에서 itemView의 onClick (주석 (7)) 안에서 사용했다(리스트의 아이템에 해당하는 뷰). 따라서 아이템을 클릭할 때마다 onItemClick 람다가 호출되며, 이는 TodoListActivity에서 전달된다.

이제 주석 (5) -setDataset() 메서드를 확인하자. 이 메서드는 어댑터에 새 목록을 할당하는 데 사용된다. ArrayList-TodoList를 지우고 전달된 목록의 모든 아이템을 추가한다. setDataset 메서드는 TodoListActivity의 fetchTodoList() 메서드에 의해 호출돼야 한다. 그 `fetchTodoList()` 메서드는 REST API로부터 목록을 가져오는 일을 담당하는 데 결과를 어댑터로 전달할 것이다.

뒤에서 `fetchTodoList()` 메서드를 살펴보겠지만 API 호출에 대해서는 REST API와 레트로핏 2에 집중해본다.

▌ 레트로핏 2를 사용한 API 호출

스퀘어의 레트로핏은 안드로이드에서 가장 유명하고 널리 사용되는 REST 클라이언트 중 하나다. 내부적으로 HTTP 및 네트워크 호출에 OkHTTP를 사용한다. REST 클라이언트 이기 때문에 안드로이드의 다른 네트워킹 라이브러리와는 다르다. 대부분의 네트워킹 라이브러리(Volley, OkHTTP, 기타)는 동기식/비동기식 요청, 우선순위 지정, 요청 정렬, 동시/병렬 요청, 캐싱 등에 중점을 둔다. 레트로핏은 네트워크를 호출하고 데이터를 파싱하는 작업을 메서드 호출과 같이 만들어주는 데 더 중점을 두는데, HTTP API를 자바 인터페이스로 변경해준다. 또한 네트워크와 관련된 문제는 자체적으로 해결하지 않고 내부적으로는 OkHTTP에 위임한다.

그렇다면 HTTP API를 어떻게 자바 인터페이스로 변경할 수 있을까? 레트로핏은 단순히 컨버터를 사용해 JSON 또는 XML에서 POJO(일반적이고 오래된 자바 객체) 클래스를 직렬화 및 비직렬화한다. 자, 컨버터란 무엇일까? 컨버터는 JSON/XML을 파싱하는 헬퍼 클래스다. 컨버터는 일반적으로 내부에서 `Serializable` 인터페이스를 사용해 JSON/XML을 POJO 클래스(코틀린의 데이터 클래스)로 변환하는데, 반대의 경우도 가능하다. 컨버터는 설정 가능한데, 다음과 같이 다양한 컨버터를 선택할 수 있다.

- 지슨Gson
- 잭슨Jackson
- 구아바Guava

- 모시^{Moshi}
- 자바 8 컨버터
- 와이어^{Wire}
- 프로토버프^{Protobuf}
- 심플XML^{SimpleXML}

이 책에서는 지슨을 사용한다. 레트로핏과 함께 사용하려면 다음 클래스가 필요하다.

- Model 클래스(POJO 또는 데이터 클래스)
- Retrofit.Builder( )를 사용해 레트로핏 클라이언트 인스턴스를 생성해줄 클래스
- 요청 메서드(GET 또는 POST), 인자/요청 본문/쿼리 문자열, 응답 타입 등을 포함하는 HTTP 작업을 정의한 인터페이스

Model 클래스부터 시작해보자.

클래스를 만들기 전에 앞서 JSON 응답의 구조를 파악해야 한다. 이전 예제에서 JSON 응답을 살펴봤지만 여기서 간략하게 GET_TODO_LIST API의 JSON 응답을 살펴본다.

```
{
  "error_code": 0,
  "error_message": "",
  "data": [
  {
    "id": 1,
    "todoDescription": "Lorem ipsum dolor sit amet, consectetur
     adipiscing elit. Integer tincidunt quis lorem id rhoncus. Sed
     tristique arcu non sapien consequat commodo. Nulla dolor
     tellus, molestie nec ipsum at, eleifend bibendum quam.",
    "todoTargetDate": "2017/11/18",
    "status": "complete"
  }
  ]
}
```

error_code는 오류 여부를 나타낸다. error_code가 0이 아닌 값이면 오류가 발생한 것이다. 0이면 오류가 없으며 데이터 파싱을 진행할 수 있다.

오류가 발생한 경우 error_message에 관련 정보가 포함된다. error_code가 0이면 error_message는 비어 있다.

Data에는 todos 목록을 위한 JSON 배열이 들어 있다.

한 가지 주의해야 할 점은 error_code와 error_message는 프로젝트의 모든 API에 일관성을 갖고 사용되기 때문에 모든 API의 기본 클래스를 만든 다음 필요에 따라 각 API의 클래스를 확장하는 것이 좋다.

BaseAPIResponse 클래스는 다음과 같다.

```
open class BaseAPIResponse (
  @SerializedName("error_code")
  val errorCode:Int,
  @SerializedName("error_message")
  val errorMessage:String): Serializable
```

이 클래스에는 errorCode와 errorMessage 두 가지 val 속성이 있다. @SerializedName 주석에 주목하자. 이 주석은 지슨에서 직렬화된 속성의 이름을 선언하는 데 사용된다. 직렬화된 이름은 JSON 응답과 동일해야 한다. JSON 응답과 동일한 변수 이름을 사용하면 이 주석을 사용하지 않아도 된다. 변수 이름이 다른 경우 직렬화된 이름과 JSON 응답을 일치시키는 데 사용된다. 이제 GetToDoListAPIResponse를 살펴본다. 다음은 클래스 정의다.

```
open class GetToDoListAPIResponse(
  errorCode:Int,
  errorMessage:String,
  val data:ArrayList<ToDoModel>
):BaseAPIResponse(errorCode,errorMessage)
```

속성 data는 JSON 응답과 동일한 이름을 사용하기 때문에 @Serialized 주석은 사용하지 않는다. 나머지 두 개의 속성은 BaseAPIResponse 클래스에 의해 선언된다.

data는 ToDoModel의 ArrayList를 사용하는데 지슨은 JSON 배열을 ArrayList로 변환해 준다.

이제 ToDoModel 클래스를 살펴본다.

```
data class ToDoModel (
  val id:Int,
  var todoDescription:String,
  var todoTargetDate:String,
  var status:String
):Serializable
```

레트로핏을 위한 builder 클래스는 다음과 같이 간단하다.

```
class APIClient {
  private var retrofit: Retrofit? = null
  fun getClient(): Retrofit {
    if(null == retrofit) {

      val client = OkHttpClient.Builder().connectTimeout(3,
      TimeUnit.MINUTES)
      .writeTimeout(3, TimeUnit.MINUTES)
      .readTimeout(3,
      TimeUnit.MINUTES).addInterceptor(interceptor).build()

      retrofit = Retrofit.Builder()
        .baseUrl(Constants.BASE_URL)
        .addConverterFactory(GsonConverterFactory.create())
        .client(client)
        .build()
    }
```

```
        return retrofit!!
    }

    fun getAPIService() =
    getClient().create(APIService::class.java)
}
```

getClient() 함수는 레트로핏 클라이언트를 만들고 제공하는 일을 담당한다.
getAPIService() 함수는 레트로핏 클라이언트를 정의한 HTTP 작업과 연결하고 인터페
이스의 인스턴스를 만들어준다.

 레트로핏 인스턴스를 만들 때 OkHttpClient와 Retrofit.Builder()를 사용했다. 이에 익숙하지
않은 사용자는 다음 링크를 방문하자.
http://www.vogella.com/tutorials/Retrofit/article.html

HTTP 작업을 위한 인터페이스, **APIService**를 다음과 같이 만들어보자.

```
interface APIService {
  @POST(Constants.GET_TODO_LIST)
  fun getToDoList(): Call<GetToDoListAPIResponse>

  @FormUrlEncoded
  @POST(Constants.EDIT_TODO)
  fun editTodo(
        @Field("todo_id") todoID:String,
        @Field("todo") todo:String
  ): Call<BaseAPIResponse>

  @FormUrlEncoded
  @POST(Constants.ADD_TODO)
  fun addTodo(@Field("newtodo") todo:String): Call<BaseAPIResponse>
}
```

모든 API를 위한 API 인터페이스를 완성했다. 함수의 반환 형식을 확인해보자. 실제 예상되는 응답을 캡슐화한 Call 인스턴스를 반환한다.

Call 인스턴스는 무엇이고 그 목적은 무엇인가?

Call 인스턴스는 웹 서버에 요청을 보내고 응답을 반환하는 레트로핏 메서드의 호출이다. 각 호출은 고유한 HTTP 요청 및 응답 쌍을 생성한다. Call <T> 인스턴스로 무엇을 해야 할까? Callback <T> 인스턴스를 큐에 넣어야 한다.

그래서 동일한 풀 메커니즘과 콜백 지옥이 펼쳐진다. 그러나 리액티브여야 한다. 그렇지 않은가? 바로 진행해보자.

▌ 레트로핏과 RxKotlin 사용하기

안드로이드에서는 RxKotlin 외에도 RxAndroid를 사용해 안드로이드만의 장점을 살릴 수 있다. 레트로핏도 RxAndroid를 지원한다.

이제 ReactiveX를 사용하기 위해 build.gradle을 수정해본다. 앱 수준의 build.gradle 에 다음 의존성을 추가한다.

```
implementation 'com.squareup.retrofit2:adapter-rxjava2:2.3.0 '
implementation 'io.reactivex.rxjava2:rxandroid:2.0.1'
implementation 'io.reactivex.rxjava2:rxkotlin:2.1.0'
```

첫 번째는 RxJava 2를 위한 레트로핏 2 어댑터를 제공한다. 나머지 두 가지는 RxAndroid 와 RxKotlin을 위한 것이다.

 RxKotlin은 RxJava의 래퍼이기 때문에 RxJava 2를 위한 어댑터는 RxKotlin 2와도 동작한다.

의존성을 추가했으니 코드를 수정해 Call 대신 Observable/Flowable을 사용해보자.

```kotlin
class APIClient {
  private var retrofit: Retrofit? = null
  enum class LogLevel {
    LOG_NOT_NEEDED,
    LOG_REQ_RES,
    LOG_REQ_RES_BODY_HEADERS,
    LOG_REQ_RES_HEADERS_ONLY
  }
  /**
   * 생성을 위한 Retrofit 빌더를 반환한다.
   * @param logLevel - to print the log of Request-Response
   * @return retrofit
   */
  fun getClient(logLevel: Int): Retrofit {

    val interceptor = HttpLoggingInterceptor()
    when(logLevel) {
        LogLevel.LOG_NOT_NEEDED ->
            interceptor.level = HttpLoggingInterceptor.Level.NONE
        LogLevel.LOG_REQ_RES ->
            interceptor.level = HttpLoggingInterceptor.Level.BASIC
        LogLevel.LOG_REQ_RES_BODY_HEADERS ->
            interceptor.level = HttpLoggingInterceptor.Level.BODY
        LogLevel.LOG_REQ_RES_HEADERS_ONLY ->
            interceptor.level =
        HttpLoggingInterceptor.Level.HEADERS
      }

    val client = OkHttpClient.Builder().connectTimeout(3,
    TimeUnit.MINUTES)
      .writeTimeout(3, TimeUnit.MINUTES)
      .readTimeout(3,
      TimeUnit.MINUTES).addInterceptor(interceptor).build()

      if(null == retrofit) {
```

```
        retrofit = Retrofit.Builder()
          .baseUrl(Constants.BASE_URL)
          .addConverterFactory(GsonConverterFactory.create())
          .addCallAdapterFactory (RxJava2CallAdapterFactory.create())
          .client(client)
          .build() }

      return retrofit!!
    }

    fun getAPIService(logLevel: LogLevel =
    LogLevel.LOG_REQ_RES_BODY_HEADERS) =
    getClient(logLevel).create(APIService::class.java)
}
```

이번에는 RxJava 어댑터와 함께 OkHttp 로깅 인터셉터(HttpLoggingInterceptor)를 추가했다. 이 OkHttp 로깅 인터셉터는 요청과 응답을 기록하도록 도와준다. RxJava 어댑터로 돌아와 강조된 코드를 살펴보자. RxJava2CallAdapterFactory를 레트로핏 클라이언트의 CallAdapterFactory로 추가했다.

다음과 같이 Call 대신 Observable 함수를 반환하도록 APIService.kt 파일을 수정해야 한다.

```
interface APIService {
  @POST(Constants.GET_TODO_LIST)
  fun getToDoList(): Observable<GetToDoListAPIResponse>

  @POST(Constants.EDIT_TODO)
  fun editTodo(
      @Body todo:String
  ): Observable<BaseAPIResponse>

  @POST(Constants.ADD_TODO)
  fun addTodo(@Body todo:String): Observable<BaseAPIResponse>
}
```

이제 모든 API는 Call이 아니라 Observable을 반환한다. 최종적으로 TodoListActivity 의 fetchTodoList( )를 살펴볼 준비가 됐다.

```
private fun fetchTodoList() {
    APIClient()
    .getAPIService()
    .getToDoList()
    .subscribeOn(Schedulers.computation())
    .observeOn(AndroidSchedulers.mainThread())
    .subscribeBy(
      onNext = { response ->
                  adapter.setDataset(response.data)
                },
      onError = {
                  e-> e.printStackTrace()
                }
    )
}
```

이 함수는 간단한 작업을 수행한다. API(API의 옵저버블)를 구독하고 데이터가 도착하면 어 댑터에 데이터를 할당한다. 데이터를 할당하기 전에 오류 코드를 확인하도록 설계해야 하 지만, 지금도 꽤 잘 동작한다. 이 액티비티의 화면은 12장 앞부분에 나와 있기 때문에 여 기서는 생략한다.

▌ 안드로이드 이벤트를 리액티브로 만들기

API 호출을 리액티브로 만들었지만 이벤트는 어떤가? ToDoAdapter를 떠올려보자. 람다 를 가져와 ToDoViewHolder 내부에서 사용했는데, 그 람다는 TodoListActivity에서 생성 해 전달했다. 꽤 복잡해 보인다. 이것은 리액티브여야 한다. 그렇지 않은가? 그러니 이벤 트를 리액티브로 만들어 보겠다.

Subject는 이벤트를 리액티브로 만드는 데 중요한 역할을 한다. Subject는 Observable 과 Observer의 멋진 조합이므로 Adapter 내부에서 Observer로 사용하고 Activity 에서 는 Observable로 사용할 수 있는데 이는 이벤트 전달을 손쉽게 처리할 수 있도록 해준다.

ToDoAdapter를 다음과 같이 수정하자.

```kotlin
class ToDoAdapter(
  private val context:Context, //(1)
  val onClickTodoSubject:Subject<Pair<View,ToDoModel?>>//(2)
):RecyclerView.Adapter<ToDoAdapter.ToDoViewHolder>() {
  private val inflater:LayoutInflater =
  LayoutInflater.from(context)//(3)
  private val todoList:ArrayList<ToDoModel> = arrayListOf()//(4)

  fun setDataset(list:List<ToDoModel>) {//(5)
    todoList.clear()
    todoList.addAll(list)
    notifyDataSetChanged()
  }

  override fun getItemCount(): Int = todoList.size

  override fun onBindViewHolder(holder: ToDoViewHolder?,
  position: Int) {
    holder?.bindView(todoList[position])
  }

  override fun onCreateViewHolder
  (parent: ViewGroup?, viewType: Int): ToDoViewHolder {
    return ToDoViewHolder(inflater.inflate
    (R.layout.item_todo,parent,false))
  }

  inner class ToDoViewHolder(itemView:View):
  RecyclerView.ViewHolder(itemView) {
    fun bindView(todoItem:ToDoModel?) {
```

```
with(itemView) {//(6)
  txtID.text = todoItem?.id?.toString()
  txtDesc.text = todoItem?.todoDescription
  txtStatus.text = todoItem?.status
  txtDate.text = todoItem?.todoTargetDate

  onClick {
    onClickTodoSubject.onNext(Pair
   (itemView,todoItem))//(7)
  }
 }
}
}
}
```

이제 어댑터는 깨끗해 보인다. 생성자에 Subject 인스턴스가 있는데 itemView를 클릭하면 Subject의 onNext 이벤트를 호출하고 Pair를 사용해 itemView와 ToDoModel 인스턴스를 전달한다.

그러나 여전히 뭔가 빠진 것 같다. onClick 메서드는 여전히 콜백인데 이것을 리액티브로 만들 수 없을까? 시도해보자.

안드로이드의 RxBinding 소개

안드로이드 개발자를 돕기 위해 제이크 워튼Jake Wharton은 RxBinding 라이브러리를 만들었다. RxBinding 라이브러리는 안드로이드 이벤트를 리액티브한 방법으로 얻을 수 있도록 도와준다. https://github.com/JakeWharton/RxBinding에서 확인할 수 있다. 먼저 프로젝트에 추가하는 것으로 시작한다.

다음 의존성을 앱 수준의 build.gradle에 추가한다.

```
implementation 'com.jakewharton.rxbinding2:rxbinding-kotlin:2.0.0'
```

다음 코드를 사용해 ToDoViewHolder의 onClick 내부를 교체한다.

```
itemView.clicks()
.subscribeBy {
    onClickTodoSubject.onNext(Pair(itemView,todoItem))
}
```

아주 쉽다. 그러나 '이를 리액티브로 만드는 것의 장점은 무엇일까?'라는 생각을 하고 있을 것이다. 현재의 구현은 간단하지만 관련 로직이 엄청나게 많은 상황을 생각해보자. 로직을 연산자를 사용해 쉽게 분리할 수 있으며 특히 map과 filter는 큰 도움이 될 것이다. 뿐만 아니라 RxBindings는 일관성을 제공한다. 예를 들어 EditText에서 텍스트 변경 사항을 관찰해야 할 경우 일반적으로 TextWatcher 인스턴스에 코드 행을 작성하지만 RxBindings를 사용하면 다음과 같이 할 수 있다.

```
textview.textChanges().subscribeBy {
    changedText->Log.d("Text Changed",changedText)
}
```

그렇다. 정말 쉽고 간단하다. RxBinding에는 그 외에도 많은 장점이 있다. 다음 링크를 참고하자.

https://speakerdeck.com/lmller/kotlin-plus-rxbinding-equals

http://adavis.info/2017/07/using-rxbinding-with-kotlin-and-rxjava2.html

보이는 대로 제이크 워튼 덕택에 뷰와 이벤트를 리액티브로 변환할 수 있었다.

코틀린 익스텐션즈

코틀린 익스텐션즈를 설명하면서 12장을 마치겠다. 코틀린 익스텐션즈가 코틀린 확장 함수와 깊이 연관돼 있는 것은 맞지만, 정확히 코틀린 확장 함수를 의미하는 것은 아니다. 코틀린 익스텐션즈는 안드로이드에서 가장 흔하게 사용되는 확장 함수의 목록이다.

예를 들어 View/ViewGroup 인스턴스를 사용해 비트맵을 사용하는 확장 함수가 필요한 경우(특히 Markers에서 MapFragement를 만드는 경우 매우 유용하다), 다음과 같이 확장 함수를 복사해서 붙여 넣을 수 있다.

```
fun View.getBitmap(): Bitmap {
  val bmp = Bitmap.createBitmap(width, height,
  Bitmap.Config.ARGB_8888)
  val canvas = Canvas(bmp)
  draw(canvas)
  canvas.save()
  return bmp
}
```

아니면 조금 더 일반적인 케이스로 키보드를 숨기고 싶을 때 다음 확장 함수를 사용할 수 있다.

```
fun Activity.hideSoftKeyboard() {
  if (currentFocus != null) {
    val inputMethodManager = getSystemService(Context
      .INPUT_METHOD_SERVICE) as InputMethodManager
    inputMethodManager.hideSoftInputFromWindow
    (currentFocus!!.windowToken, 0)
  }
}
```

라빈드라 쿠마Ravindra Kumar(트위터, 깃허브 @ravidrsk)의 온라인의 목록에서는 더 많은 확장 함수를 찾을 수 있다. 그러므로 다음에 확장 함수가 필요할 때는 직접 작성하기 전에 다음 링크를 방문해 먼저 찾아보자.

http://kotlinextensions.com/

▌요약

이것으로 이 책의 마지막 장을 마쳤다. 12장에서는 RxKotlin과 RxAndroid를 위한 레트로핏의 설정 방법을 살펴봤다. 안드로이드 뷰와 이벤트는 물론 사용자 정의 뷰를 리액티브로 만드는 방법도 알아봤다.

레트로핏에서 **RxJava2Adapter**를 사용하는 방법과 이벤트 전달에 **Subject**를 사용하는 방법과 RxBindings의 사용 방법도 배웠다.

리액티브 프로그래밍의 모든 개념을 깊이 있게 다루려고 노력했으며 가능한 모든 코드를 리액티브로 만들려고 노력했다.

문의 사항이나 책과 관련해 궁금한 점이 있다면 rivu.chakraborty6174@gmail.com으로 Book Query – Reactive Programming in Kotlin 제목의 이메일을 보내라. 한국어판에 관한 문의 사항은 에이콘출판사 편집 팀(editior@acornpub.co.kr)으로 보내면 된다. 리부 차크라보티의 웹사이트(http://www.rivuchk.com)에서는 코틀린, 구글 개발자 그룹 콜카타, 코틀린 콜카타 사용자 그룹에 대한 정기적인 소식을 확인할 수 있다. 블로그에서는 튜토리얼을 비롯해 안드로이드 플러그인 등을 다룬 블로그 게시물을 볼 수 있다. 다른 곳에 게재한 글과 관련된 URL도 게시돼 있다.

이 책을 모두 읽어주어 감사하다. 코틀린을 사용한 즐거운 리액티브 프로그래밍이 되길 기원한다.

| 컬러 이미지 |

3장

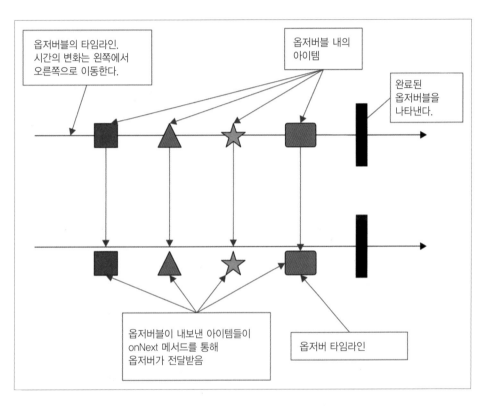

옵저버블의 타임라인.
시간의 변화는 왼쪽에서
오른쪽으로 이동한다.

옵저버블 내의
아이템

완료된
옵저버블을
나타낸다.

옵저버블이 내보낸 아이템들이
onNext 메서드를 통해
옵저버가 전달받음

옵저버 타임라인

p.75

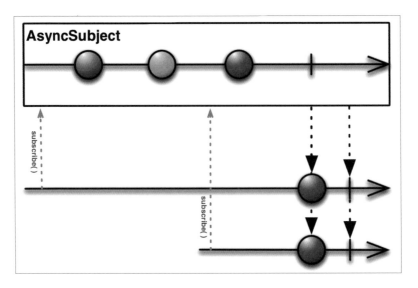

p.105

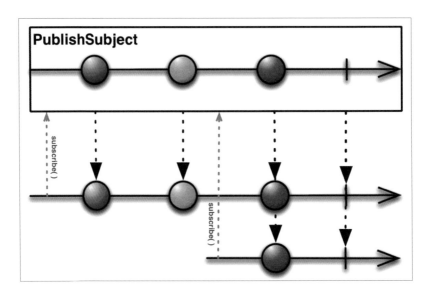

p.109

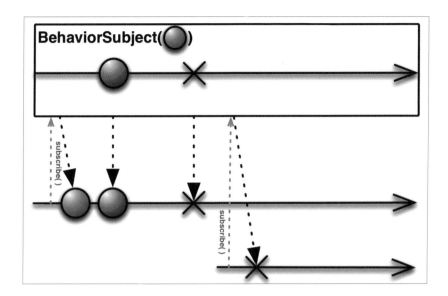

p.110

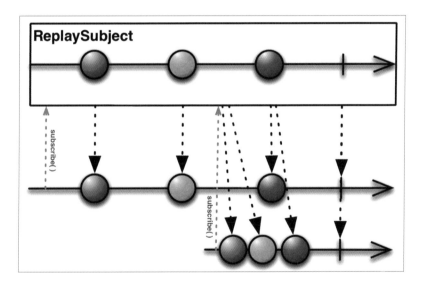

p.112

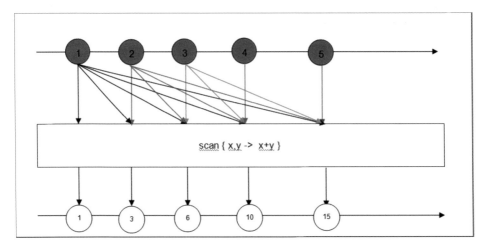

p.182

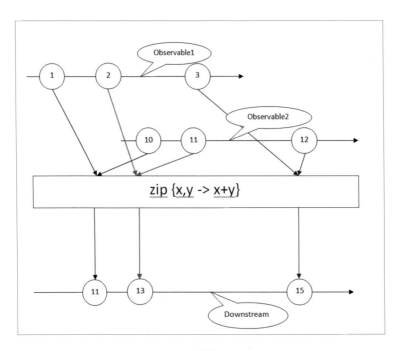

p.193

376

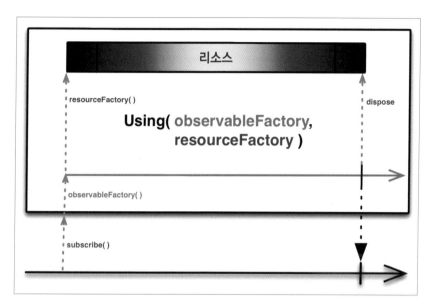

p.290

| 찾아보기 |

에이콘출판의 기틀을 마련하신 故 정완재 선생님 (1935-2004)

코틀린 리액티브 프로그래밍

RxKotlin을 사용한 리액티브 프로그래밍

발 행 | 2019년 4월 30일

지은이 | 리부 차크라보티
옮긴이 | 조 승 진

펴낸이 | 권 성 준
편집장 | 황 영 주
편 집 | 배 혜 진
디자인 | 박 주 란

에이콘출판주식회사
서울특별시 양천구 국회대로 287 (목동)
전화 02-2653-7600, 팩스 02-2653-0433
www.acornpub.co.kr / editor@acornpub.co.kr

한국어판 © 에이콘출판주식회사, 2019, Printed in Korea.
ISBN 979-11-6175-297-6
ISBN 978-89-6077-210-6 (세트)
http://www.acornpub.co.kr/book/reactive-kotlin

이 도서의 국립중앙도서관 출판시도서목록(CIP)은 서지정보유통지원시스템 홈페이지(http://seoji.nl.go.kr)와
국가자료공동목록시스템(http://www.nl.go.kr/kolisnet)에서 이용하실 수 있습니다.(CIP제어번호: CIP2019015410)

책값은 뒤표지에 있습니다.